LES ACTES DE DISCOURS
Essai de philosophie du langage et de l'esprit sur la signification des énonciations

Du même auteur :
- *Meaning and Speech Acts*, à paraître chez Cambridge University Press.
- Avec John R. Searle, *Foundations of Illocutionary Logic*, Cambridge University Press, 1985.

PHILOSOPHIE ET LANGAGE

Daniel Vanderveken

les actes de discours

Essai de philosophie du langage et de l'esprit sur la signification des énonciations

PIERRE MARDAGA, EDITEUR
LIEGE - BRUXELLES

© Pierre Mardaga, éditeur
12, rue Saint-Vincent, 4020 Liège
D. 1988-0024-41

À David.

Liste des symboles

θ, θ_1 et θ_2	sont des variables pour conditions sur le contenu propositionnel.
1_θ et 0_θ	nomment respectivement la condition neutre et la condition absorbante sur le contenu propositionnel.
$(\theta_1 \ast \theta_2)$	nomme l'intersection des conditions θ_1 et de θ_2.
μ, μ_1 et μ_2	sont des variables pour modes d'accomplissement. 1_μ et 0_μ nomment respectivement le mode neutre et le mode absorbant d'accomplissement.
$(\mu_1 \ast \mu_2)$	nomme la conjonction des modes μ_1 et μ_2.
π	est une variable pour buts illocutoires.
Σ, Σ_1 et Σ_2	sont des variables pour conditions préparatoires.
1_Σ et 0_Σ	nomment respectivement la condition préparatoire neutre et la condition préparatoire absorbante.
$(\Sigma_1 \ast \Sigma_2)$	nomme l'union des conditions préparatoires Σ_1 et Σ_2.
Ψ, Ψ_1 et Ψ_2	sont des variables pour conditions de sincérité.
1_Ψ et 0_Ψ	nomment respectivement la condition de sincérité neutre et la condition de sincérité absorbante.
$(\Psi_1 \ast \Psi_2)$	nomme l'union des conditions Ψ_1 et Ψ_2.
0	nomme le nombre naturel zéro.
S	nomme la valeur de succès : le succès.
$\{x, y, ..., z\}$	nomme l'ensemble qui contient x, y, ... et z.
$X \times Y$	nomme le produit cartésien des ensembles X et Y (c'est-à-dire l'ensemble des suites ordonnées dont le premier et le second termes sont respectivement un élément de X et un élément de Y).
X^Y	nomme l'ensemble de toutes les fonctions dont le domaine est l'ensemble Y et le rang l'ensemble X.
$\mathcal{P}(X)$	nomme l'ensemble de tous les sous-ensembles de l'ensemble X.
~	nomme l'opération propositionnelle de négation véri-fonctionnelle ou la négation illocutoire.
□	nomme la négation illocutoire.
∧	nomme l'opération binaire de conjonction véri-fonctionnelle entre propositions.
∨	nomme l'opération binaire de disjonction véri-fonctionnelle entre propositions.
→	nomme l'opération binaire d'implication matérielle entre propositions (...), et l'opération du conditionnel illocutoire.

Préface

Il existe deux grands courants rivaux en philosophie contemporaine du langage. Le courant logique, fondé par Frege et Russell, étudie comment le langage est lié au monde et se concentre sur les conditions de vérité des énoncés déclaratifs. Le courant du langage ordinaire, fondé par Moore et Wittgenstein, étudie comment le langage est utilisé en conversation et se concentre sur les différents types d'actes de discours que les locuteurs accomplissent par des énonciations. En utilisant des méthodes logico- mathématiques, les philosophes du courant logique ont élaboré au cours des dernières décennies des logiques philosophiques puissantes, comme la logique intensionnelle et la logique des démonstratifs, traitant d'aspects véri-conditionnels fondamentaux de la signification tels que les sens, les dénotations et le temps. Ils ont ainsi contribué à développer les fondements de la sémantique formelle des langues naturelles. Cependant, aucun développement formel comparable ne s'est produit pendant la même période dans le courant de philosophie du langage ordinaire, jusqu'à ce que Searle et l'auteur du présent ouvrage n'élaborent une théorie logique générale des actes de discours caractérisant la structure logique de l'ensemble de toutes les forces illocutoires possibles ainsi que les conditions de succès et de satisfaction de tous les types d'actes illocutoires.

Les actes illocutoires sont importants en philosophie parce qu'ils sont les unités premières de signification dans l'usage et la compréhension des langues naturelles. Tout locuteur qui utilise un énoncé dans le but de communiquer ses pensées dans un contexte d'énonciation entend en effet accomplir des actes de discours du type appelé par Austin *acte illocutoire*. Lorsque le locuteur parle littéralement, l'acte illocutoire qu'il entend principalement accomplir est celui qu'exprime l'énoncé qu'il utilise dans le contexte de son énonciation.

Le but principal de cet ouvrage est de formuler les principes généraux qui lient les actes de discours à la signification littérale en vue d'intégrer la logique illocutoire et la logique intensionnelle à l'intérieur d'une sémantique formelle générale des langues naturelles capable de caractériser aussi bien les aspects illocutoires que les aspects véri-conditionnels de la signification des énoncés. En formulant les principes d'une telle sémantique formelle générale, mon intention est de procéder à une unification partielle de la théorie des actes de discours et de la sémantique formelle de la vérité qui permette d'interpréter des énoncés de n'importe quel type syntaxique (déclaratif ou non) exprimant des actes illocutoires élémentaires ayant n'importe quelle force illocutoire.

Pour réaliser ce projet d'une sémantique formelle générale des conditions de succès et de vérité des énonciations, je m'efforcerai de répondre aux questions suivantes :

Comment les mots et les autres traits syntaxiques contribuent-ils par leur signification à déterminer la nature des actes illocutoires qui sont accomplis en utilisant les énoncés dont ils font partie ?

En particulier, quelles espèces d'actes de discours sont exprimées par les différents types syntaxiques propres aux énoncés déclaratifs, conditionnels, exclamatifs, impératifs, interrogatifs et optatifs des langues naturelles ?

Etant donné que les actes illocutoires ont à la fois des conditions de succès et des conditions de satisfaction, comment faut-il ramifier les notions sémantiques fondamentales d'analyticité, de cohérence et d'implication dans une théorie de la signification des énoncés ? Quelles relations logiques lient systématiquement les aspects sémantiques relatifs aux conditions de succès et ceux relatifs aux conditions de vérité ou de satisfaction des énonciations ?

Est-il possible de prédire et d'expliquer par les méthodes logiques habituelles les différents types d'implication et d'incompatibilité qui existent entre des énoncés exprimant dans les mêmes contextes d'emploi des actes de discours dont les conditions de succès ou de satisfaction sont logiquement liées ? Certains énoncés en impliquent illocutoirement d'autres : ils expriment dans chaque contexte d'emploi possible un acte illocutoire que le locuteur ne peut accomplir dans ce contexte sans également accomplir du même coup les actes illocutoires exprimés par ces autres énoncés dans ce même contexte. Ainsi, par exemple, l'énoncé interrogatif «Est-ce qu'il pleut?» implique illocutoirement l'énoncé impératif «S'il vous plaît, dites-moi s'il pleut!». En outre, des énoncés comme «Faites ceci!» et «Vous êtes incapable de faire ceci» sont incompatibles à la fois illocutoirement et véri-conditionnellement : ils expriment dans les mêmes contextes possibles d'emploi des actes illocutoires qui ne peuvent pas être simultanément accomplis ou simultanément satisfaits.

On peut dès lors se poser la question :

Quelles relations d'implication et d'incompatibilité existent entre les principaux types syntaxiques d'énoncés des langues naturelles en vertu de leur forme logique? Plus particulièrement, quelles sortes d'implication y a-t-il, par exemple, entre l'énoncé «Est-ce qu'il pleut?» et l'énoncé performatif correspondant «Je vous demande s'il pleut», ou encore entre des énoncés déclaratifs, impératifs et optatifs avec des clauses synonymes tels que «Jean viendra ce soir», «Jean, viens ce soir!» et «Si seulement Jean venait ce soir!»?

Une théorie de la signification des énoncés capable de répondre à de telles questions devrait unifier la logique des forces illocutoires et la logique des sens et des dénotations de façon à caractériser adéquatement les principales relations logiques existant entre forces illocutoires, propositions et actes de discours. Elle devrait également enrichir la sémantique formelle en lui donnant la capacité d'interpréter des énoncés non déclaratifs et de caractériser de façon systématique les relations sémantiques que les relations logiques entre actes de discours engendrent entre les énoncés des langues naturelles.

Le plan de ce livre est le suivant :

Le chapitre I expose l'hypothèse fondamentale que les actes illocutoires sont les unités principales de signification littérale dans l'usage et la compréhension des langues naturelles. Le chapitre II présente le projet logico-philosophique d'une sémantique générale des conditions de succès et de satisfaction des énonciations. Il définit aussi le rôle et la place de la sémantique des actes de discours en sémiotique. Le chapitre III présente une analyse de la forme logique des propositions qui tient compte du fait que les propositions sont à la fois des sens d'énoncés et des contenus d'actes illocutoires. Cette analyse construit les critères d'identité propositionnelle adéquats pour la théorie des actes de discours. Le chapitre IV formule l'analyse des forces illocutoires et les définitions inductives des conditions de succès et de satisfaction des énonciations de la sémantique générale. Le chapitre V énumère une série de lois logiques fondamentales gouvernant les actes de discours et les énoncés, qui sont à la fois philosophiquement et linguistiquement significatives. Il montre que la raison et le langage sont inséparables dans la détermination même de la signification et que les locuteurs sont rationnels lors de l'accomplissement d'actes de discours. Enfin le dernier chapitre formule une analyse sémantique des principaux verbes performatifs de la langue française.

Le projet d'une sémantique générale est par nature philosophique, car il traite d'universaux linguistiques comme les propositions, les forces et les actes illocutoires, les conditions de vérité et de succès des énonciations, les sens, les dénotations et les différentes sortes de cohérence, d'analyticité et d'implication qui sont inhérents à toute interprétation sémantique d'une langue naturelle actuelle ou possible. En construisant la logique de ces traits universels, le but de la sémantique générale est d'articuler la structure logique profonde commune à toutes les langues humaines.

Le langage exerce une fonction médiatrice essentielle dans l'expression des pensées. Toute pensée conçue par un sujet humain est en principe exprimable par les moyens de son langage lors de l'accomplissement d'actes de discours. Aussi une sémantique logico-philosophique décrivant avec exactitude les universaux sémantiques relatifs à l'usage du langage est-elle transcendentale en ce sens qu'elle articule les formes *a priori* de la pensée et du monde et qu'elle fixe des limites à ce qui peut être pensé et à ce qui peut exister et être objet d'expérience. Les actes illocutoires sont les unités premières de signification dans l'usage des langues naturelles, parce qu'ils sont aussi des unités premières de pensée conceptuelle. Ainsi, le fait que des actes illocutoires de certaines formes logiques ne puissent en aucun cas être accomplis impose des limites à l'usage du langage qui restreignent ce qui peut être pensé. De la même façon, le fait que certains actes illocutoires ne puissent en aucun cas être satisfaits impose des limites au monde qui restreignent ce qui peut exister et être objet d'expérience. En outre, le fait que des actes illocutoires de certaines formes aient des conditions de succès ou de satisfaction plus fortes que d'autres montre qu'il existe un ordre *a priori* de la pensée et du monde. Il n'est pas possible d'avoir certaines pensées sans en avoir d'autres, pas plus qu'il n'est possible que certaines pensées soient vraies si d'autres ne le sont pas également.

Au cours de la dernière décennie, la théorie des actes de discours a eu une influence plus ou moins importante dans le développement de disciplines théoriques de nature très variée. De nombreux chercheurs ont utilisé des analyses d'actes de discours pour les besoins de leur discipline, non seulement en philosophie, en logique et en linguistique, mais aussi en psychologie cognitive, en études littéraires, en droit, en informatique, en sciences de la décision et du commerce, en éducation et en ingénierie. Ce livre est destiné à ce large public issu d'horizons théoriques divers. Il n'exige pas (ou très peu) de connaissances préalables en logique ou en philosophie du langage. J'expliquerai progressivement en adoptant une perspective à la fois historique et théorique les notions et principes de la sémantique des actes de discours sans recourir à des méthodes logiques élaborées. J'ai développé ailleurs (dans mon livre *Meaning and Speech Acts*) une formalisation logico-mathématique quasi complète des lois de la sémantique générale plus appropriée pour les besoins de l'intelligence artificielle et de la linguistique théorique. L'une des découvertes de cette formalisation est que le système formel qui axiomatise l'ensemble des lois généralement valides de la sémantique des actes de discours est une généralisation et une extension conservatrice fort naturelle de la grammaire de Montague.

Remerciements

La théorie présentée dans ce livre a fait ces dernières années l'objet de conférences et de discussions dans les universités d'Amsterdam, Berkeley, Campinas, Liège, Münich, Paris III, Stanford et à l'Université de Californie à Los Angeles. J'ai également exposé des parties de cette théorie au Congrès sur l'ontologie et le langage à Guelph, à plusieurs congrès de l'Association canadienne de philosophie, au Centre européen de recherche en informatique industrielle de Münich, au symposium du S.R.I. international à Monterey, au VIIe Congrès international de logique, méthodologie et philosophie des Sciences à Moscou et devant la Société belge de logique et de philosophie des sciences. J'ai beaucoup profité des réactions critiques dont m'ont fait part des collègues, étudiants et amis lors de conversations philosophiques. Je remercie en particulier Steven Davis, John Heintz, François Lepage et Robert Martin pour leurs commentaires aux congrès de l'Association canadienne de philosophie de même que David Kaplan, Benson Mates, Dietmar Zaefferer, David K. Johnston, Claude Panaccio, Herman Parret et Martin Janta Polczynski pour leurs remarques critiques à propos des thèses de ce livre. Je tiens tout particulièrement à exprimer ma reconnaissance à John Searle, dont les critiques et les encouragements ont porté sur la totalité de mon projet, et à André Leclerc pour sa collaboration dans l'analyse des verbes performatifs français. Je remercie enfin ma femme, Hélène Vermote, pour son aide constante et ses encouragements qui furent extrêmement précieux.

Les recherches entreprises pour la rédaction de ce livre ont été considérablement facilitées par les subventions que j'ai obtenues de la Communauté Scientifique Réseau de l'Université du Québec, de la Fondation pour la formation de chercheurs et l'aide à la recherche au Québec ainsi que du Conseil canadien de la recherche en sciences sociales.

Chapitre I
Actes de discours et signification

1. LES UNITES PREMIERES DE SIGNIFICATION

Comme Frege[1] l'a montré, ce sont les énoncés et non pas les mots, qui sont les unités principales de signification d'un langage. La signification des mots réside simplement dans la contribution qu'ils font à la signification des énoncés à l'intérieur desquels ils ont une occurrence. Ainsi, les énoncés sont les instruments syntaxiques minimaux pour accomplir des actes de discours dans les contextes d'emploi des langues naturelles. Leur fonction, c'est d'abord et avant tout de servir à converser. Cependant, si l'on considère non pas seulement les éléments syntaxiques du langage mais l'usage que l'on fait de ces éléments pour penser, parler et écrire, alors les unités premières de signification sont des actes de discours, du type appelé *actes illocutoires*[2].

En utilisant des énoncés dans des contextes d'énonciation, les locuteurs tentent d'accomplir des actes illocutoires tels que des assertions, questions, déclarations, demandes, promesses, remerciements, ordres, offres, et refus, et leur tentative d'accomplir de tels actes de discours fait partie de ce qu'ils signifient et ont l'intention de communiquer aux allocutaires dans les contextes de leurs énonciations. Ainsi, par exemple, des énoncés déclaratifs comme «Il neige» et des énoncés interrogatifs comme «Est-ce qu'il vient?» sont utilisés en français, les premiers pour faire des assertions, et les seconds pour poser des questions. De même, des énoncés exclamatifs tels que «Comme il fait chaud!» sont utilisés pour exprimer des états mentaux du locuteur.

La plupart des actes de discours qui sont accomplis par des énonciations d'énoncés sont des actes illocutoires élémentaires de la forme F(P) pourvus d'une force illocutoire F et d'un contenu propositionnel P. Ainsi, par exemple, les énonciations des deux énoncés interrogatifs «Est-ce que vous venez?» et «Est-ce qu'il pleut?» ont la même force illocutoire de question, mais ils ont différents contenus propositionnels. De même, deux énonciations, dans le même contexte, des énoncés «Si seulement il pleuvait maintenant» et «Il pleut maintenant» ont le même contenu propositionnel, mais différentes forces illocutoires : la première sert à exprimer un désir du locuteur et la seconde à faire une assertion.

Comme je l'ai indiqué dans la préface, la théorie sémantique des langues naturelles que j'élaborerai dans ce livre a comme hypothèse fondamentale que les actes illocutoires sont les unités principales de signification littérale dans l'usage et la compréhension des langues naturelles. Dans cette théorie, un des rôles majeurs de la signification de tout énoncé est de contribuer à déterminer la nature exacte des actes illocutoires que ses énonciations littérales peuvent servir à accomplir dans des contextes d'emploi appropriés. Dans cette optique, signification et usage sont indissociables dans la structure même du langage. Ainsi, il fait partie de la signification des énoncés optatifs qu'ils servent à exprimer des souhaits du locuteur, de même qu'il fait partie de la signification des énoncés impératifs qu'ils servent à essayer de faire faire quelque chose par l'allocutaire.

Quand la signification du locuteur est littérale dans un contexte d'énonciation, ce locuteur entend principalement accomplir l'acte illocutoire exprimé par l'énoncé qu'il utilise dans ce contexte. Ainsi, un locuteur qui utilise l'énoncé déclaratif «Il pleut» et signifie exactement ce que cet énoncé signifie dans le contexte de son énonciation, entend affirmer qu'il pleut au moment de l'énonciation. La force illocutoire d'assertion propre à son énonciation est déterminée par la signification du mode indicatif du verbe principal et l'ordre des mots de cet énoncé, tout comme le contenu propositionnel de son énonciation est déterminée par la signification de ce verbe et de son temps et par le moment de l'énonciation.

Mon hypothèse fondamentale prédit que tout énoncé (même s'il ne contient qu'un seul mot comme l'énoncé «Bonjour!»), doit contenir, lorsqu'il est pleinement analysé, un marqueur de force illocutoire. Ainsi, il existe deux espèces différentes de mots et de traits syntaxiques dans les langues naturelles. Certains mots et traits syntaxiques, comme les signes de ponctuation, l'ordre des mots et le mode du verbe, contribuent à la signification des énoncés à l'intérieur desquels ils apparaissent en déterminant les *forces illocutoires* des énonciations de ces énoncés alors que d'autres mots et traits syntaxiques, comme le temps et la personne du verbe, contribuent à la signification des énoncés à l'intérieur desquels ils apparaissent en déterminant les *contenus propositionnels* de leurs énonciations. En français, comme dans la plupart des autres langues naturelles, le mode du verbe principal, le type syntaxique de l'énoncé, l'ordre des mots ainsi que l'intonation et les signes de ponctuation selon que l'énonciation est orale ou écrite sont les traits constitutifs habituels des marqueurs de force illocutoire. La signification du mode impératif sert, par exemple, à déterminer que les énoncés impératifs sont utilisés pour donner des directives à l'allocutaire. De même, la signification de l'ordre des mots inversé et du signe d'interrogation des énoncés interrogatifs sert à déterminer que ces énoncés sont utilisés pour poser des questions.

Certains traits contextuels sont en général pertinents pour déterminer l'acte illocutoire littéral exprimé par un énoncé dans un contexte d'énonciation. Ainsi, pour comprendre la demande faite par une énonciation littérale de l'énoncé impératif « S'il te plaît, reviens ici dans cinq minutes ! », il faut connaître l'identité de l'allocutaire ainsi que le moment et le lieu de l'énonciation. Pour cette raison, il convient de distinguer la *signification d'une énonciation particulière d'un énoncé* dans un contexte d'emploi (qui est l'acte illocutoire littéral particulier exprimé par cet énoncé dans ce contexte) et la *signification linguistique de cet énoncé* en tant que type abstrait[3] (qui est une fonction au sens mathématique associant, à chaque contexte possible d'emploi d'une interprétation sémantique, l'acte illocutoire exprimé par cet énoncé dans ce contexte selon cette interprétation). Un même énoncé peut exprimer différents actes illocutoires dans différents contextes d'emploi (si, par exemple, il contient des expressions indexicales dont la dénotation est déterminée par des traits contextuels). Ainsi, un locuteur compétent peut comprendre la signification linguistique d'un énoncé sans pour autant comprendre la signification d'une énonciation particulière de cet énoncé (quand, par exemple, il n'est pas au courant des traits contextuels qui sont pertinents pour déterminer certains constituants propositionnels de l'acte illocutoire littéral).

Au cours des dernières années, j'ai développé dans divers essais[4] et dans mon livre avec Searle sur les fondements de la logique illocutoire[5] une théorie logique générale des actes de discours, laquelle présente entre autres une définition récursive de l'ensemble des forces illocutoires possibles d'énonciation, et une définition inductive des conditions de succès des différents types d'actes illocutoires élémentaires. Comme je l'ai déjà annoncé, le but principal du présent ouvrage est d'utiliser et de perfectionner la logique illocutoire en vue de construire une sémantique formelle du langage naturel capable de caractériser à la fois les aspects véri-conditionnels et illocutoires de la signification des énoncés. Ceci est nécessaire pour interpréter adéquatement des énoncés élémentaires exprimant des actes de discours ayant n'importe quelle force illocutoire. En construisant une telle sémantique formelle générale des conditions de succès et de vérité, je tenterai de faire converger les deux grands courants de la philosophie contemporaine du langage.

Jusqu'à présent, les logiciens et les philosophes du langage du courant logique, comme Carnap[6], Montague[7] et Kaplan[8], qui ont construit des sémantiques formelles[9] pour interpréter directement ou après traduction des fragments de langues naturelles, se sont limités aux aspects véri-conditionnels de la signification des énoncés. Ils ont eu tendance à réduire la compétence linguistique d'un locuteur à sa capacité de comprendre les conditions de vérité des propositions qui peuvent être exprimées en utilisant les énoncés de sa langue. Ainsi ils ont seulement analysé dans leur sémantique formelle des mots ou des traits syntaxiques, comme les noms propres, les prédicats et les connecteurs modaux ou de vérité, dont la signification contribue à la détermination des contenus propositionnels des énonciations des énoncés où ils apparaissent. Comme ils ont négligé les aspects illocutoires de la signification, ces logiciens et ces philosophes ont été incapables de donner une explication satisfaisante des différences de signification existant entre des énoncés comme «Jean le fera!», «S'il te plaît, Jean, fais-le!», et «Si seulement Jean le faisait!», lesquels expriment les mêmes propositions relativement aux mêmes contextes possibles d'énonciation mais servent à accomplir des actes de discours pourvus de forces illocutoires différentes. C'est pourquoi ils se sont bornés jusqu'à présent à interpréter des fragments de langues naturelles composés exclusivement d'énoncés déclaratifs.

L'approche sémantique que j'adopte ici est nouvelle en ce qu'elle vise une description systématique unifiée de tous les aspects illocutoires et véri-conditionnels de la signification des énoncés. Ceci est, à mon avis, indispensable si l'on veut enrichir les capacités expressives des langages-objets de la sémantique formelle du point de vue illocutoire et parvenir à une interprétation adéquate des énoncés non déclaratifs. Dans mon approche sémantique, la *compétence linguistique* n'est pas dissociée de la *performance,* comme c'est le cas dans l'école de

Chomsky[10] et dans la sémantique logique traditionnelle. Au contraire, la compétence linguistique d'un locuteur est essentiellement sa capacité d'accomplir des actes illocutoires et de comprendre quels actes illocutoires peuvent être accomplis par d'autres locuteurs dans les contextes actuels et possibles d'emploi de sa langue.

Dans cette optique, les *unités principales de signification* littérale dans l'usage et la compréhension des langues naturelles sont bien des actes de discours complets et pas seulement des propositions ou des conditions de vérité. Autrement dit, tout énoncé exprime dans toute interprétation sémantique relativement à chaque contexte possible d'énonciation un ou (s'il est ambigu) plusieurs actes illocutoires littéraux dont la forme logique est entièrement déterminée par la signification linguistique de cet énoncé et par les traits contextuels pertinents. Selon cette analyse, un locuteur compétent, qui comprend la signification d'un énoncé non ambigu dans un contexte d'emploi possible, comprend de ce fait quel acte de discours le locuteur de ce contexte aurait principalement l'intention d'accomplir s'il utilisait littéralement ce seul énoncé dans ce contexte.

Cette approche sémantique plus générale permet d'enrichir le lexique logico-philosophique de la sémantique formelle et d'analyser des mots ou des traits syntaxiques, comme les signes de ponctuation, et le mode du verbe, dont la signification contribue à la détermination des conditions de succès des actes illocutoires exprimés par les énoncés où ils apparaissent. Certains de ces traits syntaxiques sont à la fois philosophiquement et linguistiquement importants, parce qu'ils expriment des universaux relatifs à l'usage du langage. Les modes indicatif et impératif, par exemple, expriment respectivement en français et dans les autres langues naturelles le but illocutoire assertif (qui consiste à représenter un état de choses comme actuel) et le but illocutoire directif (qui consiste à tenter de faire faire quelque chose par l'allocutaire). Leur signification sert à déterminer que des énonciations littérales d'énoncés déclaratifs et impératifs servent respectivement à dire comment les choses sont et à donner des directives à l'allocutaire. Pareils traits syntaxiques sont importants aux fins de la sémantique logique du langage. En effet, on peut facilement argumenter d'un point de vue philosophique qu'une langue naturelle privée d'usages assertif et directif pourrait difficilement remplir une fonction essentielle au langage, qui est de servir à l'expression et à la communication des pensées humaines. C'est pourquoi de tels traits syntaxiques existent dans toutes (ou presque toutes) les langues naturelles.

En analysant les marqueurs de force illocutoire, une sémantique générale des conditions de succès et de vérité acquiert la capacité d'interpréter des énoncés de n'importe quel type syntaxique (aussi bien optatif, exclamatif, impératif, conditionnel et interrogatif que déclaratif). Une telle sémantique est aussi en mesure de décrire des types nouveaux, jusqu'à présent complètement ignorés, d'implication et d'incompatibilité ayant trait aux conditions de succès des énonciations. Ainsi, par exemple, des énoncés comme «Merci beaucoup d'avoir fait cela» et «Je ne vous suis pas du tout reconnaissant d'avoir fait cela» sont *incompatibles d'un point de vue illocutoire*, en ce sens qu'ils expriment dans les mêmes contextes possibles d'emploi des actes illocutoires qui ne peuvent pas être simultanément accomplis. De même, l'énoncé «Je te demande de venir et d'être gentil!» *implique illocutoirement* les énoncés «S'il te plaît, sois gentil!» et «Je te demande de venir» : il exprime, dans chaque contexte possible d'énonciation, un acte de discours que le locuteur ne peut accomplir dans ce contexte sans aussi accomplir les actes illocutoires exprimés par les deux autres énoncés dans ce même contexte. En attribuant des actes illocutoires complets comme valeurs sémantiques aux énoncés dans des contextes d'emploi et en définissant inductivement les conditions de succès de ces actes et les conditions de vérité de leur contenu propositionnel, la sémantique générale acquiert la capacité de prédire et d'expliquer les différents types d'implication et d'incompatibilité qui existent entre les énoncés exprimant dans les mêmes contextes des actes illocutoires pourvus de conditions de succès ou de satisfaction logiquement liées.

La sémantique générale ne permet pas seulement de prédire des nouveaux types illocutoires d'implication et d'incompatibilité. Elle permet aussi de généraliser les notions véri-conditionnelles traditionnelles d'implication et de cohérence de façon à pouvoir les appliquer à des énoncés de n'importe quel type. Ainsi qu'on l'a vu, certains énoncés comme «S'il te plaît, Jean, fais-le!» et «Jean ne peut pas le faire» expriment, dans les mêmes contextes possibles d'emploi, des actes illocutoires qui ne peuvent pas être simultanément satisfaits parce que leurs contenus propositionnels ont des conditions de vérité incompatibles. Je dirai de tels énoncés qu'ils sont *incompatibles du point de vue véri-conditionnel* en sémantique générale. De même, certains énoncés (comme «S'il te plaît, Jean, sois gentil et aide ton petit frère!») expriment dans tout contexte un acte illocutoire dont la satisfaction implique celle de l'acte illocutoire exprimé par un autre énoncé (par exemple, «Jean aidera son petit frère!»). Je dirai de tels énoncés qu'ils *impliquent véri-conditionnellement* ces autres énoncés en sémantique générale, quel que soit leur type syntaxique.

2. TYPES D'ENONCES ILLOCUTOIREMENT SIGNIFICATIFS

Parce qu'il existe différentes formes logiques d'actes illocutoires, il est nécessaire de distinguer différentes formes logiques d'énoncés en sémantique générale. La plupart des actes illocutoires élémentaires sont de la forme F(P) : ils se composent d'une force illocutoire F et d'un contenu propositionnel P. Ainsi, les assertions, les témoignages, les excuses, les promesses, les définitions, les supplications et les plaintes sont des exemples d'actes de discours élémentaires[11] de la forme F(P). Cependant, d'autres actes illocutoires, comme les actes de discours conditionnels et les actes de dénégation illocutoire, sont des actes de discours plus complexes dont la forme logique n'est pas réductible à celle des actes illocutoires élémentaires. Ainsi, les actes illocutoires conditionnels sont des actes de discours complexes de la forme P→F(Q) dont le but est d'accomplir un acte illocutoire F(Q) non pas catégoriquement mais à la condition qu'une proposition P soit vraie. Une offre, par exemple, est une promesse qui n'est pas catégorique mais conditionnelle à son acceptation par l'allocutaire[12].

Le but de cette section est d'analyser avec précision les aspects illocutoires de base de la signification dans les langues naturelles. En particulier, je m'efforcerai de déterminer la nature des actes illocutoires qui sont exprimés par les différents types syntaxiques d'énoncés du français et d'autres langues naturelles.

A. Actes illocutoires et énoncés élémentaires

Les actes illocutoires élémentaires de la forme F(P) sont exprimés dans les langues naturelles par des *énoncés élémentaires* de la forme f(p) où f est un marqueur de force illocutoire et p est une clause. Le *marqueur de force illocutoire* d'un énoncé élémentaire se compose des mots et autres traits syntaxiques de cet énoncé dont la signification détermine que son énonciation littérale dans un contexte possible d'emploi a une ou (s'il est ambigu) plusieurs forces illocutoires possibles. Ainsi, par exemple, le mode du verbe, l'ordre des mots et l'intonation ou les signes de ponctuation sont des traits constitutifs des marqueurs de force illocutoire propres aux énoncés «Paul le fera!»,

«S'il te plaît, Paul, fais-le!» et «Si seulement Paul le faisait!». La *clause* d'un énoncé élémentaire, par contre, se compose des mots et autres traits syntaxiques de cet énoncé dont la signification détermine que son énonciation littérale dans un contexte possible d'emploi a un ou (s'il est ambigu) plusieurs contenus propositionnels possibles. Le sujet et le temps du verbe, par exemple, sont des traits constitutifs des clauses propres aux énoncés «Est-ce que Paul le fait?», «Jean est-il en train de le faire?» et «Est-ce que Julie le fera?». Ainsi, deux énoncés élémentaires avec le même marqueur de force illocutoire comme «Viens ici!» et «Sois gentil!» expriment dans les mêmes contextes des actes de discours ayant les mêmes forces illocutoires. De la même façon, deux énoncés élémentaires avec des clauses synonymes comme «Tu seras brave demain» et «S'il te plaît, sois brave demain!» expriment dans les mêmes contextes des actes de discours ayant le même contenu propositionnel.

Contrairement aux logiciens et aux philosophes du langage issus du courant logique contemporain, les grammairiens et les linguistes reconnaissent depuis longtemps les aspects illocutoires de la signification des énoncés dans leurs classifications des différents types syntaxiques d'énoncés des langues naturelles[13]. En utilisant la théorie des actes de discours, voilà comment on peut reformuler leurs analyses de certains types importants d'énoncés qu'il convient de distinguer dans la grammaire du français et d'autres langues naturelles :

1) *Les énoncés déclaratifs*, comme «La porte est ouverte», servent à dire comment les choses sont;

2) *Les énoncés conditionnels*, comme «Il pourrait le faire, s'il le voulait vraiment» et «J'aimerais cela», servent à dire ce qui se passerait si certains faits (spécifiés ou non) existaient;

3) *Les énoncés impératifs*, comme «Ferme la porte!», servent à donner des directives à l'allocutaire;

4) *Les énoncés interrogatifs*, comme «Etes-vous certain?», servent à poser des questions;

5) *Les énoncés exclamatifs*, tels que «Comme c'est triste!», servent à exprimer des états mentaux du locuteur; et enfin

6) *Les énoncés optatifs*[14], comme «Si seulement il pleuvait!», servent à exprimer des souhaits du locuteur.

En général, tous les énoncés d'un même type syntaxique n'expriment pas la même force illocutoire spécifique, mais plutôt des ensembles de forces illocutoires différentes ayant le même but illocutoire. Ainsi, par exemple, d'un point de vue sémantique, les modes indicatif ou impératif du verbe dans les énoncés déclaratifs et impératifs expriment seulement les buts illocutoires assertif ou directif de leurs énonciations. Ces modes n'expriment pas des forces illocutoires assertives ou directives particulières. Certains énoncés déclaratifs et impératifs différents comme «Hélas, il est mort» et «Bravo, il est mort» ou bien «S'il te plaît, fais-le» et «Que tu le veuilles ou non, fais le!» ont le mode de leur verbe principal modifié par des adverbes exprimant d'autres composantes de forces illocutoires. De tels énoncés servent à accomplir des actes illocutoires dont les forces assertives ou directives sont différentes.

Ainsi la classification des types d'énoncés illocutoirement significatifs que les linguistes ont établie principalement sur la base de leur analyse du mode du verbe, de l'ordre des mots et des signes de ponctuation n'est pas aussi fine que celle qui est requise en sémantique générale sur la base d'une analyse des marqueurs de force illocutoire des énoncés élémentaires. Tous les énoncés d'un même type syntaxique illocutoirement significatif n'ont généralement en commun, en vertu de la signification de leur type, que le but illocutoire de leurs énonciations. Quand le marqueur de force illocutoire d'un énoncé se réduit à son type syntaxique, celui-ci exprime généralement la force illocutoire la plus simple pourvue du but illocutoire correspondant. Ainsi un énoncé déclaratif simple comme «Il est mort» sert seulement à faire des assertions. Cependant, les marqueurs de force illocutoire des énoncés élémentaires contiennent souvent des traits syntaxiques additionnels à ceux de leur type qui servent à déterminer la force illocutoire complète spécifique de leurs énonciations littérales en exprimant des composantes illocutoires supplémentaires. L'adverbe «franchement» dans les énoncés déclaratif et impératif «Franchement, il est mort» et «Franchement, fais-le!» sert, par exemple, à renforcer le degré de puissance avec lequel le but illocutoire assertif ou directif est accompli sur le contenu propositionnel. Une énonciation littérale de l'énoncé impératif «Aide-moi!» (avec un degré normal d'intonation) a la force illocutoire primitive directive qui consiste à faire une tentative linguistique d'un degré normal de puissance pour que l'allocutaire fasse quelque chose. Par contre, une énonciation de l'énoncé «Franchement, aide-moi!» sert à faire une tentative plus forte. De même, les expressions «s'il te plaît» et «hélas», qui modifient le mode du verbe dans les énoncés (1) «S'il te plaît, viens» et (2) «Hélas, il est mort!», servent à renforcer les forces illocutoires des énonciations de ces énoncés. La signification de l'expression «s'il te plaît» dans l'énoncé impératif (1) sert à déterminer que le locuteur donne une option de refus à l'allocutaire. C'est pourquoi les énonciations littérales d'un tel énoncé impératif ont la force illocutoire de demande qui a un mode d'accomplissement du but illocutoire directif relativement courtois. De même la signification de l'interjection «Hélas» dans l'énoncé déclaratif (2) sert à déterminer que le locuteur, s'il est sincère, est malheureux et triste de l'existence de l'état de choses représenté par le contenu propositionnel. C'est pourquoi, les énonciations littérales d'un tel énoncé déclaratif ont la force illocutoire assertive de plainte, laquelle a une condition de sincérité spéciale.

En bref, les marqueurs de force illocutoire des énoncés élémentaires contiennent souvent plus que les traits syntaxiques caractéristiques de leur type qui exprime alors seulement le but illocutoire de leurs énonciations. Quand le marqueur de force illocutoire d'un énoncé est identique à son type syntaxique, ce marqueur exprime en général la force illocutoire *primitive* pourvue du but illocutoire correspondant. Quand un marqueur de force illocutoire contient, par contre, des mots ou traits syntaxiques dont la signification contribue à exprimer d'autres composantes illocutoires (par exemple : un mode d'accomplissement spécial ou une condition de sincérité particulière), ce marqueur exprime alors une force illocutoire spécifique plus complexe. Une des tâches de la sémantique générale est d'analyser en détail les formes logiques des marqueurs de force illocutoire en considérant tous leurs traits syntaxiques constituants.

B. Enoncés performatifs

En plus des marqueurs de force illocutoire, le français et la plupart des autres langues naturelles ont un grand nombre de *verbes performatifs* comme «promettre», «jurer», «informer», «assurer», «prédire», «presser», «exiger», «démissionner», «remercier» et «s'excuser» qui nomment des forces illocutoires. Comme Austin l'a remarqué, ces verbes sont souvent utilisés performativement par les locuteurs pour rendre explicite les forces illocutoires de leurs énonciations, lors de l'utilisation de certains énoncés qu'on peut qualifier de performatifs. D'un point de vue syntaxique, les énoncés performatifs sont des énoncés déclaratifs comme «Je vous demande s'il pleut», «Par la présente, vous êtes convoqués à la prochaine réunion» et «Par la présente, je vous avertis de son arrivée» dont le verbe principal est un verbe performatif au mode indicatif, en général à la première personne du singulier du présent. Austin[15] a découvert les forces illocutoires en remarquant que les énonciations réussies de tels énoncés ne sont pas *« constatives »*, comme celles des autres énoncés déclaratifs, mais bien plutôt *« performatives »*, en ce sens qu'elles constituent l'accomplissement par le locuteur de l'acte illocutoire nommé par le verbe performatif. C'est pourquoi Austin donna aussi à ces énoncés le nom *d'énoncés performatifs*. Ainsi, par exemple, une énonciation littérale réussie de l'énoncé performatif «Je vous promets de venir» constitue par elle-même l'accomplissement d'une promesse de même qu'une énonciation littérale réussie de l'énoncé performatif «Je te demande s'il pleut» constitue l'acte de poser une question. Pour reprendre la formule d'Austin, dans le cas des énonciations performatives : «En le disant, on le fait».

L'analyse sémantique appropriée des énoncés performatifs a fait l'objet de nombreuses controverses dans la philosophie du langage contemporaine et la notion d'énonciation performative par son instabilité s'est avérée utile pour l'avancement de la théorie des actes de discours. Plusieurs analyses sémantiques différentes des énoncés performatifs ont maintenant cours en philosophie et en linguistique.

Premièrement, selon Austin, Searle[16] et les partisans de l'*hypothèse performative*[17], le trait syntaxique principal du marqueur de force illocutoire d'un énoncé performatif est *le verbe performatif* qui fonctionne sémantiquement dans ce contexte comme l'ordre des mots et le mode du verbe dans les énoncés non performatifs. Dans cette optique, une énonciation littérale réussie d'un énoncé performatif est performative parce qu'elle constitue principalement l'accomplissement par le locuteur de l'acte illocutoire nommé par le verbe performatif. Ainsi, par exemple, par une énonciation littérale de l'énoncé (1) «Je te demande s'il pleut», le locuteur entend principalement poser litteralement la question de savoir s'il pleut, tout comme il le fait lorsqu'il utilise l'énoncé interrogatif (2) «Est-ce qu'il pleut ?». Ces deux énoncés sont donc analysés comme étant synonymes.

Deuxièmement, selon Warnock[18], Lewis[19], et d'autres, le trait syntaxique principal du marqueur de force illocutoire d'un énoncé performatif n'est pas le verbe performatif mais bien plutôt *le mode indicatif* de ce verbe qui exprime conventionnellement le but illocutoire d'assertion. Selon ces auteurs, une énonciation réussie d'un énoncé performatif constitue une *assertion* littérale par le locuteur qu'il accomplit un acte illocutoire ayant la force nommée par le verbe performatif. Quand cette assertion est vraie, l'énonciation est performative. Ainsi, par une énonciation littérale de l'énoncé performatif (1), le locuteur entend simplement affirmer qu'il pose une question selon cette seconde analyse.

J'adopterai ici une troisième analyse sémantique suivant laquelle les énoncés performatifs expriment, relativement à chaque contexte possible d'énonciation, une *déclaration* par le locuteur qu'il accomplit l'acte illocutoire ayant la force nommée par le verbe performatif.

Cette analyse, que Searle et moi avons adoptée dans notre livre commun, a le mérite d'expliquer clairement pourquoi les énonciations réussies d'énoncés performatifs sont performatives et constituent l'accomplissement de l'acte illocutoire nommé par le verbe performatif. De toute évidence, par une énonciation littérale réussie de l'énoncé (1) «Je te demande s'il pleut», le locuteur n'affirme pas seulement qu'il pose une question. En plus, il pose également cette question. Cependant aucune assertion selon laquelle le locuteur accomplit ou a l'intention d'accomplir un acte de discours ne garantit par elle-même sa vérité. Ce qui crée une difficulté majeure pour la deuxième analyse sémantique des performatifs, ainsi que Searle l'a fort bien montré[20]. Par contre, si l'on convient que la force des énonciations littérales des énoncés performatifs est la force de *déclaration*, on peut définir clairement l'essence de la performativité dans l'usage des langues naturelles.

D'un point de vue logique, les *déclarations* ont en effet ce trait caractéristique[21] que le locuteur, en se représentant comme accomplissant une action, réussit à accomplir cette action par le seul fait de son énonciation. Dans cette optique, toutes les énonciations réussies d'énoncés performatifs sont donc performatives parce qu'une déclaration réussie rend son contenu propositionnel vrai et que le contenu propositionnel dans ce cas est la proposition que le locuteur accomplit l'acte illocutoire nommé par le verbe performatif. Ainsi, outre la force illocutoire principale de déclaration, les énonciations performatives ont aussi secondairement la force illocutoire nommée par le verbe performatif. Selon une telle analyse, lors d'une énonciation littérale réussie de (1), le locuteur pose une question du fait qu'il déclare qu'il pose cette question.

Soit dit en passant, cette analyse sémantique des énoncés performatifs est compatible avec le fait qu'ils sont des énoncés déclaratifs dont le type syntaxique exprime conventionnellement la force illocutoire d'assertion. Il suffit en effet de remarquer que le marqueur de force illocutoire d'un énoncé performatif ne se réduit pas au type déclaratif, car il contient d'autres traits syntaxiques (par exemple, la locution adverbiale «par la présente») qui expriment le mode particulier d'accomplissement du but illocutoire déclaratif[22]. Pour être tout à fait exact, on doit donc dire qu'en utilisant avec succès un énoncé performatif, le locuteur à la fois accomplit et affirme accomplir un acte illocutoire par le fait de déclarer littéralement qu'il accomplit cet acte.

En résumé, mon analyse sémantique des énoncés performatifs donne une explication simple et unifiée des faits suivants.

Premièrement, les énoncés performatifs sont des énoncés déclaratifs comme les autres en ce qui concerne leur force illocutoire littérale. Le mode indicatif de leur marqueur de force illocutoire exprime le but assertif et leurs énonciations littérales réussies ont une force illocutoire assertive.

Deuxièmement, l'énoncé performatif correspondant à un énoncé n'a pas la même signification que cet énoncé, mais tous deux ont des valeurs sémantiques logiquement liées. Ainsi, par exemple, l'énoncé performatif (1) exprime dans chaque contexte d'énonciation, une déclaration par le locuteur qu'il pose la question exprimée par l'énoncé interrogatif correspondant (2) dans le même contexte.

Troisièmement, toutes les énonciations réussies d'énoncés performatifs sont performatives parce qu'elles sont principalement des déclarations. C'est pourquoi tout énoncé performatif implique illocutoirement l'énoncé non performatif correspondant.

Enfin, rares sont les énoncés déclaratifs qui peuvent avoir des énonciations performatives, étant donné qu'il y a un ensemble très restreint d'actions humaines que les locuteurs peuvent accomplir par des déclarations. C'est pourquoi peu de verbes ont un usage performatif dans nos langues naturelles. Des verbes performatifs, comme «demander», «prédire», «affirmer», «promettre», «conseiller», «appeler», «avertir» et «se plaindre», nomment des actes de discours que les locuteurs peuvent accomplir par déclaration dans des contextes appropriés d'énonciation simplement en vertu de leur compétence linguistique. D'autres verbes performatifs, comme «licencier», «abdiquer» et «excommunier», nomment des actes de discours qui exigent du locuteur une autorité extra-linguistique dans une institution. Les usages performatifs de tels verbes sont pour cette raison beaucoup moins fréquents. Mais la grande majorité des verbes ou des locutions verbales du français (comme «boire du cognac», «gagner des millions» et «sauter par dessus l'Atlantique») nomment des actions qu'un locuteur ne peut jamais être en position d'accomplir conventionnellement dans le monde par déclaration. C'est pourquoi ils sont dépourvus d'usage performatif dans nos sociétés humaines.

C. Limitations expressives relatives aux forces illocutoires

Il est important de signaler que les capacités expressives illocutoires des langues naturelles sont limitées et peuvent varier d'une langue à l'autre. Ainsi, il existe relativement peu de types syntaxiques d'énoncés illocutoirement significatifs dans les langues naturelles. Seuls les types d'énoncés déclaratif, interrogatif, impératif, optatif et exclamatif se retrouvent dans toutes (ou presque toutes) les langues naturelles actuelles.

Certaines forces illocutoires sont réalisées syntaxiquement dans la plupart des langues naturelles. Toutes les langues ont, par exemple, des énoncés déclaratifs. De même, la plupart des langues (mais pas le chinois) ont des énoncés optatifs pour exprimer littéralement les souhaits des locuteurs. D'autres forces illocutoires, par contre, sont réalisées syntaxiquement dans un très petit nombre de langues. A ma connaissance, seul le Coréen, par exemple, a des énoncés promissifs dont l'énonciation sert à engager le locuteur à une action future[23].

Les langues naturelles contiennent en général dans leur lexique beaucoup plus de verbes performatifs nommant des forces illocutoires que de marqueurs de force illocutoire exprimant de telles forces. Ainsi, par exemple, il n'y a pas en français de type syntaxique d'énoncé qui engage le locuteur à une action future, mais il y a, par contre, de nombreux verbes performatifs de type engageant (par exemple, «s'engager à», «promettre», «faire vœu», «jurer (de)», «accepter») qui peuvent servir à accomplir un tel but illocutoire. Quand les locuteurs veulent s'engager littéralement à faire quelque chose lors d'une énonciation, ils peuvent toujours rendre pleinement explicite leur engagement en utilisant un énoncé performatif avec l'un de ces verbes performatifs. Ils peuvent dire, par exemple : «Je promets de le faire» et, de ce fait, promettre en faisant une déclaration. C'est pourquoi l'analyse des verbes performatifs est particulièrement importante pour la sémantique générale.

Même s'il existe un assez grand nombre de verbes performatifs, il n'y a pas toutefois de correspondance biunivoque entre les forces illocutoires et les verbes performatifs dans le lexique du français et des autres langues naturelles. Il n'existe pas, par exemple, de verbe performatif français pour la force assertive qui consiste à représenter comme actuel un état de choses en présupposant que cet état de choses est bon pour le locuteur et mauvais pour l'allocutaire.

On comprend aisément pourquoi les lexiques des langues naturelles ont des capacités expressives illocutoires variables et limitées. S'il existe des types d'énoncés, des marqueurs de force illocutoire ou des verbes performatifs universels, ceux-ci doivent exprimer des buts ou des forces illocutoires qui sont des espèces naturelles d'usage du langage indispensables à la fois pour relier en pensée une proposition au monde, et pour communiquer à l'allocutaire exactement ce que l'on pense. Or, il y a très peu de façons différentes possibles d'utiliser le langage pour relier une proposition au monde de façon à déterminer des conditions de satisfaction. En effet, le nombre des directions possibles d'ajustement entre le langage et le monde est limité. D'un point de vue transcendental, il y a en effet seulement cinq façons fondamentales différentes d'utiliser le langage pour penser. Ce sont :

1) *l'usage assertif* qui consiste à exprimer une proposition P avec le but illocutoire de représenter l'état de choses que P comme étant actuel dans le monde ;

2) *l'usage engageant* qui consiste à exprimer une proposition P avec le but illocutoire de s'engager à accomplir dans le monde l'action future que P représente ;

3) *l'usage directif* qui consiste à exprimer une proposition P avec le but illocutoire d'essayer de faire en sorte que l'allocutaire accomplisse dans le monde l'action future que P représente ;

4) *l'usage déclaratif* qui consiste à exprimer une proposition P avec le but illocutoire d'accomplir l'action que P représente du seul fait de l'énonciation en se représentant soi-même comme accomplissant cette action ; et enfin,

5) *l'usage expressif* qui consiste à exprimer une proposition P avec le but illocutoire de manifester un état mental d'un certain mode à propos de l'état de choses que P représente.

La linguistique empirique confirme ma conjecture que les cinq façons fondamentales d'utiliser le langage pour accomplir des actes de discours sont réalisées syntaxiquement ou lexicalisées dans toutes (ou presque toutes) les langues naturelles actuelles.

Bien entendu, nombreux sont les usages des langues naturelles qui ne sont pas universels, mais qui sont fonction de l'état d'avancement et de l'environnement historique particulier des communautés humaines qui parlent ces langues. Un locuteur qui, par exemple, fait une déclaration d'excommunication ou de congédiement invoque une position spéciale dans une institution sociale extra-linguistique particulière. On ne peut pas s'attendre à ce que toutes les langues naturelles aient des marqueurs ou des verbes performatifs correspondant à des usages liés à des institutions historiques particulières, pas plus qu'on ne peut s'attendre à ce que toutes les sociétés humaines aient les mêmes institutions et formes de vie. En outre, des sociétés humaines ayant les mêmes institutions (comme le mariage) peuvent parler des langues ayant des forces illocutoires actuelles différentes, dans le cas où elles permettent conventionnellement d'accomplir différents ensembles d'actions par déclaration dans le cadre de ces institutions. Ainsi, par exemple, le verbe arabe qui nomme l'acte de divorcer a en Arabie Séoudite un usage performatif basé sur le Coran, usage qui est exclu dans nos communautés linguistiques modernes laïques.

D. Autres actes illocutoires et énoncés

Tous les actes illocutoires ne sont pas de la forme F(P). Un petit nombre d'actes de discours élémentaires, comme les interjections «Aïe!» et «Ouf!», ont une force illocutoire, mais pas de contenu. D'autres actes illocutoires élémentaires comme les énonciations «Bravo, les Canadiens!» et «A bas les Alouettes!» se composent (au moins apparemment) d'une force illocutoire et d'un contenu qui n'est pas une proposition complète mais plutôt un objet de référence. Abstraction faite de ces rares exceptions, tous les actes illocutoires élémentaires sont des actes de la forme F(P) qui contiennent une proposition comme contenu.

Je me consacrerai exclusivement dans ce livre à l'analyse sémantique des énoncés élémentaires des langues naturelles qui expriment des actes de discours pourvus d'une force illocutoire et d'un contenu propositionnel. Les langues naturelles contiennent aussi des énoncés plus complexes, comme «S'il pleut, s'il te plaît, conduis-moi en voiture à la maison!» et «Il y a des nuages, est-ce qu'il va pleuvoir?», exprimant des actes de discours dont la forme logique n'est pas réductible à celle des actes illocutoires élémentaires. Les énonciations réussies de tels énoncés complexes constituent l'accomplissement d'actes illocutoires plus complexes. Tels sont 1) *les actes de dénégation illocutoire* qui sont de la forme $\sim F(P)$ et dont le but est de rendre explicite le non-accomplissement par le locuteur d'un acte illocutoire F(P), 2) *les actes de discours conditionnels* qui sont de la forme $P \rightarrow F(Q)$ et dont le but est d'accomplir un acte illocutoire F(Q), non pas catégoriquement, mais seulement à la condition qu'une proposition P soit vraie, et 3) *les conjonctions d'actes illocutoires* qui sont de la forme $F_1(P_1)$ *et* $F_2(P_2)$ et dont le but est d'accomplir simultanément les deux actes illocutoires $F_1(P_1)$ et $F_2(P_2)$. Ainsi, par exemple, un refus est la dénégation illocutoire d'une acceptation, une offre est une promesse qui est conditionnelle à son acceptation par l'allocutaire, et un avertissement est la conjonction d'une assertion que quelque chose se passe et d'une suggestion à l'allocutaire de réagir à cela.

Les formes logiques des actes illocutoires complexes sont irréductibles à celle des actes de discours élémentaires, car leurs conditions de succès sont différentes. Ainsi, par exemple, un acte de discours conditionnel de la forme $P \rightarrow F(Q)$ a d'autres conditions de succès qu'un acte illocutoire élémentaire de la forme $F(P \rightarrow Q)$ avec un contenu propositionnel conditionnel. En cas d'accomplissement d'un acte de discours conditionnel de la forme $P \rightarrow F(Q)$, l'acte illocutoire $F(P)$ n'est pas accompli catégoriquement, mais seulement à la condition que la proposition antécédente P soit vraie. Quand cette proposition est fausse dans le contexte de l'énonciation, le locuteur n'accomplit pas l'acte illocutoire $F(Q)$ dans ce contexte. Par contre, en cas d'accomplissement d'un acte de discours de la forme $F(P \rightarrow Q)$ avec un contenu propositionnel conditionnel, un acte illocutoire de force F est toujours catégoriquement accompli dans le contexte de l'énonciation. La différence est frappante dans le cas d'un pari conditionnel tel que «Si Cuomo présente sa candidature à la présidence des Etats-Unis, je parie 5 $ que les démocrates vaincront» et d'un pari sur le conditionnel comme «Je parie 5 $ que (si Cuomo est le candidat démocrate à la présidence, alors les démocrates vaincront)». Quand l'antécédent est faux, il n'y a pas de gagnant ou de perdant dans le premier cas. Par contre, dans le second cas, le locuteur gagne et l'allocutaire perd, dans l'hypothèse où Cuomo n'est pas candidat démocrate, car la proposition conditionnelle, qui est le contenu propositionnel du pari, est alors vraie dans le monde de l'énonciation[24].

Les actes de discours complexes sont exprimés dans les langues naturelles par des énoncés qui sont plus complexes que les énoncés élémentaires. Ces *énoncés complexes* s'obtiennent à partir des énoncés élémentaires par l'application de *connecteurs illocutoires* comme les opérateurs «si», «mais» et le point-virgule dans les énoncés «S'il a réussi à cause de vous, merci!», «Je le ferai; mais tiendra-t-il sa promesse?» et «S'il te plaît, aide-le; il n'est pas si mauvais après tout!». Il existe aussi dans certaines langues des verbes performatifs (par exemple «gager», «avertir», «refuser» et «permettre») qui nomment des actes illocutoires complexes. Les énonciations littérales réussies des énoncés performatifs contenant de tels verbes constituent l'accomplissement par déclaration d'actes de discours complexes. Ainsi, par exemple, une énonciation performative de l'énoncé «Je te permets de venir» constitue la dénégation illocutoire d'un acte de défendre à l'allocutaire de venir.

Je n'analyserai pas ici les énoncés et les verbes performatifs qui servent à accomplir des actes de discours complexes. De toute évidence, une théorie sémantique du langage naturel doit commencer avec l'interprétation des énoncés élémentaires plus simples qui expriment des actes de discours de la forme F(P). En effet, ces énoncés élémentaires sont les constituants syntaxiques des énoncés plus complexes qui servent à accomplir les autres actes de discours.

3. LOGIQUE ILLOCUTOIRE ET LOGIQUE INTENSIONNELLE

Comme toutes les actions humaines, les actes illocutoires ont des conditions de succès. Les tentatives d'accomplissement de tels actes de discours peuvent soit réussir soit échouer. Ainsi, par exemple, une énonciation par laquelle le locuteur tente de commander à l'allocutaire de faire quelque chose peut échouer dans un contexte où ce locuteur invoque une position d'autorité qu'il ne détient pas et où l'allocutaire reconnaît l'imposture. Dans un tel contexte, le locuteur a bien fait une tentative linguistique pour que l'allocutaire fasse quelque chose, mais cette tentative ne constitue pas, à proprement parler, un acte de commandement réussi. En outre, les actes illocutoires sont dirigés vers des états de choses du monde et, même lorsqu'ils sont accomplis avec succès, ces actes peuvent encore être dépourvus de satisfaction quand le monde ne correspond pas à leur contenu propositionnel. Un allocutaire peut, par exemple, désobéir à un commandement réussi. De même que toute théorie adéquate des propositions doit procéder à l'analyse de leurs conditions de vérité, toute théorie adéquate des actes de discours de la forme F(P) doit procéder à l'analyse de leurs conditions de succès et de satisfaction. Dans cette section, je discuterai d'abord brièvement de la nature des conditions de succès et de satisfaction des énonciations. Ensuite, j'expliquerai la pertinence sémantique de ces conditions et je ferai valoir que la logique illocutoire et la logique intensionnelle doivent toutes deux être intégrées en sémantique.

A. Succès et satisfaction

Les buts linguistiques que les actes illocutoires élémentaires servent à remplir dans les contextes d'emploi des langues naturelles déterminent leurs conditions de succès et de satisfaction. Ainsi, deux actes de discours élémentaires qui sont accomplis et satisfaits dans les mêmes conditions sont identiques et ils ont la même fonction dans l'usage du langage. Par *conditions de succès* d'un acte illocutoire, j'entends ici les conditions qui doivent être remplies dans un contexte d'énonciation pour que le locuteur réussisse à accomplir cet acte dans ce contexte. Une promesse a, par exemple, comme condition de succès que le locuteur s'engage à accomplir une action future dans le monde de l'énonciation. Un locuteur qui ne s'engage pas à accomplir d'action dans le contexte d'une énonciation, ne fait aucune promesse dans ce contexte. De même, un remerciement a comme condition de succès que le locuteur exprime sa reconnaissance envers l'allocutaire. Si le locuteur n'exprime pas sa reconnaissance à l'allocutaire dans un contexte d'énonciation, il ne le remercie pas dans ce contexte.

Les deux valeurs de succès que les actes de discours peuvent avoir dans les contextes d'emploi des langues naturelles sont : *le succès* (ou l'accomplissement réussi) et *l'insuccès* (ou l'inaccomplissement). La valeur de succès d'un acte illocutoire est le *succès* dans un contexte d'énonciation où le locuteur accomplit cet acte et est *l'insuccès* autrement. L'*échec* d'une tentative d'accomplissement d'un acte illocutoire est le cas particulier d'insuccès qui se produit dans les contextes d'énonciation où le locuteur tente sans succès d'accomplir cet acte. Dans de tels contextes, le locuteur fait une énonciation avec l'intention d'accomplir un acte illocutoire mais sa tentative linguistique est un échec parce que l'une des conditions de succès de cet acte n'est pas remplie. Un locuteur qui, par exemple, entend déclarer que l'allocutaire est congédié par une énonciation de l'énoncé performatif « Je te congédie » échoue à accomplir cette déclaration dans un contexte où il n'a pas l'autorité nécessaire pour congédier l'allocutaire.

En sémantique, la signification du locuteur est par convention réduite à la signification de l'énoncé. Ainsi, un locuteur qui utilise un énoncé dans un contexte d'énonciation est censé avoir l'intention d'accomplir l'acte illocutoire exprimé par cet énoncé dans ce contexte[25]. Suivant cette convention, je dirai en sémantique générale qu'*une énonciation est réussie* si et seulement si le locuteur accomplit l'acte illocutoire exprimé par l'énoncé qu'il utilise dans le contexte de cette énonciation, et je dirai que cette énonciation est un *échec* dans le cas contraire.

Les conditions de satisfaction des actes illocutoires sont en général différentes de leurs conditions de succès. Elles sont les conditions qui doivent être remplies dans le monde d'un contexte d'énonciation pour que cet acte soit satisfait dans ce contexte. Une requête, par exemple, n'est pas satisfaite si l'allocutaire n'accomplit pas dans le monde l'action future que le locuteur lui demande de faire. De même, une promesse n'est pas satisfaite si le locuteur ne fait pas ce qu'il a promis de faire. La notion de condition de satisfaction est à la fois une généralisation et une extension de la notion de condition de vérité qui est nécessaire en sémantique générale pour couvrir toutes les forces illocutoires. De même qu'une assertion est satisfaite si et seulement si elle est vraie, un ordre est satisfait si et seulement s'il est obéi, une promesse est satisfaite si et seulement si elle est tenue, une requête est satisfaite si et seulement si elle est accordée, et semblablement pour toutes les autres forces illocutoires. Cette notion générale de condition de satisfaction est basée sur la théorie traditionnelle de la vérité par correspondance[26]. Un acte de discours de la forme F(P) est en effet satisfait dans le contexte d'une énonciation *seulement si* son contenu propositionnel P est vrai dans le monde de ce contexte. Ainsi, par exemple, une assertion est vraie seulement si son contenu propositionnel représente correctement comment les choses sont dans le monde. De même, un ordre est obéi seulement si l'allocutaire rend son contenu propositionnel vrai en accomplissant dans le monde l'action future qu'il représente. Ainsi, quand un acte illocutoire élémentaire est satisfait dans un contexte actuel d'énonciation, un état de choses existant dans le monde *correspond* au contenu propositionnel de cet acte illocutoire.

La relation d'ajustement (ou de correspondance) est symétrique : si une proposition est ajustée au monde, alors le monde est ajusté à cette proposition. Cependant, la notion de condition de satisfaction est plus riche que la notion de condition de vérité parce que, pour comprendre les conditions de satisfaction d'un acte illocutoire, il ne suffit pas de savoir quel état de choses doit exister pour que son contenu propositionnel corresponde au monde. Il faut savoir en outre suivant quelle direction d'ajustement la correspondance doit être établie entre le langage et le monde pour que l'acte illocutoire soit satisfait. Ainsi, lors de l'accomplissement d'actes illocutoires assertifs, comme les rappels, les témoignages, les rapports et les prédictions, le locuteur exprime le contenu propositionnel avec l'intention de dire qu'il correspond à un état de choses existant dans le monde de l'énonciation. Ces actes de discours, dont le but illocutoire est assertif, ont *la direction d'ajustement des mots aux choses* (ou du langage au monde). Ils sont satisfaits si et seulement si leur contenu propositionnel est vrai, peu importe comment l'état de choses actuel qu'il représente est devenu existant. Par contre, lors de l'accomplissement d'autres actes illocutoires, comme les promesses, les vœux, les ordres et les requêtes, le locuteur exprime le contenu propositionnel avec l'intention que son énonciation ait pour effet que son comportement futur ou celui de l'allocutaire transforme le monde pour qu'il corresponde au contenu propositionnel. De tels actes de discours, dont le but illocutoire est engageant ou directif, ont *la direction d'ajustement des choses aux mots* (ou du monde au langage) et leur satisfaction n'est pas indépendante de leur accomplissement. C'est pourquoi un ordre est obéi si et seulement si l'allocutaire accomplit dans le monde de l'énonciation l'action future représentée par le contenu propositionnel dans le but d'obéir à cet ordre. De même, une promesse est tenue si et seulement si le locuteur fait ce qu'il a promis de faire pour tenir cette promesse. Ainsi, les conditions de satisfaction de certains actes illocutoires élémentaires sont plus fortes que les conditions de vérité de leur contenu propositionnel. Quand un acte de discours a la direction d'ajustement des choses aux mots, il est satisfait si et seulement si son contenu propositionnel est vrai *à cause* du fait qu'il est accompli.

De même qu'une énonciation est réussie si et seulement si le locuteur accomplit l'acte illocutoire exprimé par l'énoncé qu'il utilise dans le contexte de cette énonciation, une énonciation est *satisfaite* si et seulement si l'acte illocutoire exprimé est satisfait dans le contexte de cette énonciation. Une énonciation de l'énoncé «S'il te plaît, reviens ici dans cinq minutes» n'est pas satisfaite, par exemple, dans un contexte où l'allocutaire ne revient pas au lieu de l'énonciation cinq minutes après le moment de cette énonciation.

En sémantique générale, la loi du tiers exclu s'applique aux valeurs de succès et de satisfaction des actes de discours de même qu'elle s'applique aux valeurs de vérité des propositions. Ainsi, de deux choses l'une : ou bien un acte illocutoire est accompli dans un contexte d'emploi et alors toute énonciation d'un énoncé, qui exprime cet acte dans ce contexte, est réussie ; ou bien cet acte illocutoire n'est pas accompli dans ce même contexte et toute énonciation d'énoncé, qui y exprime cet acte, est alors un échec. (Et semblablement pour les valeurs de satisfaction des énonciations.) D'un point de vue logique, un acte illocutoire est *performable* si et seulement s'il est accompli dans au moins un contexte possible d'énonciation de même qu'il est *satisfaisable* si et seulement s'il est satisfait dans au moins un contexte possible d'énonciation. Tout comme il existe des cas limites de propositions qui sont logiquement impossibles (c'est-à-dire fausses dans tous les contextes possibles selon toute interprétation), il existe des cas limites d'actes de discours qui sont à la fois non performables et non satisfaisables. Toute énonciation littérale de l'énoncé «Je vous ordonne et vous interdis de venir» est, par exemple, à la fois non performable et non satisfaisable. Les énoncés qui expriment dans tout contexte possible de tels actes de discours sont *incohérents* à la fois *illocutoirement et véri-conditionnellement*. La machine du langage tourne à vide quand de tels énoncés sont utilisés.

B. Les logiques intensionnelle et illocutoire

Comme je viens de l'expliquer, les actes de discours de la forme F(P) ont à la fois des conditions de succès et des conditions de satisfaction, ces dernières comprenant les conditions de vérité de leur contenu propositionnel. Dans l'hypothèse où de tels actes illocutoires sont les unités premières de signification des énoncés dans l'usage et la compréhension des langues naturelles, la logique intensionnelle et la logique illocutoire, qui étudient l'une les propositions, l'autre les actes illocutoires, sont toutes deux indispensables en sémantique. Je terminerai ce chapitre en expliquant brièvement les buts et la pertinence sémantique de ces deux logiques philosophiques.

1. *La logique intensionnelle*

La logique intensionnelle est cette branche de la logique philosophique, fondée par Carnap[27] et Church[28] et développée ultérieurement par Montague[29] et Kaplan[30], dont l'objet principal est d'étudier les formes logiques des sens et des dénotations qui constituent l'univers du discours des langues naturelles. Historiquement, la logique intensionnelle a émergé de la philosophie du langage du grand philosophe et mathématicien allemand Gottlob Frege. Pour Frege[31], les sens et les dénotations sont deux composantes fondamentales irréductibles de la signification des énoncés des langues naturelles. N'importe quelle expression linguistique qui contribue à la détermination de la signification des énoncés où elle apparaît par le fait d'avoir (ou de prétendre avoir) une dénotation est également douée de sens pour Frege. Le *sens* d'une expression linguistique est *grosso modo* le mode avec lequel elle présente sa dénotation. Ainsi, par exemple, les descriptions définies «l'auteur de *De Bello Gallico*» et «le père adoptif de Brutus», qui, toutes deux, dénotent Jules César, expriment différents sens puisqu'elles présentent leur dénotation de deux façons différentes.

C'est pourquoi ces expressions n'ont pas la même signification linguistique. Pour que deux expressions, dont les dénotations sont identiques, aient la même signification linguistique, elles doivent en outre exprimer les mêmes sens dans les mêmes contextes possibles d'emploi.

Comme les sens des mots et des autres traits syntaxiques des langues naturelles contribuent à déterminer les propositions qui sont les sens en contexte des énoncés où ils apparaissent, la tâche principale de la logique intensionnelle, conçue comme la logique des sens et des dénotations, est d'analyser les formes logiques des propositions ainsi que leurs conditions de vérité. Dans la logique intensionnelle de la sémantique générale, je tâcherai de répondre aux questions suivantes :

Quels sont les différents types de sens et de dénotations dont on a besoin pour analyser les contenus propositionnels des énonciations ? Y a-t-il des types primitifs de sens et de dénotations à partir desquels tous les autres types plus complexes de sens et de dénotations peuvent être obtenus récursivement ; s'ils peuvent l'être, comment ?

Quelle est la structure de constituants des propositions et comment leurs conditions de vérité sont-elles déterminées à partir des sens qui les composent ? Quelle est la loi d'identité propositionnelle ?

En particulier, quelle est la forme logique des propositions élémentaires ? Quelles sont les opérations logiques par l'application desquelles des propositions complexes peuvent être obtenues à partir des propositions élémentaires ? Y a-t-il des propositions élémentaires singulières qui contiennent des individus comme constituants propositionnels ?

Pour répondre à des questions de ce genre, j'étudierai les formes logiques des propositions nécessaires et de celles qui sont impossibles ; je caractériserai des relations logiques, comme la stricte implication et l'incompatibilité qui sont à la fois philosophiquement et linguistiquement significatives. Certaines propositions en *impliquent strictement* d'autres, en ce sens qu'elles ne peuvent être vraies dans un monde possible sans que les autres le soient également. D'autres propositions sont *incompatibles*, en ce sens qu'elles ne peuvent toutes être vraies dans le même monde possible.

L'étude d'attributs logiques des propositions, comme la nécessité, la possibilité et l'implication stricte, est importante pour la sémantique générale, car ces attributs logiques sont la cause d'attributs sémantiques d'énoncés tels que la vérité logique, la cohérence et l'implication véri-conditionnelles. Ainsi, par exemple, l'énoncé déclaratif « Il pleut ou il ne pleut pas » est logiquement vrai d'un point de vue sémantique parce qu'il exprime, dans chaque contexte, selon toute interprétation une assertion dont le contenu propositionnel est nécessairement vrai. De même, l'énoncé impératif «S'il te plaît, Jean, viens demain!» implique fortement, d'un point de vue véri-conditionnel, l'énoncé déclaratif «Jean peut venir demain» parce qu'il exprime dans chaque contexte un acte illocutoire élémentaire dont le contenu propositionnel implique strictement celui de l'assertion exprimée par cet autre énoncé dans le même contexte. Pour caractériser systématiquement les formes logiques des énoncés déclaratifs logiquement vrais (ou faux) et prédire et expliquer toutes les instances véri-conditionnelles d'implication et d'incompatibilité, la sémantique générale a besoin d'une logique intensionnelle caractérisant adéquatement la structure logique de l'ensemble des propositions.

2. La logique illocutoire

Jusqu'à présent, les logiciens qui ont contribué au développement de la logique intensionnelle ont étudié les formes logiques des propositions sans tenir compte du fait que les propositions sont des contenus d'actes de discours. Pour cette raison, ils n'ont pas réussi à expliquer et à prédire les lois véri-conditionnelles d'implication et d'incompatibilité qui existent entre les énoncés déclaratifs dont le verbe principal est performatif. De toute évidence, des énoncés tels que (1) «Jean prédit qu'il pleuvra abondamment», (2) «Jean affirme qu'il pleuvra» et (3) «Jean nie qu'il pleuvra» servent à relater des accomplissements d'actes de discours ayant des conditions de succès logiquement liées. Ainsi, l'énoncé (1) implique véri-conditionnellement l'énoncé (2) alors que les énoncés (1) et (2) sont tous deux véri-conditionnellement incompatibles avec l'énoncé (3). Cependant, pour dériver systématiquement de telles instances très simples d'implication ou d'incompatibilité véri-conditionnelle, la logique intensionnelle doit tenir compte des conditions de succès des actes illocutoires.

La tâche principale de la logique illocutoire est d'analyser les conditions de succès et de satisfaction des différents types d'actes de discours par l'accomplissement desquels les locuteurs lient en pensée des propositions au monde. Cette analyse logique des actes de discours concerne aussi bien les propositions que les forces illocutoires. En effet, les propositions sont essentiellement des contenus d'actes de discours et d'états mentaux. Dans la logique illocutoire de la sémantique générale, je tâcherai de répondre aux questions suivantes :

Quelles sont les différentes composantes des forces illocutoires? Comment les composantes d'une force illocutoire servent-elles à déterminer les conditions de succès et d'accomplissement sans défaut des actes de discours ayant cette force ?

Quelles sont les forces illocutoires primitives les plus simples possibles des énonciations et quelles sont les opérations logiques par l'application desquelles toutes les autres forces illocutoires plus complexes peuvent être obtenues récursivement ? Comment les conditions de satisfaction des actes illocutoires élémentaires peuvent-elles être définies à partir des conditions de vérité de leur contenu propositionnel et de la direction d'ajustement de leur force illocutoire ?

Quelles sont les lois d'identité pour les forces et les actes illocutoires ? Quelle est la structure logique propre à l'ensemble des actes illocutoires ?

En essayant de répondre à de telles questions, j'étudierai des relations logiques philosophiquement et linguistiquement significatives entre actes de discours comme l'engagement et l'incompatibilité illocutoires. Certains actes illocutoires *engagent fortement le locuteur* à d'autres, en ce sens qu'il n'est pas possible pour un locuteur d'accomplir ces actes dans un contexte d'énonciation sans également accomplir les autres. D'autres actes illocutoires ne sont *pas simultanément performables*, en ce sens qu'un locuteur ne peut pas réussir à accomplir tous ces actes dans le même contexte possible d'énonciation.

L'étude d'attributs logiques d'actes de discours, comme l'incompatibilité et l'engagement illocutoires, est importante aux fins de la sémantique générale car ces attributs logiques sont la cause d'attributs sémantiques d'énoncés comme la cohérence et l'implication véri-conditionnelles ou illocutoires.

En logique illocutoire, il y a, par exemple, quatre relations logiques d'implication entre actes de discours qui sont linguistiquement significatives.

Premièrement, certains actes illocutoires engagent fortement le locuteur à d'autres au sens défini plus haut. On ne peut, par exemple, demander à quelqu'un d'apporter du vin et de la bière sans lui demander du même coup d'apporter de la bière. C'est pourquoi l'énoncé impératif « S'il te plaît, apporte du vin et de la bière » implique illocutoirement l'énoncé plus simple « Apporte de la bière ! ».

Deuxièmement, de nombreux actes illocutoires ont des conditions de satisfaction plus fortes que d'autres, de telle sorte qu'ils ne peuvent être satisfaits dans un contexte possible d'énonciation sans que les autres le soient également. Ainsi, par exemple, une promesse ne peut être tenue sans que l'assertion de son contenu propositionnel soit *ipso facto* vraie. C'est pourquoi l'énoncé performatif «Je promets d'être courageux» implique véri-conditionnellement l'énoncé déclaratif «Je serai courageux».

Troisièmement, certains actes illocutoires ont des conditions de succès plus fortes que les conditions de satisfaction d'autres actes de discours, de telle sorte qu'ils ne peuvent être accomplis dans un contexte sans que les autres soient satisfaits dans ce même contexte. Ainsi, par exemple, si une déclaration est réussie, alors l'assertion de son contenu propositionnel est vraie. C'est pourquoi l'énoncé «Par la présente, je vous congédie!» implique illocutoirement la vérité de l'énoncé déclaratif correspondant «Vous êtes congédié».

Finalement, certains actes illocutoires ont des conditions de satisfaction plus fortes que les conditions de succès d'autres actes illocutoires, de telle sorte qu'ils ne peuvent être satisfaits dans un contexte possible sans que les autres soient accomplis dans ce même contexte. Ainsi, par exemple, une demande ne peut être accordée si elle n'a pas été faite. C'est pourquoi l'énoncé impératif «S'il te plaît, Paul, viens!» implique véri-conditionnellement le succès de son énonciation. J'étudierai systématiquement en sémantique générale les principes de raisonnements valides qui correspondent à de telles implications.

NOTES

[1] Voir G. FREGE, *Les fondements de l'arithmétique*, Paris, éditions du Seuil, 1960.
[2] Voir J.L. AUSTIN, *How to Do Things with Words*, Oxford, Clarendon Press, 1962. Traduction française *Quand dire c'est faire*, Paris, éditions du Seuil, 1978.
[3] Toute énonciation d'énoncé produit un signe phonique ou graphique (un «token») de ce «type» d'énoncé. Cette distinction «type»-«token» est due à C.S. PEIRCE. Voir ses *Collected Papers*, Harvard University Press, 1931-1935.
[4] Voir D. VANDERVEKEN, «Illocutionary Logic and self-defeating Speech Acts», dans J.R. SEARLE, F. KIEFER et W. BIERWISCH, *Speech Act Theory and Pragmatics*, Dordrecht, Pays-Bas, Reidel, 1980;
«A model-theoretical Semantics for illocutionary Forces», *Logique et Analyse*, n°s 103-104, 1983;
«What is an illocutionary Force?», dans M. DASCAL, *Dialogue, an interdisciplinary Study*, Amsterdam, Benjamins, 1985;
«On the Unification of Speech Act theory and formal Semantics», dans P. COHEN, M. POLLACK et J. MORGAN, *Intentions and Plans in Communication and Discourse*, MIT Press, 1988; et
«Illokution. Illocutionary Force. Force illocutoire», dans M. DASCAL, D. GERHARDUS, K. LORENZ et G. MEGGLE, *Sprachphilosophie, Philosophy of Language, La philosophie du langage*, W. de Gruyter, Berlin, 1989.
[5] J.R. SEARLE et D. VANDERVEKEN, *Foundations of Illocutionary Logic*, Cambridge University Press, 1985.
[6] R. CARNAP, *Meaning and Necessity*, Chicago, Univ. of Chicago Press, 1956.
[7] R. MONTAGUE, *Formal Philosophy*, Yale University Press, 1974.
[8] D. KAPLAN, «On the Logic of Demonstratives» dans *Journal of philosophical Logic*, vol. VIII, n° 1, 1979.
[9] La sémantique formelle a été fondée par A. TARSKI. Voir son livre, *Logique, sémantique et méta-mathématique*, Tome 1, Paris, A. Colin, 1970.
[10] Voir N. CHOMSKY, *Aspects of the Theory of Syntax*, Cambridge, Mass. MIT Press, 1965. Traduction française, *Aspects de la théorie syntaxique*, Paris, éditions du Seuil, 1971.
[11] Voir J.R. SEARLE, *Speech Acts*, Cambridge University Press, 1969. Traduction française, *Les Actes de Langage,* Paris, Hermann, 1972.
[12] Voir J.R. SEARLE et D. VANDERVEKEN, *Foundations of Illocutionary Logic, op. cit.*
[13] Aristote, dans son *Traité de l'interprétation* avait déjà remarqué que seuls les énoncés déclaratifs peuvent être vrais ou faux. Voir ARISTOTE, *Categoriae Et Liber de Interpretatione*, L. Minio Paluello, Oxford, Clarendon Press, 1979, 17a. L'étude d'autres types d'énoncés, comme les types optatif et interrogatif, fait partie de la tâche de la *Rhétorique* et de la *Poétique* selon Aristote.
Voir ses considérations à propos des espèces de discours dans la *Rhétorique*, 1456b.
Les péripatéticiens distinguèrent plus tard cinq types d'énoncés élémentaires (ou cinq modes de discours : déclaratif, interrogatif, impératif, déprécatif et vocatif). Voir G. NUCHELMANS, *Theories of Propositions. Ancient and Medieval Conceptions of the Bearers of Truth and Falsity*, North-Holland, Amsterdam, 1973, à partir de la p. 97. Les stoïciens avaient une théorie assez élaborée des modes de discours dans leur classification des λεχτα. Voir G. NUCHELMANS, *Theories of Proposition, op. cit.*, p. 101, et B. MATES, *Stoic Logic*, University of California Press, 1953, pp. 18-19.
Les théories aristotélienne et stoïcienne des modes de discours influencèrent les premiers grammairiens grecs dans leur classification des modes des verbes. Plus tard, en philosophie médiévale, la classification des types d'énoncés fut souvent confondue avec celle

des modes verbaux. De même, les grammairiens-philosophes du XVIIIe siècle étudièrent souvent les types d'énoncés et les modes de verbe sous la même rubrique dans leur grammaire générale. Ils distinguèrent des modes tels que les modes interrogatif, déclaratif et optatif correspondant plus à des types d'énoncés qu'à des modes verbaux. Voir James GREGORY, « Theory of the Moods of Verbs », in *Transactions of the Royal Society of Edimburgh*, 1790, pp. 193-250. Voir aussi DESTUTT de TRACY, *Grammaire*, 1805, deuxième partie des *Eléments d'idéologie,* Paris, Vrin, 1970, pp. 44 et suiv., et A. ARNAULD et C. LANCELOT, *Grammaire générale et raisonnée*, Friedrich Fronman, Stuttgart, 1966. Plus tard, les linguistes comparatistes allemands comme Bruggman et Hermann Paul ont aussi reconnu les aspects illocutoires de la signification des énoncés dans leur classification des types d'énoncés. Voir Otto JESPERSEN, *The Philosophy of Grammar*, Londres, Allen et Unwin, 1924, chap. 22 et 23, et Hermann PAUL, *Principles of the History of Language*, McGrath Publishing Company, 1970, chap. 6. Pour le point de vue de la linguistique moderne, voir D. ZAEFFERER, « The Semantics of Sentence Mood in typologically differing Languages » in Shiro HATTORI *et al., Proceedings of the XIIIth International Congress of Linguists,* Tokyo, 1983.

[14] En ancien grec, il existait un mode optatif du verbe.
[15] Voir J.L. AUSTIN, « Performatif-Constatatif » in *Cahiers de Royaumont,* Philosophie, n° IV, *La philosophie analytique,* éditions de Minuit, 1962, et « Performative Utterances » dans J.L. AUSTIN, *Philosophical Papers*, Oxford, Clarendon Press, 1961.
[16] C'était l'analyse de SEARLE dans *Speech Acts, op. cit.*
[17] Voir J.P. ROSS, « On Declarative Sentences » dans R.A. JACOBS et P.S. ROSENBAUM, *Readings in English transformational Grammar*, Walthan, Mass., Ginn et G., 1970.
[18] G.J. WARNOCK, « Some Types of Performative Utterances », dans I. BERLIN, *Essays on J.L. Austin,* Oxford, Clarendon Press, 1973.
[19] D. LEWIS, « General Semantics » dans D. DAVIDSON et G. HARMAN, *Semantics for Natural Language*, Dordrecht, Reidel, 1972.
[20] Voir l'inédit de SEARLE, « How Do Performatives Work ».
[21] Voir J.R. SEARLE, « A Taxonomy of Illocutionary Acts », in *Expression and Meaning, op. cit.* Traduction française, *Sens et Expression,* Paris, éditions de Minuit, 1981.
[22] Cette locution adverbiale « par la présente » est toujours là implicitement quand elle n'est pas utilisée.
[23] Voir D. ZAEFFERER, « The Semantics of Sentence Mood in Typologically Differing Languages », *op. cit.*, qui signale l'existence d'un type sentenciel promissif en coréen.
[24] Ceci est également remarqué par M. DUMMETT, dans M. DUMMETT, *Truth and other Enigmas,* Cambridge, Mass., Harvard University Press, 1978.
[25] Exception faite des énonciations d'énoncés illocutoirement incohérents, comme « J'accepte et je refuse de venir », qui expriment des actes illocutoires non performables. De tels énoncés ne sont jamais utilisés littéralement.
[26] La théorie de la vérité par correspondance fut d'abord développée dans la *Métaphysique* d'Aristote. Comme Tarski lui-même le reconnaît, cette théorie est à la base de sa définition du concept de vérité en sémantique formelle.
[27] R. CARNAP, *Meaning and Necessity, op. cit.*
[28] A. CHURCH, « A Formulation of the Logic of Sense and Denotation », dans P. HENLE *et al., Structure, Method and Meaning,* New York, 1951.
[29] R. MONTAGUE, *Formal Philosophy, op. cit.*
[30] D. KAPLAN, « On the Logic of Demonstratives » *op. cit.*
[31] G. FREGE, *Ecrits logiques et philosophiques*, Paris, éditions du Seuil, 1971. G. Frege utilisait le terme allemand *« Gedanke »* qui signifie « pensée » pour nommer ce que nous appelons maintenant des *propositions.*

# Chapitre II
Une sémantique générale des conditions de succès et de satisfaction

Jusqu'à présent, j'ai expliqué mon hypothèse fondamentale selon laquelle les actes illocutoires sont les unités premières de signification des énoncés dans l'usage et la compréhension des langues naturelles. J'ai aussi fait valoir que la logique intensionnelle et la logique illocutoire doivent toutes deux être incorporées à l'intérieur de la sémantique logique du langage pour que celle-ci puisse caractériser adéquatement les aspects illocutoires et véri-conditionnels de la signification et interpréter des énoncés de tous les types syntaxiques. Le but premier de ce chapitre est de présenter les traits principaux de la sémantique générale des conditions de succès et de satisfaction des énonciations que j'ai l'intention de développer sur la base de ces considérations. Ensuite, je traiterai de l'intérêt philosophique et des conditions d'adéquation de cette sémantique, ainsi que de son rôle et de sa place à l'intérieur de la sémiotique.

1. PRINCIPES DE LA SEMANTIQUE GENERALE

Pour interpréter les énoncés des langues naturelles et expliquer les différents types d'implication et d'incohérence, je suivrai en sémantique générale la tradition logique instaurée par Frege dans son idéographie[1] qui consiste à construire d'abord un *langage-objet idéal* non ambigu à l'intérieur duquel les formes logiques de ces énoncés peuvent être rendues visibles. Ainsi, j'analyserai les énoncés des langues naturelles indirectement en sémantique générale via leurs traductions dans un langage artificiel logiquement parfait. Les langues naturelles, comme le français et l'anglais, disposent d'un riche vocabulaire de mots et de traits syntaxiques pour spécifier les forces illocutoires et les propositions. Cependant, les conventions grammaticales dont dépend la compréhension des significations de leurs énoncés sont compliquées et rendent souvent difficile la description de la structure logique sous-jacente des ensembles des forces illocutoires et des propositions. L'usage d'un langage idéal en sémantique générale est utile pour diverses raisons théoriques, que voici :

Premièrement, il n'y a pas de correspondance biunivoque entre les forces illocutoires possibles et les marqueurs ou les verbes performatifs dans les langues naturelles existantes. Ainsi, nombreuses sont les forces illocutoires qui ne sont pas réalisées syntaxiquement ou lexicalisées en français et parfois la même force illocutoire est nommée par différents verbes performatifs qui ne sont pas synonymes. En outre, certains verbes performatifs sont ambigus et nomment plusieurs forces illocutoires. Ces défauts et variations dans les capacités expressives lexicales des langues naturelles ne sont pas du tout surprenants. Les forces illocutoires sont des espèces naturelles d'usage du langage. Comme Searle et moi l'avons signalé[2], on ne peut pas plus s'attendre à ce que les expressions du langage ordinaire correspondent exactement aux forces illocutoires naturelles, qu'on ne peut s'attendre à ce que tous les noms de plantes et d'animaux dans le dictionnaire correspondent exactement aux espèces biologiques naturelles. Le premier avantage de la construction d'un langage idéal logiquement parfait en sémantique générale est de constituer un *vocabulaire théorique* grâce auquel n'importe quelle force illocutoire possible peut en principe être décrite d'une façon canonique et mise en relation logique avec les autres forces illocutoires.

Deuxièmement, quand des forces illocutoires sont lexicalisées ou syntaxiquement réalisées dans une langue naturelle, le comportement grammatical de surface des verbes performatifs ou des marqueurs, qui nomment ou expriment ces forces, souvent ne reflète pas clairement leur forme logique. Ainsi, par exemple, des verbes performatifs comme «affirmer», «nier» et «prédire», qui ont un comportement syntaxique superficiel fort semblable en français, ne nomment pas des types d'actes illocutoires de la même forme logique. D'une part, «affirmer» nomme la force illocutoire primitive d'assertion, qui est la force assertive la plus simple. D'autre part, «prédire» nomme une force illocutoire plus complexe obtenue à partir de celle d'assertion en ajoutant une condition spéciale sur le contenu propositionnel relative au temps de l'énonciation : le contenu d'une prédiction doit être une proposition future relativement au moment de l'énonciation. Le verbe «nier» ne nomme pas pour sa part de force illocutoire. L'acte de nier une proposition n'est rien d'autre que l'assertion de la négation véri-fonctionnelle de cette proposition. Le second avantage de l'utilisation d'un langage idéal logiquement parfait en sémantique générale est de veiller à ce que les formes grammaticales des énoncés de ce langage artificiel reflètent clairement en surface les formes logiques des actes de discours qu'ils expriment[3].

Je ne présenterai pas en détail dans ce livre le langage-objet idéal qui est adéquat pour réaliser le programme de recherche de la sémantique générale. Pour mon propos, il suffit de dire que ce langage idéal est une extension naturelle de celui de la grammaire de Montague. Il est obtenu en enrichissant le vocabulaire théorique de la logique intensionnelle d'une façon simple et appropriée[4]. Du point de vue syntaxique, ce langage idéal contient, outre les symboles et expressions de la logique intensionnelle, deux types primitifs supplémentaires pour les propositions et les valeurs de succès ainsi qu'un petit nombre de constantes logiques et de syncatégorèmes nouveaux (par exemple, des constantes pour les buts illocutoires) qui expriment les quelques notions sémantiques primitives dont a besoin la logique illocutoire. Les constantes logiques et les syncatégorèmes de ce langage idéal expriment tous des universaux simples relatifs à l'usage du langage. Les autres notions plus complexes, qui sont importantes aux fins de la sémantique générale (comme les forces illocutoires primitives, les différents types d'opérations logiques sur les forces, les différentes relations logiques d'implications entre les actes illocutoires et les propositions), sont dérivées et expliquées dans ce langage idéal par des règles d'abréviation.

Comme en logique intensionnelle, le langage idéal de la sémantique générale est censé jouer un rôle d'intermédiaire entre les langues naturelles et leurs interprétations sémantiques. Les énoncés actuels doivent d'abord être traduits en formules du langage formel décrivant les actes illocutoires qu'ils servent à accomplir avant de pouvoir être analysés dans une interprétation sémantique. D'un point de vue théorique, le langage-objet idéal de la sémantique générale a deux propriétés importantes pour l'analyse logique de la signification. Premièrement, il est *diagrammatique*, en ce sens que la structure syntaxique de ses formules reflète clairement la forme logique des entités qu'elles nomment[5]. Deuxièmement, il est *dépourvu d'ambiguïté* en ce sens que chacune de ses formules a seulement une forme logique. Ainsi, la traduction d'un énoncé actuel dans ce langage idéal sert à le désambiguiser (dans le cas où cet énoncé exprime plusieurs actes illocutoires dans chaque contexte) et il sert également à rendre apparente, dans la structure de surface des formules qui le traduisent, la forme logique des actes illocutoires qu'il sert à accomplir. En sémantique formelle, un tel embrigadement symbolique du langage ordinaire permet une simplification majeure de la théorie de la signification.

Je construirai ma théorie de la signification des énoncés en sémantique générale sur la base des considérations suivantes :

1) *La signification d'un énoncé peut varier d'une interprétation sémantique à l'autre.*

La plupart des énoncés contiennent des expressions, comme des noms propres ou des variables, dont le sens, la dénotation ou le domaine de variation peuvent varier arbitrairement d'une interprétation sémantique à l'autre, selon l'univers du discours et les contextes d'énonciation que l'on considère dans ces interprétations. Ainsi la même énonciation peut être interprétée comme exprimant différents actes de discours, quand les mots utilisés sont interprétés différemment. Un emploi de l'énoncé interrogatif « Tous les étudiants connaissent-ils Marie ? » n'exprime pas, par exemple, la même question selon deux interprétations sémantiques qui assignent au prénom « Marie » différents porteurs ou qui quantifient sur différents ensembles d'étudiants. Ce qui explique que des allocutaires différents puissent parfois comprendre différemment la même énonciation.

La sémantique générale s'inscrit dans la tradition logique de la théorie des modèles fondée par Tarski[6]. Elle prescrit comment on peut assigner des significations aux énoncés de son langage non pas absolument mais à l'intérieur *d'interprétations possibles ou de modèles* pour ce langage. Ces interprétations sémantiques fixent l'univers du discours sur lequel on quantifie, les ensembles de contextes d'énonciation que l'on considère et les assignations de sens et de dénotations que l'on décide de faire aux mots et aux autres traits syntaxiques simples avant de déterminer la signification des énoncés. La tâche première de la sémantique générale est d'articuler la structure logique commune à toutes les interprétations sémantiques possibles. Pour ce faire, la sémantique générale doit spécifier les *postulats de signification* que toute interprétation possible doit respecter dans la détermination des conditions de succès et de satisfaction des énonciations. Comme

Montague et Davidson, j'assigne à la sémantique l'objectif fondamental de développer une théorie de la *vérité* selon une interprétation. Contrairement à eux, j'ajoute cependant à ce premier objectif un deuxième qui est celui de développer également une théorie du *succès* selon une interprétation. Ensuite les notions sémantiques fondamentales de cohérence, de validité, et d'implication peuvent tout naturellement être obtenues en quantifiant sur l'ensemble de toutes les interprétations possibles.

2) *La signification d'un énoncé dans une interprétation sémantique est une fonction de contextes d'énonciation dans actes illocutoires.*

Nombreux sont les énoncés qui contiennent des mots ou des traits syntaxiques, comme des démonstratifs ou des pronoms, dont le sens et la dénotation peuvent varier d'un contexte à l'autre selon une même interprétation. De tels énoncés n'expriment pas les mêmes actes de discours dans tous les contextes possibles d'énonciation considérés. Ainsi, par exemple, l'énoncé impératif « S'il te plaît, viens me rejoindre à Paris aujourd'hui ! » sert à accomplir différentes demandes dans des contextes d'emploi du français où le locuteur ou l'allocutaire sont différents alors que la signification linguistique de cet énoncé est bien entendu invariante d'un contexte à un autre.

La signification linguistique d'un énoncé dans une interprétation sémantique n'est donc pas un ensemble d'actes illocutoires, mais bien plutôt une fonction de contextes dans actes illocutoires que tout locuteur compétent est en principe capable d'appliquer quand il connaît les traits contextuels pertinents.

3) *La sémantique générale distingue un énoncé dans un contexte d'une énonciation actuelle ou possible de cet énoncé.*

Dans un contexte d'emploi d'une langue naturelle, un locuteur peut utiliser seulement un nombre fini d'énoncés. Lorsqu'un énoncé est utilisé dans un contexte d'énonciation actuel, un signe actuel (une instance graphique ou phonique) de cet énoncé est produit dans le monde. Mais, lorsque le même énoncé est utilisé dans un contexte d'emploi qui n'est pas actuel, comme dans un roman ou une œuvre de fiction, nous avons affaire à une instance possible non actuelle de ce même énoncé. Souvent, dans nos interprétations sémantiques, nous considérons des contextes d'emploi possibles de langues naturelles qui ne sont pas des contextes réels (présents, passés ou futurs) de ces langues dans le monde. Ainsi, par exemple, on peut concevoir dans un roman historique un contexte possible d'emploi du français où Napoléon dit « Salut ! » à Washington. Dans un tel contexte possible,

Napoléon aurait signifié à Washington son intention de le saluer. D'un point de vue théorique, notre compétence linguistique a des aspects créatifs. Un locuteur compétent est capable de comprendre aussi bien les énonciations possibles que les énonciations actuelles d'énoncés, quand il dispose de l'information contextuelle pertinente.

Qu'il soit ou non utilisé dans un contexte actuel ou possible d'une interprétation sémantique, tout énoncé a un ou (s'il est ambigu) plusieurs actes illocutoires possibles comme valeur dans ce contexte en vertu de sa signification linguistique. D'un point de vue sémantique, l'acte de discours qu'un énoncé (non ambigu) exprime dans un contexte peut être défini conditionnellement comme l'acte illocutoire que le locuteur aurait eu l'intention d'accomplir, s'il avait utilisé ce seul énoncé dans ce contexte en parlant littéralement. Un tel type d'acte illocutoire littéral existe même s'il n'y a pas d'acte d'énonciation.

Les actes d'énonciation nécessitent du temps et peu d'énoncés sont effectivement utilisés par les locuteurs dans les contextes d'emploi d'une langue naturelle. Cependant, pour développer un calcul des implications sémantiques, il vaut mieux être capable d'évaluer les énoncés, qui peuvent être des prémisses et des conclusions d'inférences valides, dans les mêmes contextes, indépendamment du fait qu'ils soient utilisés ou non dans ces contextes. Ainsi, la sémantique générale étudie la signification d'énoncés en contexte et pas seulement la signification d'énonciations actuelles ou possibles d'énoncés[7].

4) *Il y a deux ensembles de valeurs sémantiques.*

Etant donné que les actes illocutoires ont des conditions de succès et des conditions de satisfaction, et que ces dernières sont fonction des conditions de vérité de leur contenu propositionnel, il y a deux ensembles de valeurs sémantiques irréductibles dans l'interprétation des énonciations : 1) *les valeurs de succès*, qui sont le succès et l'insuccès, et 2) *les valeurs de vérité* qui sont le vrai et le faux. Tout énoncé élémentaire d'une langue naturelle exprime, dans chaque contexte possible d'emploi, selon une interprétation sémantique, un acte illocutoire qui est ou n'est pas accompli avec succès et est ou n'est pas satisfait dans ce contexte selon cette interprétation.

Tout comme un énoncé a un acte illocutoire comme valeur sémantique dans chaque contexte sans qu'il soit nécessaire qu'il y soit utilisé, l'acte illocutoire exprimé par un énoncé dans un contexte a une valeur de succès et une valeur de satisfaction dans chaque contexte, indépendamment du fait que le locuteur utilise ou non cet énoncé. Un locuteur peut en effet accomplir l'acte illocutoire exprimé par un énoncé dans un contexte en utilisant un autre énoncé exprimant le même acte ou un acte de discours plus fort. Un locuteur peut, par exemple, demander à l'allocutaire de venir en utilisant l'énoncé performatif « Je te prie de venir ». au lieu de l'énoncé impératif « S'il te plaît, viens ! », lequel exprime seulement cette demande. De même, la satisfaction de l'acte illocutoire exprimé par un énoncé dans un contexte est en général[8] indépendante de l'énonciation de cet énoncé particulier.

5) *L'acte illocutoire littéral est un type et non pas une instance particulière d'acte illocutoire.*

Même si le locuteur utilise un énoncé dans un contexte actuel d'emploi d'une langue, son énonciation ne constitue pas pour autant l'accomplissement de l'acte illocutoire qu'exprime cet énoncé dans ce contexte. En effet, l'une des conditions de succès de cet acte de discours peut ne pas être remplie dans le contexte de l'énonciation. Une énonciation de l'énoncé « Je te commande de faire cela », par exemple, n'est pas réussie dans un contexte d'énonciation où le locuteur n'a manifestement aucune autorité sur l'allocutaire.

Ainsi, l'acte illocutoire exprimé par un énoncé selon une interprétation sémantique est un *type abstrait* et non pas une instance particulière d'acte de discours. Il y a une *instance particulière d'acte illocutoire* dans un contexte d'emploi d'une interprétation sémantique si et seulement si les conditions de succès du type de cet acte illocutoire sont remplies dans ce contexte selon cette interprétation. La sémantique générale doit étudier les relations entre les énoncés et les types abstraits d'actes illocutoires, que les énoncés peuvent servir à accomplir, plutôt que les relations entre les énoncés et les instances d'actes illocutoires.

6) *La signification du locuteur est réduite à la signification de l'énoncé.*

La sémantique générale est une théorie de la signification des énoncés dans la langue et, par conséquent, elle adopte la convention selon laquelle la signification du locuteur est littérale et coïncide avec la signification des énoncés qu'il utilise dans tout contexte possible d'énonciation.

Suivant cette convention de littéralité, l'acte de discours que le locuteur entend principalement accomplir dans un contexte d'emploi, selon une interprétation sémantique, est la conjonction des actes illocutoires exprimés par les énoncés qu'il utilise dans ce même contexte, quand ces actes illocutoires sont simultanément performables. Ainsi, par exemple, un locuteur qui utilise seulement les deux énoncés « Il pleut » et « Venez-vous ? » dans un contexte d'emploi d'une interprétation entend, dans ce contexte selon cette interprétation, affirmer qu'il pleut au moment de l'énonciation et demander à l'allocutaire s'il vient.

En français, le verbe « exprimer » a un double sens sémantique et pragmatique. Dans le sens sémantique, on dit des clauses et des marqueurs de force illocutoire qu'ils expriment en contexte des propositions et des forces illocutoires. (Dans une sémantique compositionnelle comme la sémantique générale, le contenu propositionnel et la force illocutoire de l'acte de discours exprimé par un énoncé élémentaire dans un contexte se composent des sens et des composantes de force illocutoire respectivement exprimés dans ce contexte par les constituants syntaxiques de la clause et du marqueur de cet énoncé.) Dans le second sens pragmatique du verbe « exprimer », on dit des locuteurs qu'ils expriment des actes illocutoires dans les contextes de leurs énonciations. Ces deux sens du verbe « exprimer » sont liés systématiquement par la convention de littéralité en sémantique générale. En effet, un locuteur qui parle littéralement exprime pragmatiquement les actes illocutoires qui sont exprimés sémantiquement par les énoncés qu'il utilise. En outre, il entend également accomplir ces actes, pour autant qu'ils soient simultanément performables.

D'un point de vue purement sémantique, un locuteur qui utilise un énoncé illocutoirement incohérent ne parle pas littéralement. En effet, un locuteur compétent, qui comprend la signification d'un énoncé dans le contexte d'une énonciation, sait *a priori* si l'acte illocutoire qu'il exprime est ou non performable dans l'usage du langage. De plus, il est rationnel et il ne tentera pas d'accomplir un acte illocutoire littéral qu'il sait *a priori* (en vertu de sa compétence linguistique) être condamné à l'échec. Un locuteur qui dit « Je vous ordonne de désobéir à cet ordre » n'a pas, par exemple, l'intention de donner à l'allocutaire l'ordre littéral de désobéir à son ordre. Son énonciation n'est pas littérale et, d'un point de vue sémantique, elle est tout simplement vide et ratée[9].

Une des conséquences de la convention de littéralité de la sémantique générale est que, lorsque l'énonciation d'un locuteur est réussie dans le contexte d'une interprétation sémantique, ce locuteur accomplit tous les actes illocutoires qu'il accomplit dans ce contexte du seul fait d'accomplir l'acte illocutoire littéral. Ainsi, l'acte illocutoire littéral est, en général, l'*acte de discours principal* des énonciations littérales réussies. Il engage fortement le locuteur à tous les autres actes illocutoires que ce locuteur accomplit par son énonciation.

7) *Il y a double indexation sémantique.*

Le même énoncé pouvant exprimer différents actes de discours dans différents contextes, la signification des énoncés est analysée en deux étapes dans les interprétations de la sémantique générale.

A la première étape, chaque énoncé est évalué dans une interprétation comme exprimant, relativement à chaque contexte d'énonciation, un certain *acte illocutoire littéral* dont les conditions de succès et de satisfaction sont fonction d'une part de la signification de cet énoncé et d'autre part des traits contextuels pertinents. Ainsi, la sémantique générale tient compte du fait qu'un même énoncé peut exprimer différents actes de discours dans différents contextes, alors que sa signification dans la langue est invariante. D'un point de vue théorique, les *significations linguistiques* s'appliquent à des énoncés considérés comme *types*, alors que les *actes illocutoires* s'appliquent à des *occurrences d'énoncés* en contexte. Des énoncés avec différentes significations linguistiques (par exemple, «Je suis heureux aujourd'hui» et «Tu étais heureux hier») peuvent exprimer les mêmes actes de discours dans différents contextes d'emploi alors que des énoncés avec la même signification linguistique (par exemple, «Jean t'aime» et «Tu es aimée par Jean») peuvent exprimer différents actes illocutoires dans différents contextes.

A la seconde étape de l'analyse, tout acte illocutoire exprimé par un énoncé en contexte selon une interprétation est évalué à son tour en considérant ses valeurs de succès et de satisfaction dans chaque contexte possible d'énonciation. Ainsi, la sémantique générale tient compte du fait que l'acte de discours exprimé par un énoncé dans un contexte peut être accompli ou satisfait dans ce contexte et non accompli ou non satisfait dans un autre, alors que les conditions de succès et de satisfaction de cet acte sont invariantes dans une même interprétation.

Selon cette analyse de la signification, les deux prédicats de vérité et de succès de la sémantique générale sont des prédicats binaires ; ils expriment des relations sémantiques entre, d'une part, des actes illocutoires exprimés par des énoncés en contexte et, d'autre part, des contextes possibles d'énonciation. C'est aux actes illocutoires qui sont les significations d'énoncés en contextes qu'on prédique les attributs du succès et de la satisfaction relativement aux contextes possibles d'énonciation dans les interprétations sémantiques.

8) *Les contextes d'énonciation ont une structure logique.*

Remarquons que l'ensemble des traits contextuels pertinents pour comprendre l'acte illocutoire exprimé par un énoncé dans un contexte est en général différent de l'ensemble des traits contextuels pertinents pour déterminer les valeurs de succès et de satisfaction de cet acte dans ce même contexte. Pour comprendre, par exemple, le contenu propositionnel d'une énonciation de l'énoncé performatif « Je vous congédie », on doit connaître l'identité de l'allocutaire, le moment de l'énonciation et l'emploi auquel le locuteur se réfère. Mais, pour savoir si cette énonciation est une déclaration réussie, on doit en plus savoir si le locuteur a l'autorité nécessaire pour congédier l'allocutaire par son énonciation. Qui plus est, différents traits sont en général pertinents pour interpréter différents énoncés.

Pour les besoins de la sémantique générale, un *contexte possible d'énonciation* d'une interprétation sémantique est composé de cinq aspects ou ensembles d'aspects fondamentaux différents; lesquels sont : un *locuteur*, un ou plusieurs *allocutaires* (ceux auxquels le locuteur s'adresse), un *ensemble fini d'énoncés* (qui est l'ensemble des énoncés utilisés par le locuteur dans ce contexte), un *moment* et un *lieu* (qui sont le moment et le lieu de l'énonciation de ces énoncés), et une série de propriétés ou d'attributs de ce locuteur, de ces allocutaires, de ce moment et de ce lieu d'énonciation qui sont pertinents pour déterminer d'abord la nature exacte, et ensuite les valeurs de succès et de satisfaction des actes de discours exprimés dans ce contexte.

Ces propriétés et attributs font partie de ce que Searle et moi avons appelé dans *Foundations* le *monde de l'énonciation* caractéristique d'un contexte d'emploi d'une langue. Comme cela apparaîtra plus tard, les états mentaux du locuteur (en particulier, ses intentions, ses croyances et ses désirs) sont des traits constitutifs particulièrement importants du monde de l'énonciation de chaque contexte.

9) *La définition de la signification des énoncés dans une interprétation sémantique est récursive.*

Pour expliquer le fait que les langues naturelles peuvent être apprises et comprises par les locuteurs humains doués de capacités cognitives limitées, il faut formuler une définition *récursive* de la signification linguistique dans la structure logique des interprétations sémantiques. Comme Frege l'avait déjà remarqué, il faut adopter un principe de compositionalité selon lequel la signification d'une expression linguistique complexe est une fonction des significations de ses constituants.

Dans cette optique, je formulerai en sémantique générale les règles sémantiques assignant des significations aux (traductions des) expressions linguistiques au sein d'une définition récursive qui sera faite par induction sur la longueur de ces expressions écrites en notation canonique. Ainsi la signification d'un énoncé élémentaire non ambigu dans une interprétation sémantique aura le type logique d'une fonction qui associe, à chaque contexte possible d'emploi, l'acte illocutoire élémentaire ayant la force illocutoire et le contenu propositionnel respectivement exprimés dans ce contexte par le marqueur et la clause de cet énoncé. Selon le même principe, la force illocutoire exprimée par un marqueur complexe obtenu en combinant un adverbe d avec un marqueur plus simple f, sera la force obtenue en ajoutant la composante exprimée par cet adverbe à la force exprimée par le marqueur plus simple dans ce contexte. Enfin, dans le même ordre d'idées, la proposition exprimée par une clause dans un contexte aura le type d'une entité structurée dont les constituants propositionnels sont les sens des expressions catégorématiques de cette clause dans ce contexte. En outre, ses conditions de vérité seront déterminées conformément à la signification des expressions syncatégorématiques qui la constituent.

10) *Il y a différents principes de substitutivité sémantique.*

Comme il y a deux types de signification (la signification dans la langue et la signification en contexte), deux principes de substitutivité différents seront valides en sémantique générale :

Le principe de substitutivité pour les types d'énoncés

Supposons que deux énoncés diffèrent seulement par le fait qu'ils contiennent des mots ou des traits syntaxiques qui sont différents mais synonymes en ce sens qu'ils ont la même signification dans toutes les interprétations sémantiques possibles. Alors ces deux énoncés ont la même signification *dans la langue*. Ainsi, par exemple, les deux énoncés performatifs « Je promets que je viendrai » et « Je promets de venir » sont synonymes, car leurs clauses expriment la même proposition dans chaque contexte selon toute interprétation.

Le principe de substitivité pour les occurrences d'énoncés en contexte

Supposons que deux énoncés, chacun considéré dans des contextes d'emploi éventuellement différents, diffèrent seulement par le fait qu'ils contiennent des traits syntaxiques différents qui, lorsqu'ils sont évalués dans ces contextes respectifs, ont les mêmes valeurs sémantiques selon une interprétation. Alors ces deux énoncés, chacun pris dans son propre contexte, ont la même signification *dans ces contextes* selon cette interprétation. Ainsi, le locuteur qui utilise aujourd'hui l'énoncé «Est-ce qu'il pleuvait hier?» peut, par exemple, réitérer demain sa question en adressant au même allocutaire l'énoncé légèrement différent «Est-ce qu'il pleuvait avant-hier?».

11) *Il y a une ramification de toutes les notions sémantiques fondamentales.*

A cause de l'existence de deux ensembles de valeurs sémantiques et d'un double système d'indexation, il y a une ramification générale des notions sémantiques fondamentales d'analyticité, de cohérence et d'implication en sémantique générale. On peut, par exemple, parler à la fois d'incohérence illocutoire et d'incohérence véri-conditionnelle. En général, ces différentes notions sémantiques ne coïncident pas en extension. Je montrerai plus loin l'intérêt de cette prolifération de nouvelles notions sémantiques en énonçant des généralisations sémantiques philosophiquement ou linguistiquement significatives qui étaient jusqu'à présent inexprimables à l'intérieur de la sémantique formelle.

Ces nouvelles notions sémantiques sont les suivantes :

a) L'analyticité illocutoire ou véri-conditionnelle

Comme les énonciations ont à la fois des conditions de succès et des conditions de satisfaction, il y a quatre types différents d'énoncés *analytiques* dans les langues naturelles.

Certains énoncés (par exemple, «Je parle») sont tels qu'il n'est pas possible de les utiliser littéralement dans un contexte d'énonciation sans nécessairement accomplir ou satisfaire l'acte illocutoire qu'ils expriment dans ce contexte. Selon le cas, je dirai des énonciations de tels énoncés qu'elles sont *analytiquement réussies* ou *analytiquement satisfaites*.

D'autres énoncés (par exemple, «Je n'existe pas» et «Je n'affirme rien») expriment, par contre, dans tout contexte où ils sont utilisés, selon toute interprétation, un acte illocutoire qui ne peut être accompli ou satisfait dans ce contexte. Je dirai des énonciations de tels énoncés qu'elles sont *analytiquement ratées* ou *analytiquement insatisfaites*.

b) La cohérence illocutoire ou véri-conditionnelle

Comme je l'ai déjà signalé, on doit aussi distinguer deux types différents de cohérence en sémantique générale.

D'une part, un énoncé est *véri-conditionnellement cohérent* si et seulement si, selon au moins une interprétation sémantique, il exprime relativement à au moins un contexte d'emploi possible, un acte illocutoire satisfaisable selon cette interprétation. D'autre part, un énoncé est *illocutoirement cohérent* si et seulement si, selon au moins une interprétation, il exprime relativement à au moins un contexte d'emploi possible un acte illocutoire performable selon cette interprétation.

Il est important de remarquer que ces différentes notions sémantiques ne coïncident pas en extension. Ainsi, par exemple, toute énonciation de l'énoncé déclaratif «Il pleut et je ne crois pas qu'il pleuve» est paradoxale et analytiquement ratée, mais l'énoncé n'en est pas pour autant illocutoirement incohérent. En effet, s'il est vrai qu'aucun locuteur ne peut jamais faire l'assertion qu'exprime cet énoncé dans un contexte en utilisant avec succès cet énoncé, rien n'empêche un autre locuteur de faire la même assertion dans un autre contexte. Quelqu'un d'autre peut, par exemple, affirmer qu'il pleut et que je ne le crois pas. Remarquons aussi que certains énoncés véri-conditionnellement incohérents (comme «L'arithmétique de Peano est complète») sont illocutoirement cohérents et qu'inversement certains énoncés illocutoirement incohérents (comme «Heureusement et malheureusement, il pleut») sont véri-conditionnellement cohérents.

c) *Types différents d'implication*

Il est clair que les locuteurs compétents sont capables de faire des inférences à partir d'énoncés de n'importe quel type dans leur usage et leur compréhension des langues naturelles. Sur la base de l'hypothèse que certains énoncés pris comme prémisses expriment des actes illocutoires accomplis ou satisfaits dans certains contextes, ces locuteurs sont capables, en vertu de leur compétence linguistique, de conclure que d'autres énoncés expriment des actes illocutoires également réussis ou satisfaits. Un locuteur compétent du français, par exemple, sait qu'une énonciation réussie de l'énoncé performatif «Je te demande s'il pleut» constitue l'acte de poser la question exprimée par l'énoncé interrogatif correspondant «Est-ce qu'il pleut?» dans le contexte de cette énonciation. Autrement dit, il sait que cet énoncé performatif implique illocutoirement l'énoncé interrogatif correspondant. L'un des buts principaux de la sémantique générale est d'expliquer et de prédire les différents types d'implication qui peuvent exister entre des énoncés en vertu de leur forme logique.

L'implication étant une relation sémantique binaire entre énoncés, il y a huit types logiques différents d'implication dans les langues naturelles.

1) L'implication véri-conditionnelle ou illocutoire

Comme je l'ai déjà signalé à plusieurs reprises, certains énoncés en impliquent d'autres *véri-conditionnellement* ou *illocutoirement*. Quand ces énoncés expriment, dans un contexte d'emploi d'une interprétation sémantique, un acte illocutoire satisfait ou accompli, les autres énoncés expriment également dans le même contexte des actes illocutoires satisfaits ou accomplis selon cette interprétation. Ainsi, par exemple, l'énoncé performatif «Je te prie de m'aider» implique illocutoirement l'énoncé impératif «S'il te plaît, aide-moi!» et véri-conditionnellement l'énoncé déclaratif «Tu peux m'aider».

Les deux types d'implication précédents sont les plus courants. Cependant, il arrive que les conditions de succès et les conditions de satisfaction des actes de discours soient logiquement liées. C'est pourquoi il faut aussi considérer deux autres types d'implication en sémantique générale.

2) L'implication véri-conditionnelle du succès

Un énoncé *implique véri-conditionnellement le succès* d'une énonciation possible d'un autre énoncé si et seulement si, dans toute interprétation sémantique où le premier énoncé exprime dans un contexte d'emploi un acte illocutoire satisfait, le second énoncé exprime dans le même contexte un acte illocutoire réussi. Ainsi, par exemple, tout énoncé performatif implique véri-conditionnellement le succès de l'énonciation de l'énoncé non performatif correspondant.

3) L'implication illocutoire de la satisfaction

Ce quatrième type de relation d'implication est la réciproque du précédent. Autrement dit, un énoncé *implique illocutoirement la satisfaction* d'une énonciation possible d'un autre énoncé quand, dans toute interprétation sémantique où cet énoncé exprime dans un contexte possible d'emploi un acte illocutoire réussi, l'autre énoncé exprime dans le même contexte un acte illocutoire satisfait. L'énoncé «Je suis en train de faire une assertion» implique, par exemple, illocutoirement sa propre satisfaction.

Les quatres relations précédentes d'implication lient des énoncés en contextes. Elles existent quand certains énoncés expriment, dans toute interprétation possible relativement aux mêmes contextes possibles d'emploi, des actes illocutoires ayant toujours *dans ces mêmes contextes* des valeurs de succès ou de satisfaction logiquement liées. Cependant, les actes illocutoires, qui sont les significations d'énoncés dans un contexte, ont aussi des valeurs de succès et de satisfaction dans les autres contextes possibles d'énonciation. Comme l'on peut quantifier sur ces valeurs de succès et de satisfaction, il y a quatre autres relations d'implication plus fortes en sémantique générale.

4) L'implication illocutoire ou véri-conditionnelle forte

Un énoncé en *implique fortement* un autre *illocutoirement* ou *véri-conditionnellement* quand cet énoncé exprime, selon toute interprétation relativement à chaque contexte possible d'emploi, un acte illocutoire ayant des conditions de succès ou de satisfaction plus fortes que l'acte illocutoire exprimé par l'autre énoncé dans le même contexte [10]. Ainsi, par exemple, l'énoncé impératif «S'il te plaît, viens demain me voir tôt le matin ou tard le soir» implique fortement, à la fois illocutoirement et véri-conditionnellement, l'énoncé «Viens me voir demain!».

Comme les résultats obtenus en logique des démonstratifs permettent de le conjecturer, ces différentes notions fortes et faibles d'implication ne coïncident pas en extension. Ainsi, par exemple, l'énoncé «J'affirme leur défaite» implique illocutoirement (mais pas fortement) l'énoncé «Je relate leur défaite». De même, l'énoncé «Je suis identique à moi-même» implique véri-conditionnellement (mais pas fortement) l'énoncé «Je suis ici maintenant». (J'expliquerai ceci en détail plus loin.)

L'un des buts majeurs de ce livre est d'utiliser les ressources de la logique moderne en vue de caractériser adéquatement ces différentes notions sémantiques d'analyticité, de cohérence et d'implication. Un autre est de découvrir et d'expliquer avec ces notions des lois universelles relatives à l'usage du langage, qui sont importantes tant du point de vue philosophique que du point de vue linguistique.

2. INTERET PHILOSOPHIQUE

Le projet d'une sémantique générale des conditions de succès et de satisfaction des énonciations est un projet *philosophique* parce qu'il traite d'aspects généraux *transcendants* du langage, comme les sens, les dénotations, les forces et les actes illocutoires, le succès et la satisfaction, l'analyticité, la validité, l'implication et la cohérence qui font partie de la structure logique de toute interprétation sémantique d'une langue naturelle [11]. De tels aspects linguistiques sont *universels* parce qu'ils sont *indispensables*. Sans eux, les langues naturelles seraient incapables de remplir leur fonction essentielle qui est de servir à l'expression et à la communication des pensées. En construisant la logique de ces aspects, la sémantique générale vise à découvrir la structure logique profonde, commune à toutes les langues humaines possibles.

Les questions principales de la sémantique générale concernent la nature même du langage :

Comment la signification des énoncés est-elle construite dans une interprétation sémantique ? Plus exactement, comment les mots et les autres traits syntaxiques contribuent-ils systématiquement en vertu de leur signification à déterminer les conditions de succès et de satisfaction des actes illocutoires qui sont exprimés par les énoncés dans lesquels ils ont une occurrence ? Quels sont les traits contextuels invariants qui sont pertinents pour déterminer les actes de discours littéraux ?

Comment l'univers du discours est-il stratifié dans le domaine d'une interprétation sémantique ? En particulier, quels sont les types logiques des forces illocutoires, des propositions et des actes de discours ?

Quelles sont les structures logiques propres à l'ensemble de tous les contenus propositionnels et à l'ensemble de toutes les forces illocutoires possibles ? Comment les actes illocutoires élémentaires sont-ils liés logiquement en vertu de la forme logique de leur force illocutoire et de leur contenu propositionnel ? Quelles définitions convient-il de donner aux concepts de succès, de vérité et de satisfaction en sémantique générale ?

Si les actes illocutoires sont les unités premières de signification dans l'usage et la compréhension des langues naturelles, quelle est la meilleure façon de rendre visible les formes logiques des énoncés dans un langage artificiel logiquement parfait de façon à clarifier les différentes relations sémantiques d'implication et d'incompatibilité qui peuvent exister entre ces énoncés ?

Comment les différents aspects de la signification des énoncés relatifs aux conditions de succès et aux conditions de satisfaction de leurs énonciations sont-ils liés logiquement dans la structure du langage ?

Quelles sont les relations, par exemple, entre l'incohérence véri-conditionnelle et l'incohérence illocutoire dans les langues naturelles ? Enfin, peut-on axiomatiser et caractériser par des méthodes sémantiques formelles les formes logiques des énoncés dont les énonciations sont illocutoirement ou véri-conditionnellement analytiques ? Peut-on expliquer les différents principes d'inférences valides correspondant aux implications illocutoires et véri-conditionnelles ? Qu'est-ce que ces principes d'inférence nous apprennent sur la nature de l'esprit humain ?

A la différence des sémantiques appliquées de la linguistique empirique, qui ont pour objet l'interprétation de fragments particuliers plus ou moins étendus de langues naturelles particulières, la sémantique générale ne traite qu'incidemment des langues naturelles existantes ; même si sa méthode d'investigation, qui est à la fois logico-philosophique et empirique, exige que l'on vérifie ses prédictions pour le français et les autres langues naturelles vivantes. La sémantique générale est d'abord et avant tout une théorie du *langage*. Elle traite de la structure logique de l'ensemble de toutes les significations possibles d'énoncés de langues naturelles possibles et non pas seulement des réalisations actuelles particulières de ces possibilités dans les langues naturelles existantes. Dans cette perspective, il n'est pas essentiel de déterminer si un acte illocutoire possible est littéralement performable ou non en français ou dans d'autres langues naturelles et, à supposer qu'il le soit, quels sont les moyens syntaxiques de ces langues qui permettent de l'accomplir. Le plus important est que chaque acte illocutoire a une certaine forme logique qui détermine ses conditions de succès et de satisfaction et qui l'insère dans un réseau de relations logiques avec les autres actes illocutoires possibles dans le monde du discours. De même que la logique des actes de discours étudie les formes logiques des actes illocutoires possibles indépendamment de leurs formes d'actualisation dans le monde du discours, la sémantique générale étudie les formes logiques des significations d'énoncés et d'énonciations possibles sans trop se préoccuper de déterminer quels énoncés de son langage idéal sont des traductions d'énoncés de langues naturelles existantes. Comme les organismes vivants, les langues naturelles évoluent au sein d'un environnement historique. Aussi, la sémantique générale ne devrait pas exclure des significations possibles qui ne sont pas encore réalisées dans le monde du discours des langues existantes.

Le but principal de la sémantique générale, en construisant un langage-objet idéal, un système axiomatique et une théorie des modèles pour ce langage est de décrire des universaux relatifs à l'usage du langage qui soient importants tant du point de vue philosophique que du point de vue linguistique. Pour remplir cet objectif, la sémantique générale ne peut admettre dans son vocabulaire théorique que des constantes logiques et des syncatégorèmes qui expriment des universaux sémantiques matériels ou formels. Par *universaux sémantiques matériels*, j'entends ici des traits linguistiques transcendants, comme les fonctions de vérité et l'application fonctionnelle, qui sont nécessairement réalisés syntaxiquement dans toutes les langues naturelles, parce que de tels traits sont indispensables au langage. Les mots et les traits syntaxiques qui expriment des universaux sémantiques matériels se prêtent à une traduction radicale[12]. On peut raisonnablement conjecturer, d'un point de vue philosophique, qu'il existe, dans toutes les langues naturelles, des expressions de la même forme logique dont la signification contribue de la même façon à déterminer les conditions de succès et de satisfaction des actes illocutoires exprimés par les énoncés où ils apparaissent. Contrairement aux universaux sémantiques matériels, ce que j'appelle des *universaux sémantiques formels* sont des traits linguistiques transcendants qui ne sont pas nécessairement réalisés syntaxiquement dans toutes les langues naturelles, mais qui sont indispensables pour décrire la structure logique d'une langue naturelle possible. Par exemple, on a besoin en sémantique générale d'expressions qui nomment les valeurs de succès et de vérité. En effet, il n'est pas possible d'analyser la forme logique d'un acte de discours de la forme F(P) sans dire qu'il a à la fois des conditions de succès et des conditions de satisfaction et que sa valeur de satisfaction dans un contexte est fonction de la valeur de vérité de son contenu propositionnel. De tels traits formels transcendants ne sont pas des idiosyncrasies de langues naturelles particulières.

Dans cette optique, les règles de formation et d'abréviation du langage idéal, les postulats de signification qui gouvernent les symboles primitifs dans les interprétations sémantiques, ainsi que les axiomes et les règles d'inférence du système formel de la sémantique générale servent à énoncer des lois transcendantes gouvernant l'usage du langage, qui sont valides dans toute langue naturelle possible, en vertu de la structure logique et des fonctions mêmes du langage. Exception faite des inévitables artifices du modèle théorique, les lois de la sémantique générale sont à la fois *nécessaires* et *universelles*. Des lois contingentes gouvernant des usages idiosyncrasiques particuliers sont exclues en sémantique générale, puisque de tels usages peuvent seulement être nommés dans son langage idéal par des formules qui contiennent des constantes non logiques ou des variables libres.

J'attacherai une importance particulière dans ce livre aux lois d'implication logique, parce qu'elles expliquent la capacité qu'ont les locuteurs de faire des raisonnements théoriques et pratiques valides dans leur usage et leur compréhension du langage.

Le langage étant un instrument nécessaire dans l'expression et la communication des pensées, les lois de la sémantique générale ont aussi un impact en épistémologie et en philosophie de l'esprit. Toute pensée conceptuelle humaine est en principe *exprimable* par les moyens du langage dans l'accomplissement d'un acte de discours. Ainsi, tout sujet humain qui a une pensée peut en principe l'exprimer en utilisant avec succès un énoncé de son langage qui exprime littéralement cette pensée dans le contexte de son énonciation[13] (en enrichissant au besoin les capacités expressives de ce langage). Dans cette optique, les lois de la sémantique générale concernent également la nature de l'esprit humain. Avant d'être les unités premières de signification dans l'usage des langues maternelles et d'autres systèmes sémiotiques, les actes illocutoires sont en effet des *unités de pensée conceptuelle*[14]. Il n'est pas possible de relier une proposition au monde avec un but illocutoire sans accomplir de ce fait un *acte de pensée*.

De nombreux actes illocutoires de toutes les directions possibles d'ajustement peuvent être accomplis *seulement en pensée,* sans qu'il y ait d'utilisation publique du langage. Ainsi, par exemple, nous pouvons mentalement faire des hypothèses, nous promettre ou nous recommander, en notre for intérieur, de faire certaines actions, maudire ou bénir certaines personnes et nous exprimer à nous-mêmes des états mentaux sans pour autant utiliser d'énoncés et sans même avoir la moindre intention de communiquer ces pensées à un allocutaire. De tels actes mentaux intérieurs sont des pensées ayant la forme logique d'actes illocutoires. Aucun sujet humain ne pourrait avoir *intérieurement* de telles pensées s'il ne pouvait en principe les communiquer à d'autres en accomplissant *publiquement* des actes illocutoires par un usage extérieur de son langage.

De plus, nous ne pourrions pas non plus avoir d'états mentaux intentionnels dirigés vers des états de choses du monde, comme des croyances, des désirs et des intentions, si nous ne pouvions pas également exprimer ces pensées dans l'accomplissement d'actes de discours. Les actes illocutoires, comme les assertions, les requêtes et les promesses, et les états intentionnels, comme les croyances, les désirs et les intentions, sont différents types d'unités de pensée conceptuelle du point de vue de la philosophie de l'esprit. D'une part, les actes illocutoires sont des *actes mentaux* que les locuteurs accomplissent consciemment par l'usage privé ou public du langage le temps d'une énonciation. D'autre part, les états intentionnels ne sont pas des actes mais des *états mentaux* (conscients ou inconscients) dans lesquels les êtres humains peuvent se trouver pendant un intervalle de temps plus ou moins long. Cependant, ces deux types différents d'unités de pensée entretiennent certaines relations logiques qui les rendent inséparables Qu'ils soient conscients ou non, des états mentaux, comme les croyances, les intentions et les désirs, sont toujours en principe exprimables lors de l'accomplissement d'actes de discours. Nous pouvons, par exemple, exprimer nos croyances en affirmant leur contenu propositionnel et nos désirs en faisant des requêtes. En général, la direction d'ajustement de l'état mental exprimé est identique à celle de l'acte illocutoire accompli et leurs conditions de satisfaction sont logiquement liées. Ainsi, par exemple, tout comme le but illocutoire d'une assertion relie son contenu propositionnel au monde avec la direction d'ajustement des mots aux choses, le mode psychologique de croyance relie le contenu propositionnel au monde avec la direction d'ajustement de l'esprit aux choses. Une assertion est vraie si et seulement si le monde est tel que cette assertion le représente. Il en va de même pour une croyance. Dans le même ordre d'idées, tout comme le but illocutoire d'une requête relie le contenu propositionnel au monde avec la direction d'ajustement des choses aux mots, le mode psychologique de désir relie le contenu propositionnel au monde avec la direction d'ajustement des choses à l'esprit[15]. D'un point de vue philosophique, des états mentaux tels que des croyances, espoirs et intentions sont dirigés vers les états de choses représentés par leur contenu propositionnel. Ils ne peuvent être possédés par un sujet humain sans que celui-ci ait à l'esprit leurs conditions de satisfaction. Une pensée conceptuelle *ineffable* (inexprimable par les moyens du langage) ne pourrait jamais être qu'une pensée entièrement indéterminée, sans condition particulière de satisfaction, c'est-à-dire une pensée impossible.

Si toute pensée conceptuelle (qu'elle soit un acte ou un état mental) est en principe exprimable par les moyens du langage lors de l'accomplissement réussi d'actes de discours, les lois nécessaires et universelles gouvernant les conditions de succès et de satisfaction des actes illocutoires revêtent une importance considérable pour la philosophie de l'esprit. Elles déterminent en effet respectivement les conditions de possibilité des pensées et des expériences humaines, et sont de ce fait *transcendantales*.

La sémantique générale, en décrivant systématiquement les universaux relatifs à l'usage du langage, a ainsi des buts philosophiques transcendantaux[16]. Elle vise à articuler les formes *a priori* des pensées et du monde de façon à fixer des limites à ce qui peut être pensé et être objet d'expérience. Toute pensée possible, que peut posséder un être humain, et tout état de choses possible, qui peut exister dans le monde et faire l'objet d'une expérience, doivent nécessairement obéir aux lois logiques gouvernant le succès et la satisfaction des énonciations. Ainsi, le fait que des actes illocutoires de certaines formes logiques ne soient pas performables impose des limites à l'usage du langage qui restreignent ce qui peut être pensé, tout comme le fait que des actes illocutoires de certaines formes logiques ne soient pas satisfaisables imposent des limites au monde qui restreignent ce qui peut être l'objet d'une expérience. Dans le même ordre d'idées, le fait que certains actes illocutoires aient des conditions de succès plus fortes que d'autres, reflète l'ordre logique *a priori* des pensées. Il montre qu'il n'est pas possible d'avoir certaines pensées sans également en avoir d'autres. Semblablement, le fait que certains actes illocutoires aient des conditions de satisfaction plus fortes que d'autres, reflète l'ordre logique *a priori* du monde. Il montre que certains faits ne peuvent exister dans le monde sans que d'autres existent également.

En formalisant les lois du discours, la sémantique générale étudie également les formes de *la raison théorique et pratique*. Comme je le montrerai dans ce livre, le langage est l'œuvre de la raison en un double sens. Premièrement, les langues naturelles, telles qu'elles ont été construites par les sociétés humaines existantes, sont des instruments maximalement efficaces pour atteindre les buts sociaux d'expression et de communication des pensées. Ainsi, par exemple, parmi toutes les composantes possibles de force illocutoire, seules celles qui sont importantes pour les sociétés humaines dans l'environnement social, historique et naturel qui leur est propre sont réalisées syntaxiquement dans les langues naturelles de ces sociétés. Nos langues humaines ne créent pas d'instruments linguistiques superflus ou inefficaces. Deuxièmement, (et ceci est plus important d'un point de vue philosophique), la rationalité est inhérente à la structure même du langage, en ce sens que les locuteurs et les allocutaires qui accomplissent et comprennent des actes illocutoires sont rationnels dans leur usage et compréhension du langage. Ainsi, par exemple, les locuteurs sont minimalement cohérents dans leur emploi du langage. Ils n'expriment jamais (et ne pourraient même pas essayer d'exprimer) une proposition qu'ils savent *a priori* être fausse avec l'intention d'établir une correspondance entre le langage et le monde lors de l'accomplissement d'un acte illocutoire. Quand les locuteurs utilisent des énoncés qui expriment de tels actes illocutoires, ils ne parlent pas littéralement et entendent accomplir d'autres actes de discours.

D'un point de vue philosophique, l'accomplissement des actes de discours, implique à la fois des raisons pratiques et théoriques. Les actes illocutoires accomplis dans l'usage des langues sont des actions qui, d'une part, créent des raisons et, d'autre part, peuvent faire l'objet d'une demande de justification. Certaines de ces raisons sont *pratiques* : ce sont des raisons pour le locuteur ou l'allocutaire d'accomplir des actions. D'autres sont *théoriques* : ce sont des raisons pour le locuteur ou l'allocutaire de croire que certaines propositions sont vraies. En énonçant des règles valides d'inférence, (dont les prémisses et les conclusions peuvent être des énoncés de n'importe quel type syntaxique exprimant des actes illocutoires avec n'importe quelle direction possible d'ajustement), la sémantique générale donne à la philosophie de l'esprit et de l'action les moyens d'étudier les lois du raisonnement pratique aussi bien que théorique.

En sémantique générale, on ne veut pas seulement pouvoir décrire des principes d'inférence valides dont la conclusion est assertive, comme dans cet exemple :

Il pleut ou il vente.

Il ne pleut pas.
———————
Donc, il vente.

On veut également pouvoir dériver des principes d'inférence valides dont la conclusion a une autre direction d'ajustement. Par exemple :

S'il vous plaît, faites-ci !

Je vous affirme qu'il est impossible

de faire ceci sans faire cela.
———————
Donc, s'il vous plaît, faites cela !

3. CRITERES D'ADEQUATION

Jusqu'à présent, j'ai discuté des traits principaux d'une sémantique générale des énonciations ainsi que de l'intérêt philosophique d'une telle sémantique. Le but de cette section est d'analyser les principales conditions d'adéquation matérielle et formelle que doit satisfaire cette sémantique.

Même si la sémantique générale traite d'aspects universels du langage, de nombreuses données empiriques particulières des langues naturelles sont pertinentes pour son évaluation. En effet, nombreuses sont les forces illocutoires qui sont réalisées syntaxiquement ou nommées dans les langues naturelles existantes. On peut donc vérifier indirectement les définitions inductives des conditions de succès et de satisfaction des actes de discours de la sémantique générale en formulant des règles de traduction pour les marqueurs de force illocutoire et les verbes performatifs du français ou d'autres langues naturelles existantes. De telles règles de traduction permettent de vérifier les lois d'implication et d'incompatibilité que la théorie sémantique prédit pour les énoncés des langues naturelles. Ainsi, par exemple, une application naturelle de la sémantique générale à l'analyse lexicale des verbes performatifs du français prédit que l'énoncé «Je te conseille de venir» implique illocutoirement l'énoncé «Je te suggère de venir» et que les énoncés «Je te promets de venir» et «Je n'ai pas l'intention de venir» sont incompatibles d'un point de vue illocutoire. De telles prédictions vraies confirment la sémantique générale. Par contre, en cas de prédictions douteuses, il faut modifier la syntaxe logique, la théorie des modèles ou les hypothèses sémantiques auxiliaires formulées dans les règles de traduction de telle sorte que la théorie s'ajuste aux contre-exemples. En outre, si certaines relations d'implication ou d'incompatibilité entre des énoncés français ne sont pas prédites indirectement pour leur traduction, il faudra enrichir la théorie pour remédier à cette incomplétude.

Comme c'est le cas pour toute théorie scientifique tant soit peu formalisée, les erreurs à la base d'une prédiction fausse peuvent avoir de multiples origines. Premièrement, on peut analyser incorrectement un verbe performatif ou un marqueur. On pourrait, par exemple, supposer à tort que le verbe performatif «demander» nomme la force illocutoire directive primitive dans les règles de traduction. Dans un tel cas, comme toute force illocutoire spéciale obtenue en ajoutant des composantes à une force primitive est plus forte que cette force, on est confronté à des prédictions fausses de ce genre : l'énoncé performatif «J'exige que tu viennes» implique illocutoirement l'énoncé «Je te demande de venir». Une consultation critique des dictionnaires de la langue française oblige à conclure que la force illocutoire de demande ne peut être primitive car elle a un mode d'accomplissement spécial (indépendant du but directif) qui consiste à donner option de refus à l'allocutaire. De tels contre-exemples peuvent donc être éliminés en reformulant des règles de traduction. Cependant, quand, après vérification, les règles de traduction sont adéquates et que les contre-exemples continuent de résister à la théorie, des changements sont alors nécessaires dans la syntaxe logique ou dans la théorie des modèles. Ainsi, par exemple, on pourrait commettre comme Austin l'erreur d'analyser les conditions de sincérité des actes de discours comme faisant partie de leurs conditions de succès. Dans un tel cas, la règle d'abréviation pour marqueurs de force illocutoire de la théorie sémantique serait falsifiée par le fait que les locuteurs peuvent mentir et réussir à faire, par exemple, des promesses qu'ils n'ont pas l'intention de tenir.

En construisant le réseau logique des implications et des incohérences sémantiques entre énoncés, la sémantique générale doit, bien entendu, comme toute théorie scientifique digne de ce nom, avoir un pouvoir explicatif. Elle doit expliquer pourquoi ces relations sémantiques sont valides pour certains énoncés. Ainsi, par exemple, la sémantique générale ne doit pas seulement décrire exactement dans quels cas particuliers une implication stricte entre deux clauses p_1 et p_2 engendre une implication illocutoire forte entre les énoncés élémentaires de la forme $f(p_1)$ et $f(p_2)$ avec un marqueur f pour force primitive. Elle doit également expliquer pourquoi la compatibilité de l'implication stricte avec l'implication illocutoire forte est restreinte à ces cas-là. Elle doit, par exemple, expliquer pourquoi l'énoncé « S'il te plaît, viens et sois gentil ! » implique illocutoirement l'énoncé « Sois gentil ! » mais n'implique pas illocutoirement l'énoncé « Sois gentil ou tue-moi ! », alors que sa clause implique strictement celles de ces deux énoncés.

Un des avantages de la *formalisation* dans la construction d'une sémantique formelle est que les différents aspects logiques de la signification des énoncés peuvent être caractérisés de façon précise et rigoureuse. Ainsi la définition récursive de l'ensemble de toutes les forces illocutoires possibles formulée en logique illocutoire rend la sémantique générale capable de décider si une entité du type approprié est ou non une force illocutoire possible[17]. De même, les définitions récursives des conditions de succès et de satisfaction des actes illocutoires faites par induction sur la longueur des formules qui expriment ces actes en notation canonique ont le mérite de fixer complètement l'usage des prédicats sémantiques de succès et de satisfaction dans chaque interprétation, même si ces définitions n'éliminent pas les termes définis[18]. Grâce à cela, la sémantique générale atteint le niveau de scientificité propre aux théories qui peuvent être axiomatisées. Comme je l'ai montré ailleurs[19], on peut construire des systèmes formels dans le but d'axiomatiser les lois logiquement valides de la sémantique générale et évaluer les mérites de ces systèmes axiomatiques en prouvant leur validité, leur solidité et leur complétude générale grâce à des méthodes méta-mathématiques.

Le langage est une *faculté* propre aux êtres humains. Les langues naturelles sont ainsi faites qu'elles peuvent être apprises et comprises par des sujets humains doués de capacités cognitives restreintes. Etant donné que les locuteurs appréhendent les formes logiques des énoncés, quand ils comprennent les actes illocutoires qui sont leurs significations en contexte, la sémantique générale doit également traiter des aspects *cognitifs* de la signification. Elle doit rendre compte du fait que les locuteurs humains, qui sont doués de capacités cognitives finies, peuvent néanmoins comprendre les significations d'un nombre infini d'énoncés relativement à un nombre infini de contextes possibles d'énonciation. Elle doit aussi expliquer la capacité qu'ont les locuteurs de faire des inférences valides dans leur usage et leur compréhension du langage[20]. Comme Frege et Russell l'avaient déjà remarqué, les aspects logiques et cognitifs de la signification sont étroitement liés. En sémantique générale on doit, par exemple, construire le type logique de la signification des énoncés de façon à expliquer pourquoi les locuteurs peuvent parfois comprendre la signification linguistique d'un énoncé sans pour autant comprendre l'acte de discours particulier qui est la signification de cet énoncé dans un contexte d'énonciation particulier. On doit aussi définir le type logique des actes illocutoires de façon à expliquer pourquoi les locuteurs peuvent comprendre l'acte de discours qui est la signification d'un énoncé en contexte sans pour autant savoir si cet acte est accompli ou satisfait dans ce contexte.

Remarquons que seuls certains aspect logiques de la signification des énoncés sont cognitivement réalisés. Ainsi, par exemple, tout locuteur compétent qui comprend la signification de deux énoncés est capable de déterminer si l'un de ces énoncés implique illocutoirement l'autre et si ces énoncés sont incompatibles d'un point de vue illocutoire. Par contre, l'implication et l'incompatibilité véri-conditionnelles ne sont pas, à ce point, cognitivement réalisées. La sémantique générale devra donc construire les lois logiques d'implication et d'incompatibilité illocutoires et véri-conditionnelles de façon à expliquer ces différences au niveau cognitif. D'un point de vue logique, les aspects cognitifs de la signification imposent de fortes contraintes à la théorie sémantique. Pour rendre compte des capacités créatrices que les locuteurs manifestent par leur compréhension de nouvelles énonciations, il est nécessaire, par exemple, de formuler une définition récursive de la signification des énoncés dans la structure d'une interprétation possible et de valider une loi de composition des significations[21]. Une sémantique formelle qui ne satisferait pas à cette exigence ne rendrait pas compte du fait que toute langue naturelle est un langage humain possible.

En résumé, il y a différents critères d'adéquation matérielle et formelle pour la sémantique générale. Certaines règles ou lois de la sémantique générale exigent une *confirmation empirique* fondée sur l'observation des faits et des régularités des langues naturelles existantes. Ainsi, par exemple, on doit vérifier que les règles de traduction des verbes performatifs français représentent adéquatement le comportement sémantique de la communauté linguistique des locuteurs qui parlent cette langue. D'autres assertions théoriques de la sémantique générale exigent une *preuve logique*. Ainsi, un théorème de complétude générale est nécessaire pour justifier l'assertion selon laquelle toutes les lois généralement valides de la sémantique générale sont prouvables dans un système axiomatique. Finalement, parce qu'elles concernent la nature même du langage, certaines assertions théoriques de la sémantique générale exigent plus qu'une simple confirmation empirique ou même une preuve logique. Elles nécessitent une sorte de « *déduction transcendantale* »[22]. Ainsi, il faut justifier philosophiquement la classification des buts illocutoires suivant laquelle il y a cinq et seulement cinq façons fondamentales possibles d'utiliser le langage pour relier un contenu propositionnel au monde. Il ne suffit pas pour cela de confirmer empiriquement qu'on n'a pas besoin d'autres buts illocutoires pour analyser adéquatement les marqueurs de force illocutoire et les verbes performatifs des langues naturelles existantes.

4. LA PLACE DE LA SEMANTIQUE GENERALE EN SEMIOTIQUE

La *sémiotique* (ou la théorie générale des signes) est aujourd'hui communément divisée suivant la distinction de Morris[23] en trois branches : la syntaxe, la sémantique et la pragmatique, qui sont en général caractérisées de la façon suivante[24] : la *syntaxe* traite seulement de relations entre les expressions linguistiques du point de vue de leur forme graphique ou phonique, la *sémantique* de relations entre les expressions linguistiques et leurs significations, et la *pragmatique* de relations entre les expressions linguistiques, leurs significations et les usages qu'on peut faire de ces expressions dans des contextes d'énonciation. Sur la base de cette caractérisation, de nombreux philosophes et linguistes ont eu tendance à considérer que la théorie des actes de discours faisait partie intégrante de la pragmatique[25]. Ils ont ainsi en général réduit la sémantique à l'étude des sens ou des dénotations d'expressions linguistiques. Cependant, la division de la sémiotique faite par Morris en syntaxe, sémantique et pragmatique, loin d'être bien définie, était plutôt l'ébauche d'un programme de recherche sur le langage. La nécessité d'une caractérisation plus précise de la délimitation entre sémantique et pragmatique est apparue au cours de la dernière décennie avec l'analyse logique d'expressions linguistiques, comme les démonstratifs et les verbes performatifs, dont la signification est systématiquement liée à l'usage. Ainsi, l'étude des expressions indexicales, d'abord assignée par Bar-Hillel et Montague[26] à la pragmatique, est maintenant communément assignée à la sémantique depuis que Kaplan[27] a développé la logique des démonstratifs.

Je terminerai ce chapitre en discutant brièvement de la place et du rôle de la sémantique générale à l'intérieur de la sémiotique. Ce faisant, je déterminerai comment les objets d'étude de la théorie des actes de discours se répartissent à l'intérieur des domaines respectifs de la sémantique et de la pragmatique en sémiotique.

A. Théorie des actes de discours et sémantique

Selon l'hypothèse fondamentale de ce livre, la signification et l'usage sont logiquement liés dans la structure du langage, si bien qu'il n'est pas possible d'analyser la signification linguistique d'un énoncé sans étudier les actes illocutoires qui peuvent être accomplis par ses énonciations littérales dans des contextes d'emploi appropriés. Dans cette optique, la théorie des actes illocutoires littéraux fait partie du domaine de la sémantique, au vu de la tripartition de la sémiotique. Une telle conception de la sémantique est sans doute en opposition avec des doctrines philosophiques récentes comme celles de Montague et de Davidson qui tendent à réduire la signification au sens ou même à la dénotation[28]. Cependant les analyses sémantiques d'énoncés, basées sur ces doctrines, ont été en général limitées aux énoncés déclaratifs. Quand ces doctrines ont été appliquées aux énoncés performatifs ou non déclaratifs, elles ont échoué à prédire même les instances les plus simples d'implication et d'incompatibilité illocutoires existant entre ces énoncés. Ainsi, par exemple, Davidson, dont le programme sémantique est purement extensionnaliste, propose d'analyser des énonciations performatives telles que «J'affirme qu'il pleut» comme étant des suites de deux énonciations différentes du type «J'affirme ceci. Il pleut» où la particule «que» joue le rôle d'un démonstratif dénotant la seconde énonciation. Selon une telle analyse, le contenu d'un acte illocutoire est une *énonciation* ou une *instance* d'énoncé. Cependant, si une telle analyse est correcte, alors deux énonciations performatives différentes telles que «J'affirme que Jean parle français et anglais» et «J'affirme que Jean parle anglais et français» doivent nécessairement constituer différentes assertions, puisque leur contenu sont différentes instances linguistiques. De telles prédictions sont manifestement fausses. Toute sémantique adéquate doit rendre compte du fait que les mêmes actes de discours peuvent en général être accomplis par différentes énonciations. Par conséquent, les critères d'identité de Davidson sont erronés. Des critiques semblables peuvent être faites contre les tentatives qui ont été faites de réduire les forces illocutoires aux sens dans des extensions de la grammaire de Montague. Ces tentatives réductionnistes proposent des critères inadéquats d'identité pour actes illocutoires et ne permettent pas de prédire les lois d'implication et d'incompatibilité illocutoires. Au lieu de défendre d'une façon *ad hoc* de telles doctrines en excluant les énoncés non déclaratifs du domaine de la sémantique ou en niant, comme le font certains, l'existence même de relations d'implication illocutoire entre ces énoncés, il me semble préférable d'enrichir leur ontologie en admettant des forces illocutoires en sémantique.

Loin d'être nouvelle, cette conception de la sémantique s'inscrit dans une longue tradition philosophique déjà à l'œuvre, par exemple, dans la *Grammaire* de Port-Royal. En outre, elle est conforme aux classifications que les grammariens et philosophes établissent depuis des siècles pour les différents types syntaxiques d'énoncés sur la base de leurs théories du mode du verbe et des modes de pensée. Ainsi, par exemple, les grammariens philosophes de Port-Royal développèrent dans une autre terminologie une théorie de la signification basée sur des considérations similaires[29]. Selon les messieurs de Port-Royal, la fonction du mode indicatif du verbe principal d'un énoncé déclaratif est d'indiquer que le locuteur accomplit une affirmation ou un jugement en utilisant cet énoncé. D'autres modes du verbe, comme les modes impératif et optatif, servent à indiquer que le locuteur accomplit d'autres types d'actes de pensée comme une demande ou l'expression d'un souhait. Ainsi, dans la *Grammaire* de Port-Royal, les énoncés servent, en vertu de leur signification littérale, à accomplir des jugements et d'autres actes de l'esprit. Les différents types syntaxiques d'énoncés que le langage distingue avec le mode du verbe et d'autres traits syntaxiques expriment conventionnellement les différents types d'actes de pensée que les êtres humains peuvent entretenir aux fins de la communication linguistique.

Plus récemment, Frege, dans ses écrits logiques et philosophiques, a également reconnu l'existence dans le langage d'expressions dont la signification sert à déterminer les types d'actes mentaux que les locuteurs accomplissent en utilisant les énoncés contenant ces expressions. Selon Frege, de telles expressions ont un mode de signification tout à fait différent de celui des noms (qui ont un sens et parfois une dénotation) et des variables (qui ont un domaine de variation). Leur signification contribue à déterminer ce que Frege lui-même décida d'appeler avant Austin la *force (Kraft)* des énonciations[30]. Ainsi, par exemple, selon Frege, les énonciations d'énoncés déclaratifs et celles d'énoncés interrogatifs ont des forces différentes qui sont déterminées par la signification des types déclaratif et interrogatif. En utilisant un énoncé déclaratif, un locuteur reconnaît la vérité de la proposition qui est son sens dans le contexte de l'énonciation et accomplit de ce fait un jugement ou une assertion[31]. Par contre, en utilisant un énoncé interrogatif, le locuteur ne fait pas de jugement mais demande une réponse à une question. Dans ses écrits, Frege mentionne également d'autres types d'actes de pensée[32] qui sont accomplis lors d'énonciations d'autres types d'énoncés comme, par exemple, les ordres, les définitions et les expressions de souhait. A part quelques remarques philosophiques générales, on ne trouve malheureusement pas chez Frege de théorie sémantique élaborée des expressions linguistiques dont la signification sert à déterminer la force des énonciations. Néanmoins, ces expressions linguistiques étaient à ce point indispensables au langage, dans l'opinion de Frege, qu'il éprouva le besoin d'en introduire certaines (comme le signe d'assertion et le signe de définition) dans les langages idéaux de sa logique. Ainsi, dans son traité sur les lois de base de l'arithmétique, les formules qui expriment des propositions sur les nombres naturels doivent être combinées aux signes d'assertion ou de définition pour qu'on obtienne des énoncés complets bien formés du langage idéal.

Les logiciens et philosophes du langage du courant logique contemporain n'ont pas reconnu toute l'importance philosophique de l'idée de Frege d'admettre des marqueurs de force illocutoire dans les langages-objets idéaux de la logique. Rapidement, le signe d'assertion de Frege fut éliminé des langages-objets de la logique et devint un signe méta-linguistique servant à identifier les théorèmes des systèmes axiomatiques[33]. Ce refus de reconnaître le caractère indispensable des marqueurs de force illocutoire dans le langage ordinaire, comme d'ailleurs dans le langage scientifique, est responsable de l'échec de la sémantique logique contemporaine dans son interprétation des énoncés performatifs et non déclaratifs.

Un des traits fondamentaux de la sémantique générale est qu'elle revient aux idées de Frege en réintroduisant le signe d'assertion et les autres marqueurs de force illocutoire dans les langages-objets idéaux de la logique et de la science. En sémantique générale, les forces illocutoires, les sens et les dénotations sont trois composantes principales irréductibles de la signification des énoncés de tout langage, qu'il soit ordinaire ou scientifique. Dans ce livre, je me concentrerai sur le langage ordinaire. Cependant, les lois transcendantes de la sémantique générale valent aussi pour le langage scientifique. En effet, toute théorie scientifique d'une certaine envergure est faite non seulement d'assertions, mais aussi de questions, d'hypothèses, de conjectures, de critiques et de déclarations linguistiques comme des définitions, des appellations et des abréviations. Comme Frege l'avait déjà remarqué, les définitions et les abréviations sont absolument nécessaires pour l'économie des notions théoriques. Sans elles, par exemple, les formules mathématiques deviendraient vite tellement longues qu'on ne pourrait plus les utiliser.

Si la théorie des actes de discours et la sémantique formelle vériconditionnelle font toutes deux partie de la sémantique logique du langage, elles ont besoin d'une certaine unification théorique dans le cadre de la sémiotique. Le but principal de ce livre est de procéder à une telle unification. Cependant, avant d'aller plus loin, il convient de noter qu'une intégration de la théorie des actes de discours à la sémantique ne peut être complète, et ce pour plusieurs raisons.

Premièrement, il y a des objets d'étude de la théorie des actes de discours, comme les actes perlocutoires, qui n'ont pas ou presque pas de pertinence sémantique. Comme Austin l'a signalé, les *actes perlocutoires*[34] sont des actes de discours que les locuteurs accomplissent occasionnellement en utilisant des énoncés. Ainsi, en disant (1) «Votre parfum est bon marché», un locuteur peut parfois intentionnellement irriter ou embarrasser perlocutoirement l'allocutaire. A la différence des actes illocutoires, les actes perlocutoires ne sont pas déterminés par la signification des énoncés. Il ne fait pas partie, par exemple, de la signification de l'énoncé précédent (1) qu'en faisant l'assertion qu'il exprime dans un contexte d'énonciation le locuteur puisse occasionnellement (intentionnellement ou non) irriter ou embarrasser perlocutoirement l'allocutaire. Les actes perlocutoires accomplis lors d'une énonciation sont *éliminables*, en ce sens qu'on peut toujours concevoir un contexte possible où le locuteur utiliserait le même énoncé en parlant littéralement sans avoir la moindre intention d'accomplir ces actes. Pour cette raison, les actes perlocutoires ne constituent pas des unités de signification dans la langue.

Deuxièmement, il y a des aspects de la signification des énoncés, comme les implicitations conventionnelles, qui sont logiquement indépendants des actes illocutoires littéraux et qui ne peuvent être étudiés pleinement en sémantique des actes de discours. Comme Grice l'a remarqué, certains énoncés qui expriment les mêmes actes de discours dans les mêmes contextes ne sont pas pour autant synonymes : la raison en est que leurs énonciations littérales sont porteuses *d'implicitations conventionnelles*[35]. Ainsi, par exemple, les énoncés « Il est petit et fort » et « Il est petit mais fort », diffèrent de signification alors qu'ils servent à faire les mêmes assertions. En effet, en utilisant le second énoncé, le locuteur implicite conventionnellement (à cause de la signification du mot « mais ») qu'il existe une opposition entre les deux propriétés prédiquées. Comme les actes illocutoires littéraux, les implicitations conventionnelles sont déterinées par la signification linguistique des énoncés. Leur étude fait donc partie de la sémantique. Ainsi, des mots comme « mais » et « quoique » contribuent en français à la signification des énoncés à l'intérieur desquels ils apparaissent en déterminant des implicitations conventionnelles *non éliminables*. Cependant, les implicitations conventionnelles sont, par contre, *détachables* : lorsque la signification d'un énoncé détermine des implicitations conventionnelles, il existe en général un autre énoncé qui exprime les mêmes actes illocutoires dans les mêmes contextes et dont les énonciations ne sont pas porteuses d'implicitations. Ainsi, par exemple, un locuteur qui dit « Il est petit et fort » fait la même assertion que celle qu'il aurait faite en utilisant l'énoncé « Il est petit mais fort », sans impliciter pour autant quoi que ce soit. Parce qu'elles sont détachables, les implicitations conventionnelles ne sont que des aspects secondaires de la signification des énoncés. Tout énoncé exprime, en vertu de sa signification linguistique dans chaque contexte d'emploi, un ou plusieurs actes illocutoires littéraux ; mais nombreux sont les énoncés qui n'expriment aucune implicitation conventionnelle.

Dans ce livre sur la sémantique générale, je me consacrerai à l'étude des aspects principaux de la signification des énoncés. J'ignorerai donc dans mes analyses sémantiques les différences de signification dues aux implicitations conventionnelles. On pourrait bien entendu enrichir la sémantique générale en construisant la valeur sémantique d'un énoncé dans un contexte comme étant une paire d'ensembles d'actes illocutoires et d'implicitations conventionnelles. Ceci rendrait la sémantique formelle capable de caractériser les aspects secondaires de la signification des énoncés liés aux implicitations conventionnelles. Une telle extension sémantique n'est pas essentielle pour mon propos.

B. Théorie des actes de discours et pragmatique

Dans la tripartition de la sémiotique, la sémantique, dont la tâche propre est d'étudier les relations qui existent entre les expressions, en vertu de leur signification dans la langue, ne peut étudier que les énonciations littérales. Ainsi, toute interprétation sémantique réduit la signification des locuteurs à celle des énoncés en adoptant une convention de littéralité selon laquelle un locuteur qui utilise un énoncé dans un contexte d'énonciation signifie seulement ce que cet énoncé signifie dans le contexte de cette énonciation. Cependant, dans les conversations ordinaires, la signification du locuteur est souvent différente de la signification de l'énoncé utilisé. Dans certains contextes, le locuteur entend principalement accomplir un acte illocutoire non littéral (dans les cas, par exemple, de *métaphores*, d'*ironie* ou d'*actes de discours indirects*). Dans d'autres contextes, le locuteur entend aussi accomplir un acte illocutoire secondaire non littéral en plus de l'acte illocutoire littéral principal (dans le cas, par exemple, d'*implicitations conversationnelles* ou de sous-entendus). La tâche propre de la pragmatique dans la tripartition de la sémiotique[36] est de développer une théorie générale de la signification du locuteur, capable d'interpréter systématiquement de telles énonciations non littérales.

La pragmatique, conçue comme théorie de la signification du locuteur, doit décrire et expliquer la capacité qu'ont les locuteurs d'accomplir et de comprendre les actes illocutoires non littéraux et les implicitations conversationnelles. En un sens important, cette capacité fait partie de la *compétence langagière*. Sans elle, les sujets parlants ne pourraient pas pleinement utiliser le langage et communiquer. Ainsi, par exemple, un locuteur compétent qui reçoit pour réponse à sa question «Est-ce que Paul est marié?», l'énonciation «Paul est homosexuel», comprend que l'allocutaire entend impliquer conversationnellement que Paul n'est pas marié, quand l'arrière-fond conversationnel est tel que le locuteur et l'allocutaire savent mutuellement que la plupart des homosexuels ne se marient pas. La capacité qu'a l'allocutaire de comprendre l'assertion non littérale secondaire dans ce cas dépasse de toute évidence sa capacité de comprendre la signification de l'énoncé utilisé dans le contexte de l'énonciation.

La pragmatique, conçue comme la théorie de la signification du locuteur, doit répondre aux deux questions fondamentales suivantes :

1) Comment le locuteur réussit-il à faire comprendre à l'allocutaire que ce qu'il signifie n'est pas identique à ce qu'il dit dans le contexte d'une énonciation?

2) Une fois que l'allocutaire a compris cela, comment réussit-il à identifier l'acte de discours principal non littéral et les implicitations conversationnelles de l'énonciation ?

Comme Grice[37] et Searle[38] l'ont montré, un locuteur qui entend accomplir non littéralement des actes de discours a l'intention de se faire comprendre par l'allocutaire en se fiant 1) à la connaissance qu'a l'allocutaire de la signification de l'énoncé utilisé, et, en particulier, à sa capacité de comprendre les conditions de succès et de satisfaction de l'acte de discours littéral ; 2) à leur connaissance mutuelle de certains faits de l'arrière-fond conversationnel sur lesquels il entend attirer l'attention de l'allocutaire et 3) à la capacité qu'a l'allocutaire de faire des inférences sur la base de l'hypothèse que le locuteur respecte certaines maximes conversationnelles dans le contexte de l'énonciation. Selon cette analyse, il n'est pas possible de comprendre l'acte de discours principal non littéral d'une énonciation sans avoir au préalable identifié l'acte de discours littéral et sans avoir compris que cet acte littéral ne peut pas être l'acte principal dans le contexte de l'énonciation si le locuteur respecte les maximes conversationnelles. Ainsi, la pragmatique, conçue comme la théorie de la signification du locuteur, inclut la sémantique, conçue comme la théorie de la signification de l'énoncé.

Ce dont la pragmatique a besoin en plus de la sémantique, pour caractériser pleinement la signification des énonciations non littérales, c'est de recourir à des maximes conversationnelles et aux faits pertinents de l'arrière-fond conversationnel du contexte de l'énonciation. Les *maximes conversationnelles* sont des directives du genre : « Dites le Vrai ! » « Soyez sincère ! » et « Veillez à ce que votre énonciation soit un acte illocutoire réussi et sans défaut ! ». Comme Grice et Searle l'ont montré, non seulement les locuteurs et les allocutaires respectent de telles maximes conversationnelles dans leur usage et leur compréhension des langues naturelles, mais encore il est raisonnable pour eux de respecter ces maximes, s'ils veulent parvenir à leurs fins au cours des conversations où ils coopèrent. Dans les contextes où le locuteur entend avant tout accomplir un acte de discours différent de l'acte littéral, le locuteur *exploite* de telles maximes. Il sait qu'il existe dans l'arrière fond conversationnel de son énonciation des faits mutuellement connus par lui et l'allocutaire qui l'obligent à avoir l'intention d'accomplir non littéralement un autre acte illocutoire principal, dans l'hypothèse où il respecte ces maximes. Ainsi, par exemple, lorsqu'au cours d'un dîner un locuteur, en posant la question « Pouvez-vous me passer le sel ? », demande indirectement à l'allocutaire de lui passer le sel, ce dernier comprend l'acte de discours indirect non littéral lorsqu'il comprend que le locuteur exploite la maxime conversationnelle de quantité «Accomplissez un acte de discours qui soit suffisamment fort pour parvenir à votre fin!» dans le contexte de l'énonciation. En apparence, le locuteur viole cette maxime. En effet, sa question littérale n'est pas la demande la plus forte qu'il voudrait voir satisfaite dans ce contexte. L'arrière-fond conversationnel est tel que le locuteur et l'allocutaire savent mutuellement que le locuteur a besoin et désire avant tout que l'allocutaire lui passe le sel. Cependant, en réalité, le locuteur respecte la maxime de quantité dans ce contexte, car en posant sa question littérale dans un tel arrière fond conversationnel, il signifie plus que ce qu'il dit. Il entend faire indirectement une autre demande non littérale plus forte, laquelle est un moyen linguistique approprié pour ses fins. Ainsi, de façon générale, lors de l'accomplissement d'actes de discours indirects, l'acte principal de l'énonciation est plus fort que l'acte littéral, parce qu'il a les conditions de succès non littérales, qui sont manifestement remplies dans l'arrière-fond conversationnel, en plus de conditions de succès ou de satisfaction littérales[39]. La demande indirecte de passer le sel est plus forte, par exemple, que la question littérale à propos des capacités de l'allocutaire, parce qu'il n'est pas possible pour l'allocutaire de satisfaire cette demande sans *ipso facto* répondre (au moins implicitement) à cette question.

Des faits de *l'arrière-fond conversationnel*, comme le fait que le locuteur veut plus qu'une réponse à sa question littérale ou que les homosexuels ne se marient en général pas, dans les exemples précédents, ne font pas partie du *contexte de l'énonciation* au sens sémantique défini plus haut. Seuls les traits contextuels pertinents pour déterminer la nature et les valeurs de succès et de satisfaction des énonciations littérales appartiennent aux contextes d'emploi considérés dans les interprétations sémantiques. Cependant, de tels faits de l'arrière-fond conversationnel sont à prendre en considération en pragmatique, car ils contribuent à déterminer la nature des actes de discours non littéraux et des implicitations conversationnelles. Ces faits de l'arrière-fond conversationnel sont souvent des faits que le locuteur et l'allocutaire connaissent mutuellement en vertu des *formes de vie* qu'ils partagent et des *activités* qu'ils pratiquent dans leur communauté sociale. Ils sont à l'arrière-plan du contexte de l'énonciation.

Le fait que la pragmatique doive incorporer la sémantique impose de nouvelles contraintes à la sémantique générale. En effet, la division qu'il convient d'établir entre signification littérale et signification non littérale dans des analyses d'énonciations n'est parfois pas claire. Elle exige dans certains cas des décisions théoriques. Comme les organismes vivants, les langues naturelles évoluent et les types récurrents de signification non littérale dans des arrière-fonds conversationnels ordinaires ont tendance après un certain temps à être lexicalisés, quand les faits pertinents de l'arrière-fond sont oubliés. Ainsi, il y a des changements de signification et des introductions de nouvelles significations littérales dans l'histoire des langues naturelles, à preuve l'existence des métaphores mortes. Dans certains cas limites, quand une signification non littérale est depuis longtemps récurrente dans les conversations ordinaires et que les traits de l'arrière-fond conversationnel pertinents sont devenus des formes de vie courantes, on peut se demander si une nouvelle signification littérale n'a pas été lexicalisée. Après tout, les définitions sont régulièrement mises à jour dans les dictionnaires des langues naturelles. La sémantique générale, qui est synchronique, ne peut éviter de fixer le tracé de la frontière entre ce qui relève de la signification littérale (qui appartient à son domaine) et ce qui relève de la signification non littérale (qui appartient au domaine de la pragmatique).

La pragmatique impose pour cette raison une condition supplémentaire d'adéquation matérielle à la sémantique. Il faut que ses analyses de la signification des énoncés soient compatibles avec une théorie pragmatique unifiée des énonciations aussi bien non littérales que littérales des énoncés. Ainsi qu'on l'a vu, certaines forces illocutoires existantes, comme la force de promesse, ne sont pas réalisées syntaxiquement dans un marqueur de force illocutoire en français et dans d'autres langues. Les actes illocutoires pourvus de telles forces peuvent seulement être accomplis non littéralement ou en accomplissant littéralement un acte illocutoire plus fort dans l'usage de ces langues. Ainsi, on promet en général en français, soit *indirectement*, en disant qu'on va faire ou qu'on a l'intention de faire une action, soit *performativement* en déclarant promettre. La sémantique générale doit caractériser les significations des expressions linguistiques de façon à permettre une explication pragmatique systématique et unifiée de la signification des locuteurs dans les cas d'énonciations littérales et non littérales d'énoncés contenant de telles expressions. La sémantique générale doit, par exemple, analyser la signification des énoncés déclaratifs «Je t'aiderai» et «J'ai l'intention de t'aider» de manière à permettre à la pragmatique d'expliquer simplement le fait que ces deux énoncés sont souvent utilisés pour faire des promesses indirectes. De même, elle doit analyser les énoncés (1) «Si seulement tu m'aidais!», (2) «Peux-tu m'aider?» et (3) «Je désire que tu m'aides» de façon à permettre également à la pragmatique d'expliquer que ces énoncés sont aussi souvent utilisés pour faire des demandes indirectes.

La stratégie générale que j'adopterai dans ce livre pour établir la division entre signification littérale et non littérale sera de ne pas multiplier sans nécessité les ambiguïtés sémantiques et de faire appel autant que possible aux maximes conversationnelles et à l'arrière-fond des énonciations plutôt que de multiplier les significations littérales. Cette application du rasoir d'Occam, que préconise Grice, permet de simplifier considérablement la théorie. Ainsi, par exemple, au lieu de dire que des énoncés optatifs, interrogatifs, et déclaratifs comme (1), (2) et (3) expriment littéralement, dans certains contextes, une demande, je m'en tiendrai plutôt à l'idée sémantique simple selon laquelle ils expriment dans tous les contextes en vertu de la signification de leur type, respectivement un acte expressif de souhait, une question et une assertion. Dans cette optique, quand les énonciations de tels énoncés non impératifs servent à faire des demandes, la signification du locuteur n'est pas littérale. Ces demandes sont en général des actes de discours indirects accomplis par l'exploitation de maximes conversationnelles en invoquant certains faits de l'arrière-fond.

NOTES

[1] Voir G. FREGE, *Begriffschrift*, dans J. VAN HEIJENOORT, *From Frege to Gödel*, Cambridge, Mass., Harvard University Press, 1967.
[2] Voir le dernier chapitre de mon livre avec SEARLE, *Foundations of Illocutionary Logic*, op. cit.
[3] La nécessité de distinguer clairement entre la forme grammaticale apparente des énoncés et leur forme logique profonde a été mise en évidence par de nombreux linguistes et philosophes. C'est une des hypothèses fondamentales des grammariens-philosophes de Port-Royal. Voir SANCTIUS pour sa théorie de l'ellipse dans *Minerve ou les causes de la langue latine*, Presses Universitaires de Lille, 1982. Voir aussi N. CHOMSKY, *Cartesian Linguistics*, New-York, Harper and Row, 1966. Traduction française, *La Linguistique cartésienne*, Paris, éditions de Seuil, 1970. Cette distinction est aussi l'une des thèses principales de la théorie de la signification de L. WITTGENSTEIN dans son *Tractatus logico-philosophicus*, Londres, Routledge and Kegan Paul, 1961.
[4] Voir le chapitre VII de mon livre, *Meaning and Speech Acts*, à paraître chez Cambridge University Press.
[5] Au sens de Peirce, un *diagramme* est une icône de relation.
[6] Voir A. TARSKI, *Logique, Sémantique et Méta-mathématique*, op. cit.

[7] La distinction que je fais ici entre un énoncé, considéré comme type abstrait et ses instances actuelles ou possibles de même que celle que je ferai plus loin entre le type abstrait d'un acte et ses instances particulières actuelles ou possibles est dans l'esprit de la distinction que fait Peirce entre *type* et *token*.
La nécessité de distinguer entre un énoncé en contexte et une instance particulière de cet énoncé produite par une énonciation est également soulignée par D. KAPLAN dans «On the Logic of Demonstratives», *op. cit.*
[8] Exception faite des énonciations sui-référentielles du genre : «Je suis en train d'utiliser cet énoncé».
[9] Ainsi que je l'explique plus loin, seule la pragmatique peut analyser correctement la signification du locuteur qui fait de telles énonciations non littérales.
[10] Dans la terminologie de ce livre, un acte $F_1(P_1)$ a des conditions de succès (ou de satisfaction) *plus fortes* qu'un acte $F_2(P_2)$, quand toutes les conditions de succès (ou de satisfaction) de $F_2(P_2)$ sont également des conditions de succès (ou de satisfaction) de $F_1(P_1)$.
[11] Ma distinction entre traits linguistiques transcendants et immanents s'inspire de QUINE, *Philosophy of Logic*, Prentice Hall, 1970. Traduction française, *Philosophie de la logique* (traduit par J. Largeault), Aubier Montaigne, 1971.
[12] Le terme de traduction radicale est dû à QUINE, dans *Word and Object*, Cambridge, MIT Press, 1960.
[13] Voir le principe d'exprimabilité de SEARLE dans *Speech-Acts, op. cit.*.
[14] Je distingue ici la pensée conceptuelle d'autres types de pensée comme celles inhérentes à la perception ou à l'imagination dont les contenus sont des présentations et non pas des représentations d'états de choses. Voir J.R. SEARLE, *Intentionality*, Cambridge University Press, 1983. Traduction française, *L'Intentionalité* (traduit par C. Pichevin), Paris, éditions de Minuit, 1985.
[15] Voir SEARLE, *Intentionality, op. cit.*
[16] Une conception assez semblable de la logique est défendue par WITTGENSTEIN dans le *Tractatus logico-philosophicus, op. cit.*
[17] Un ensemble qui a une définition récursive est décidable en ce sens qu'il y a une méthode effective pour déterminer pour chaque entité qui pourrait appartenir à cet ensemble, si oui ou non elle y appartient.
[18] Voir W.V. QUINE, *Philosophy of Logic, op. cit.*, sur la nature des définitions inductives.
[19] Voir le chapitre IX de *Meaning and Speech Acts, op. cit.*
[20] Sur la nécessité de construire une théorie sémantique du langage qui rend compte du fait qu'il peut être appris par des êtres humains, voir DAVIDSON «Theories of Meaning and Learnable Languages», dans D. DAVIDSON, *Inquiries into Truth and Interpretation*, Oxford, Clarendon Press, 1984.
[21] Le principe selon lequel la signification d'un énoncé est entièrement déterminée à partir des significations de ses mots et autres traits syntaxiques est attribué à Frege.
[22] J'utilise ici assez librement le terme kantien de «déduction transcendentale». Néanmoins, l'esprit est le même. Voir sa *Critique de la raison pure*, P.U.F., 1965.
[23] Voir Ch. MORRIS, *Foundations of the Theory of Signs*, dans *International Encyclopedia of Unified Sciences*, vol. I, 1, University of Chicago Press, 1938.
[24] Voir R. MONTAGUE, «Pragmatics and intensional logic», dans D. DAVIDSON et G. HARMAN, *Semantics of Natural Language, op. cit.*
[25] C'est le cas, par exemple, de R.C. STALNAKER dans l'article «Pragmatics» in D. DAVIDSON et G. HARMAN, *Semantics of Natural language, op. cit.*, et en France de F. RECANATI, *Les Enoncés performatifs*, Paris, éditions de Minuit, 1981.
[26] Y. BAR-HILLEL, «Indexical Expressions», *Mind*, n° 63, 1954, et R. MONTAGUE, «Pragmatics and Intensional Logic», *op. cit.*

[27] Voir D. KAPLAN, «On the Logic of Demonstratives», *op. cit.*
[28] La première doctrine est défendue par R. MONTAGUE dans *Formal Philosophy, op. cit.*, la deuxième par QUINE dans *Philosophy of Logic, op. cit.*, et par D. DAVIDSON dans *Inquiries into Truth and Interpretation, op. cit.* Voir en particulier l'article «Moods and performances» dans *Inquiries into Truth and Interpretation, op. cit.*
[29] Voir A. ARNAULD et P. NICOLE, *La Logique ou l'Art de penser*, Paris, Flammarion, 1981 et A. ARNAULT et C. LANCELOT, *Grammaire générale et raisonnée, op. cit.*
[30] Voir l'introduction de M. FURTH à G. FREGE, *The Basic Laws of Arithmetic*, Los Angeles et Berkeley, University of California Press, 1967. Signalons en passant qu'Austin fut traducteur de Frege en anglais.
[31] Voir G. FREGE *The Basic Laws of Arithmetic, op. cit.*
[32] Voir les essais de Frege «*La Pensée*» et «*Négation*», dans G. FREGE, *Ecrits logiques et philosophiques, op. cit.*, et «Gedankengefüge», *Beiträge zur Philosophie des Deutschen Idealismus*, 3, 1923-1926.
[33] Ceci est déjà le cas dans le livre de A.M. WHITEHEAD et B. RUSSELL, *Principia Mathematica*, Cambridge Un. Press, 1910.
[34] Le terme est dû à Austin.
[35] H.P. GRICE, «Logic and Conversation», dans P. COLE et J.L. MORGAN, *Syntax and Semantics*, vol. III, *Speech Acts*, Academic Press, 1975.
[36] Voir à ce sujet mon article «Non literal Speech Acts and Conversational Maxims» dans E. LEPORE et B. VAN GULIK, *John R. Searle and his Critics*, Blackwell, 1988, et mon prochain livre *Non literal Meaning*.
[37] H.P. GRICE, «Logic and Conversation», *op. cit.*
[38] J.R. SEARLE, *Expression and Meaning, op. cit.*
[39] Voir mon article, «Non literal Speech Acts and Conversational Maxims», *op. cit.*, pour une analyse pragmatique des actes de discours indirects.

Chapitre III
La forme logique des propositions

Le but premier de ce chapitre est de développer une analyse de la forme logique des propositions qui rende compte de certains traits philosophiquement et linguistiquement importants des propositions comme, par exemple, le fait qu'elles ont des conditions de vérité et qu'elles sont des sens d'énoncés et des contenus d'actes de discours. Le second but de ce chapitre est de caractériser la structure logique de l'ensemble des propositions.

1. HISTORIQUE

En philosophie contemporaine du langage, les propositions furent d'abord introduites par Frege[1] comme les *sens d'énoncés déclaratifs* ayant comme dénotation les valeurs de vérité. Selon Frege et ses partisans dans le courant logique de la philosophie du langage, chaque énoncé déclaratif a comme sens, dans chaque contexte possible d'emploi, une ou plusieurs propositions, lesquelles déterminent ses conditions de vérité. Dans cette optique, une proposition est identifiée comme ce qui peut être le sens commun à différents énoncés ayant les mêmes conditions de vérité. Ainsi, par exemple, les énoncés «Jean aime Marie» et «Marie est aimée par Jean» expriment dans tout contexte la même proposition. Malheureusement, Frege ne prit pas la peine de spécifier d'autres critères d'identité propositionnelle que celui de stricte équivalence ou d'identité des conditions de vérité. Cependant, il est assez clair à la lecture de ses écrits[2] que ce critère d'identité propositionnelle n'est pas suffisant. Tous les énoncés exprimant dans les mêmes contextes des propositions strictement équivalentes n'ont pas nécessairement le même sens dans sa théorie du langage. L'un des buts de ce chapitre est de spécifier des critères d'identité propositionnelle à la fois nécessaires et suffisants.

Les propositions furent aussi introduites plus récemment par Searle[3] et Strawson[4] dans le courant de la philosophie du langage ordinaire comme des *contenus d'actes de discours*. Dans cette seconde optique, une proposition est identifiée comme ce qui peut être le contenu commun à des actes illocutoires différents ayant les mêmes conditions de satisfaction. Ainsi, par exemple, une assertion et une conjecture qu'il pleuvra demain sont deux actes illocutoires différents avec le même contenu propositionnel. Cependant, l'étude des propositions comme contenus d'actes illocutoires dans le courant du langage ordinaire s'est développée assez indépendamment des investigations faites sur les propositions comme sens dans le courant logique. Mon intention dans ce livre est d'unifier en sémantique générale ces deux conceptions des propositions sur la base de l'hypothèse que les actes illocutoires sont les unités principales de signification des énoncés dans l'usage et la compréhension des langues naturelles. Contrairement à ce que l'on suppose parfois, ces deux conceptions ne sont pas incompatibles, mais bien plutôt complémentaires. En effet, c'est en vertu de leur signification que les énoncés élémentaires servent à accomplir des actes illocutoires et le *sens* d'un énoncé élémentaire (non ambigu) dans un contexte est précisément la *proposition* qui est le *contenu* de l'acte illocutoire qu'il exprime dans ce contexte.

Cette analyse de la signification des énoncés a l'avantage de lier systématiquement les aspects véri-conditionnels et les aspects illocutoires de la signification et de généraliser la notion de proposition en lui donnant pour extension additionnelle les sens des énoncés non déclaratifs. Jusqu'à présent, dans le courant logique, la notion de proposition était en général limitée aux sens des énoncés déclaratifs. La généralisation que je propose permet de rendre compte des relations logiques entre les sens d'énoncés de types différents. L'énoncé interrogatif «Est-ce qu'il pleut?» sert, par exemple, dans chaque contexte d'emploi à poser une question à propos de la valeur de vérité de la proposition qui est le sens de l'énoncé déclaratif correspondant «Il pleut» dans le même contexte. C'est pourquoi cet énoncé déclaratif est une réponse possible à cette question. Sur la base de telles considérations, Frege[5] avait déjà reconnu la nécessité d'admettre des propositions comme sens d'énoncés interrogatifs. Cette attitude frégéenne sera généralisée en sémantique générale. Tout énoncé élémentaire exprimant un acte illocutoire de la forme F(P) dans un contexte d'énonciation a la proposition P pour sens dans ce contexte en sémantique générale, et ce quels que soient son type syntaxique et la force illocutoire de ses énonciations. Dans cette optique, une proposition peut être le sens commun à des énoncés de différents types syntaxiques tout comme elle peut être le contenu propositionnel commun à des actes illocutoires ayant différentes forces. Cette analyse du sens des énoncés rend aisément compte des ressemblances de signification existant entre des énoncés de type différent dont les clauses sont synonymes.

2. PROPOSITIONS, ENONCES ET VALEURS DE VERITE

D'un point de vue logique, les propositions sont les véritables porteurs de valeurs de vérité. Comme Frege l'a signalé, les propositions sont des sens qui peuvent être vrais ou faux. Les énoncés, d'autre part, sont des entités linguistiques (de pures suites de sons ou de symboles) qui sont vrais ou faux seulement de façon dérivée, selon que leur sens dans un contexte actuel d'emploi est une proposition vraie ou fausse. Ainsi, un énoncé déclaratif vrai est simplement un énoncé déclaratif dont le sens est une proposition vraie. De même, les actes illocutoires assertifs sont vrais ou faux de façon dérivée selon la valeur de vérité de leur contenu propositionnel. Une assertion vraie est simplement une assertion dont le contenu propositionnel est vrai.

D'un point de vue philosophique, les propositions ont des valeurs de vérité parce qu'elles représentent des *états de choses* qui existent ou n'existent pas dans le monde. En exprimant des propositions avec des forces illocutoires, les locuteurs se réfèrent en effet à des objets auxquels ils prédiquent des propriétés ou des attributs et ils conçoivent ainsi des *états de choses* qui existent dans le monde si certains objets ont certaines propriétés ou entretiennent certaines relations. Ainsi, par exemple, en utilisant l'énoncé déclaratif (1) «Le président français était le mois dernier en Irlande», je me réfère à Mitterrand et lui prédique la propriété d'être en Irlande en octobre 1987. Par cette énonciation, j'exprime avec la force illocutoire d'assertion une proposition qui représente un état de choses possible, lequel existe si et seulement si Mitterrand était le mois dernier en Irlande. Conformément à la théorie de la vérité par correspondance, je dirai en sémantique générale qu'une proposition est *vraie* quand l'état de choses qu'elle représente *existe* (ou est actuel) et qu'elle est *fausse* autrement. Dans cette optique, la valeur de vérité d'une proposition dépend de la façon dont les choses sont dans ce monde[6].

D'un point de vue cognitif, comprendre une proposition c'est, entre autres, comprendre quel état de choses doit exister dans le monde pour que cette proposition soit vraie. On peut, bien entendu comprendre quel état de choses doit exister pour qu'une proposition soit vraie sans pour autant savoir si cet état de choses est réalisé. Ainsi, la compréhension du contenu propositionnel d'une énonciation n'implique pas en général qu'on connaisse sa valeur de vérité. Pour comprendre une proposition, il suffit d'appréhender sa forme logique. Cette forme logique peut être décrite de la façon suivante. Chaque proposition a des *constituants propositionnels* qui sont des sens (des propriétés, des relations ou d'autres attributs) logiquement liés en termes de prédication de façon à représenter un état de choses. Ainsi, par exemple, la proposition qui est le sens de l'énoncé (1) «Le président français était le mois dernier en Irlande» dans le contexte de cette énonciation, a deux constituants propositionnels, qui sont le sens de la description définie «le président français» et la propriété exprimée par le prédicat «était le mois dernier en Irlande» dans ce contexte. Ces constituants propositionnels sont logiquement liés par la relation de *prédication*, parce que la propriété exprimée par le prédicat est prédiquée à la dénotation de la description définie dans cette proposition. Ainsi, cette proposition identifie un état de choses possible et elle a des conditions de vérité. Dans cette optique, un locuteur comprend une proposition si et seulement s'il comprend quels attributs certains objets doivent avoir dans le monde pour que cette proposition soit vraie.

Comme en logique modale, j'utiliserai la notion de monde possible en sémantique générale pour analyser philosophiquement les conditions de vérité des propositions. La notion de monde possible est en général introduite en opposition avec la notion de monde actuel. D'un point de vue métaphysique, le *monde actuel*, c'est la façon dont les choses sont, et un *monde possible*, c'est une façon dont les choses pourraient être. De toute évidence, les choses auraient pu être différentes de ce qu'elles sont. Certains états de choses qui ne se sont pas produits dans le passé (par exemple, Napoléon gagnant la bataille de Waterloo) auraient pu se produire (si, par exemple, Grouchy était revenu à temps avec ses troupes). De même, il y a plusieurs séquences incompatibles possibles d'événements qui pourraient exister dans le futur de ce monde actuel (par exemple, ce manuscrit sera publié ou non l'année prochaine). Ainsi, le monde actuel n'est qu'un monde possible parmi d'autres. En considérant différentes suites relativement contradictoires d'événements passés, présents et futurs possibles, compatibles avec les lois de la nature qui gouvernent ce monde, nous considérons des mondes possibles différents *accessibles* à partir du monde actuel, comme on dit couramment en logique modale. Il existe bien entendu des événements possibles comme, par exemple, Mitterrand sautant de Paris en Irlande le mois dernier, qui ne sont pas *causalement possibles* dans ce monde parce qu'ils contredisent les lois actuelles de la nature. De tels événements sont cependant *logiquement possibles* en un sens plus large, car ils auraient pu se produire si les lois de la nature avaient été différentes. Ainsi, certains mais pas tous les mondes possibles sont accessibles à partir du monde actuel. Comme en logique modale, je dirai, en sémantique générale, qu'une proposition est *vraie dans un monde possible* si l'état de choses représenté par cette proposition aurait existé si ce monde avait été actuel et qu'elle est *fausse dans ce monde possible* dans le cas contraire[7].

Notons que, d'un point de vue métaphysique, un monde possible est plus qu'une simple totalité d'états de choses qui pourraient exister ensemble. En plus d'être possible, un monde possible est *complet* en ce sens que tout état de choses possible qui n'appartient pas à ce monde ne pourrait pas exister si ce monde était actuel. Ainsi, toute proposition est-elle soit vraie soit fausse dans chaque monde possible.

Comme je l'ai dit plus haut, les contextes possibles d'énonciation considérés dans les interprétations sémantiques des langues naturelles ne sont pas nécessairement actuels. Les énonciations faites dans certains contextes ont lieu dans des mondes possibles différents du monde actuel. Dans de tels contextes possibles d'énonciation, le locuteur, l'allocutaire et les objets auxquels ils se réfèrent, peuvent avoir d'autres attributs que ceux qu'ils possèdent dans le monde actuel. Qui plus est, certains états de choses non existants appartenant aux mondes possibles de ces contextes peuvent être pertinents pour déterminer la signification et les valeurs de succès et de satisfaction des énonciations faites dans ces contextes. Etant donné que chaque énonciation faite dans un contexte d'emploi d'une langue naturelle a lieu dans le monde de ce contexte, je dirai en sémantique générale qu'une proposition est *vraie dans un contexte d'énonciation* si et seulement si cette proposition est vraie dans le monde de ce contexte. Ainsi, chaque proposition divise dans toute interprétation sémantique l'ensemble de tous les contextes possibles d'emplois considérés en deux sous-ensembles disjoints, à savoir : l'ensemble de tous les contextes possibles où elle est vraie et l'ensemble de tous les contextes possibles où elle est fausse. Comme en logique intensionnelle, je me baserai sur ce fait pour construire de façon ensembliste les *conditions de vérité* des propositions comme des fonctions associant aux contextes d'énonciation possibles des valeurs de vérité. Ainsi, j'identifierai formellement les conditions de vérité d'une proposition avec la fonction qui associe le vrai à un contexte si et seulement si cette proposition est vraie dans ce contexte. Selon cette analyse, une proposition est (logiquement) *nécessaire* si et seulement si elle est vraie dans tous les contextes possibles et elle est (logiquement) *possible* si et seulement si elle est vraie dans au moins un contexte possible. En outre, une proposition en *implique strictement* une autre si et seulement si cette autre proposition est vraie dans tous les contextes possibles où elle est vraie. Enfin, deux propositions sont *strictement équivalentes* quand elles sont vraies dans les mêmes contextes.

3. PROPOSITIONS ET ACTES DE DISCOURS

Comme je l'ai dit auparavant, le fait que les propositions sont les contenus d'actes de discours élémentaires tels que des assertions, des requêtes, des promesses et des déclarations imposent des contraintes supplémentaires à l'analyse de la forme logique des propositions dans le cadre de la logique intensionnelle de la sémantique générale. Premièrement, des propositions identiques doivent satisfaire un critère de *substitutivité salva felicitate* à l'intérieur des forces illocutoires. Deux propositions P_1 et P_2 sont identiques seulement si tous les actes illocutoires élémentaires de la forme $F(P_1)$ et $F(P_2)$ ont les mêmes conditions de succès. Nombreux sont les actes de discours élémentaires avec la même force illocutoire et des propositions strictement équivalentes qui ne sont pas accomplis dans les mêmes contextes d'énonciation. On peut, par exemple, affirmer que deux plus deux font quatre sans pour autant affirmer le théorème de Gödel, bien que ces deux assertions aient un contenu propositionnel nécessairement vrai. C'est pourquoi on ne peut identifier en sémantique générale les propositions avec leurs conditions de vérité. La logique illocutoire exige un critère d'identité propositionnelle plus fin que l'équivalence logique stricte.

En outre, la logique illocutoire exige aussi de la sémantique générale une relation d'implication propositionnelle plus fine que celle de stricte implication afin de caractériser adéquatement la relation d'engagement illocutoire fort. En effet, elle doit expliquer pourquoi il arrive souvent, mais pas toujours, qu'un acte de discours de la forme $F(P_1)$ avec une forme primitive engage fortement le locuteur à un acte de discours de la forme $F(P_2)$ quand la proposition P_1 implique strictement la proposition P_2. Ainsi, par exemple, une assertion de la conjonction de deux propositions engage fortement le locuteur à une assertion de chaque conjoint. Par contre, l'assertion d'une proposition n'engage pas en général le locuteur à une assertion de la disjonction de cette proposition avec une autre proposition, alors qu'il existe une relation de stricte implication entre les contenus propositionnels dans les deux cas.

Pour expliquer l'échec de la substitutivité *salva felicitate* des propositions strictement équivalentes à l'intérieur des forces illocutoires et la compatibilité restreinte de la stricte implication par rapport à l'engagement illocutoire, je tiendrai compte dans mon analyse des propositions du fait qu'elles sont *appréhendées* par les locuteurs lors de leurs accomplissements d'actes illocutoires. Dans cet esprit, je mettrai ensemble les aspects logiques et cognitifs pertinents de la signification dans l'usage et la compréhension des langues naturelles. De toute évidence, un locuteur ne peut accomplir d'acte de discours de la forme $F(P)$ sans avoir la proposition P à l'esprit dans le contexte de son énonciation. En effet, la condition de succès essentielle d'un acte illocutoire élémentaire est que le locuteur relie son contenu propositionnel au monde avec la direction d'ajustement propre à sa force. Ainsi, par exemple, un locuteur qui promet d'aider l'allocutaire dans un contexte d'énonciation doit exprimer la proposition qu'il aidera l'allocutaire après le moment de l'énonciation dans le but de s'engager à ce que son comportement futur dans le monde corresponde à cette proposition. De même, un locuteur qui déclare congédier l'allocutaire doit exprimer la proposition qu'il enlève à l'allocutaire un certain emploi au moment de l'énonciation dans le but de transformer le monde en rendant vraie cette proposition par le seul fait de son énonciation.

Je définirai en sémantique générale le type logique des propositions de façon à représenter ce qui doit être à l'esprit des locuteurs qui expriment les propositions avec une force illocutoire lors de l'accomplissement d'actes de discours. Comme je l'ai dit plus haut, toutes les propositions strictement équivalentes ne sont pas réalisées cognitivement dans les mêmes conditions. Ainsi, par exemple, on peut avoir à l'esprit la proposition que Mitterrand a mangé du caviar la semaine dernière sans avoir à l'esprit la proposition strictement équivalente que Mitterrand a mangé du caviar la semaine dernière et a bu ou n'a pas bu du champagne à l'occasion. La raison en est que la seconde proposition a plus de constituants propositionnels que la première.

C'est pourquoi de nombreuses clauses exprimant des propositions strictement équivalentes ne sont pas *substituables salva felicitate* à l'intérieur du champ des marqueurs de force illocutoire et des verbes performatifs des langues naturelles. Ainsi, par exemple, les deux énoncés interrogatifs «Mitterrand a-t-il mangé du caviar la semaine dernière?» et «Mitterrand a-t-il mangé du caviar la semaine dernière et est-il vrai qu'il a ou n'a pas bu du champagne?» servent à poser différentes questions. De même, les énoncés déclaratifs «Jean demande si Mitterrand a mangé du caviar» et «Jean demande si Mitterrand a mangé du caviar et s'il a ou non bu du champagne» servent à faire différentes assertions.

La plupart des progrès théoriques qui ont eu lieu dans les dernières décennies en sémantique formelle se sont produits en affinant les valeurs sémantiques des énoncés par indexation dans différentes structures pertinentes. Ainsi, par exemple, les significations des énoncés avec connecteurs temporels ont été construites en logique du temps en leur assignant comme sens des propositions ayant des valeurs de vérité variables à des moments ou à des intervalles de temps différents. De même, les significations des énoncés avec connecteurs modaux ont été construites en logique modale en leur assignant comme sens des propositions avec des valeurs de vérité variables dans des mondes possibles différents. Enfin, plus récemment, les significations des énoncés avec expressions indexicales furent construites en logique des démonstratifs en leur assignant comme sens des propositions dont les constituants propositionnels et les valeurs de vérité dépendent systématiquement de certains traits contextuels désignés. Dans tous ces cas, les sens d'énoncés contenant certains mots intensionnels furent rendus plus complexes en incorporant différents aspects logiques ou contextuels pertinents auxquels ces mots étaient sensibles. Dans le même ordre d'idées, il n'est pas du tout surprenant qu'il faille également affiner de façon appropriée les sens des énoncés élémentaires qui contiennent des marqueurs de force illocutoire et des verbes performatifs. Il faut considérer, dans ce cas, les conditions qui doivent être remplies pour que les propositions exprimées par leur clause soient appréhendées par les locuteurs qui utilisent ces énoncés pour accomplir des actes de discours.

Soit dit en passant, une telle investigation des aspects cognitifs de la signification est purement logique et relativement indépendante de la psychologie empirique. Frege avait déjà remarqué qu'en jugeant et en accomplissant d'autres actes de pensée conceptuelle, nous appréhendons avec les capacités mentales de notre esprit des propositions qui sont relativement indépendantes de leur réalisation cognitive. Les propositions qu'un locuteur appréhende ne sont pas privées. Au contraire, elles sont le sens d'énoncés que ce locuteur utilise ou pourrait utiliser dans des contextes d'énonciation et elles peuvent en principe être appréhendées par les autres locuteurs qui parlent le même langage. Tout comme les mêmes actes illocutoires peuvent être accomplis et compris par différents locuteurs dans différents contextes, les mêmes propositions peuvent être dans l'esprit de différents locuteurs à différents moments. Ainsi, par exemple, deux mathématiciens peuvent faire indépendamment la même conjecture. Dans cette optique, la sémantique générale traite seulement des aspects cognitifs des propositions qui sont liés à la compétence linguistique, et néglige les autres aspects psychologiques plus empiriques liés à la compréhension de la signification comme, par exemple, les limitations dues à la mémoire.

4. CRITERES D'IDENTITE PROPOSITIONNELLE

Comme la signification des mots réside principalement dans la contribution qu'ils font à la signification des énoncés, les propositions constituent le type fondamental de sens en logique intensionnelle. D'un point de vue sémantique, il existe dans les langues naturelles deux espèces différentes d'expressions dont la signification contribue à déterminer les propositions exprimées par les énoncés où elles ont une occurrence. Il s'agit des expressions qu'on appelle respectivement dans la tradition logique des expressions catégorématiques ou syncatégorématiques. Les *expressions catégorématiques* d'un énoncé sont celles qui expriment, dans chaque contexte, un constituant propositionnel de la proposition qui est le sens de cet énoncé dans ce contexte. Les *expressions syncatégorématiques* d'un énoncé, par contre, sont celles dont la signification contribue à déterminer, dans chaque contexte, les conditions de vérité de la proposition qui est le sens de cet énoncé dans ce contexte sans pour autant spécifier par elles-mêmes de constituant propositionnel. Ainsi, par exemple, les pronoms et expressions verbales complètes de l'énoncé élémentaire (1) «Je dors beaucoup et tu bois énormément» sont les expressions catégorématiques de cet énoncé. Leur signification détermine dans chaque contexte d'emploi des sens (des concepts du locuteur et de l'allocutaire et des propriétés d'individus) qui sont les constituants propositionnels de la proposition exprimée par cet énoncé dans ce contexte. L'ordre des mots et le connecteur «et», d'autre part, sont des syncatégorèmes dont la signification sert à déterminer les conditions de vérité. Plus précisément, l'ordre des mots sert à déterminer que la propriété de dormir beaucoup est prédiquée du locuteur et celle de boire énormément de l'allocutaire dans la proposition qui est le sens de cet énoncé dans chaque contexte. En outre, le signe de conjonction détermine que cette proposition est vraie si et seulement le locuteur et l'allocutaire du contexte considéré ont dans le monde les propriétés qui leur sont prédiquées.

D'un point de vue cognitif, on doit donc distinguer différents traits constitutifs dans l'appréhension (ou la compréhension) du contenu propositionnel d'une énonciation. Un locuteur qui appréhende la proposition qui est le sens d'une énonciation doit comprendre, à la fois, 1) les constituants propositionnels, 2) la façon dont ces constituants propositionnels sont liés par la relation de prédication dans ce que j'appellerai les *propositions atomiques* de cette proposition, et 3) la manière dont les conditions de vérité sont déterminées à partir des conditions de vérité des propositions atomiques. Ainsi, par exemple, un locuteur qui comprend la proposition exprimée par l'énoncé (1) dans un contexte doit savoir qui est le locuteur et l'allocutaire de ce contexte, quelles propriétés sont exprimées par les deux expressions verbales et sont prédiquées du locuteur et de l'allocutaire dans les deux propositions atomiques de cette proposition. En outre, il doit aussi savoir que cette proposition est vraie si et seulement si les deux propositions atomiques sont vraies. D'un point de vue cognitif, les propositions sont donc des entités beaucoup plus structurées que de simples conditions de vérité.

Sur la base de ces considérations, je définirai en sémantique générale le type logique des propositions de la façon suivante en tenant compte de leur *structure de constituants*. Chaque proposition est une entité complexe composée à la fois (1) d'un nombre fini de propositions atomiques (qui sont des ensembles d'attributs et de sens logiquement liés en termes de prédication) et (2) de conditions de vérité. J'appellerai l'ensemble des propositions atomiques dont se compose une proposition le *contenu* de cette proposition. D'un point de vue logique, les conditions de vérité d'une proposition sont liées à son contenu. Elles sont en effet une *fonction* des conditions de vérité des propositions atomiques.

Selon mon analyse, le contenu et les conditions de vérité sont les deux composantes essentielles de toute proposition. Ainsi, deux propositions sont identiques seulement si elles ont le même contenu et les mêmes conditions de vérité.

Comme je l'ai indiqué plus haut, c'est le sens qu'ont dans chaque contexte possible d'énonciation les expressions catégorématiques d'un énoncé qui détermine, dans les langues, l'identité des constituants propositionnels des propositions qui sont exprimées par cet énoncé dans ce contexte. Ainsi, par exemple, le sens du prédicat «dors beaucoup» dans le contexte d'une énonciation est un constituant propositionnel de la proposition qui est le sens de l'énoncé (1) dans ce même contexte. D'autre part, c'est la signification des expressions syncatégorématiques d'un énoncé qui détermine comment les constituants propositionnels sont liés en termes de prédication et comment les conditions de vérité d'une proposition complète sont déterminées à partir de celles des propositions atomiques qui la constituent[8]. La sémantique générale a pour tâche d'analyser la structure de constituants des clauses de façon à déterminer exactement comment les mots et les autres traits syntaxiques contribuent à la détermination du contenu et des conditions de vérité des propositions qui sont les sens d'énoncés en contexte.

Par souci de simplicité, limitons ici la discussion aux propositions *de premier ordre* qui ont seulement des attributs et des concepts d'individus pour constituants propositionnels. Ces propositions sont les sens d'énoncés élémentaires tels que «J'aime la bière», «Napoléon était un grand général» et «Cicéron avait lu Platon», où des attributs sont prédiqués d'individus qui sont subsumés sous des concepts sans qu'il y ait de sens ou de quantification d'ordre supérieur.

Comment peut-on en sémantique générale identifier formellement le contenu de telles propositions? Pour répondre à cette question, commençons par analyser leurs constituants propositionnels.

En logique intensionnelle, les *individus* sont les objets de référence du type le plus simple et les *attributs* d'individus sont des propriétés ou des relations que l'on peut prédiquer des individus. Ainsi, par exemple, les êtres humains, les animaux et les autres objets qui existent dans l'espace-temps et peuvent être perçus par nous sont des individus pour les buts de la sémantique générale. D'autre part, la propriété d'être vivant et les relations de parenté sont des attributs d'individus. D'un point de vue logique, chaque attribut d'individus a une extension. Il est, en général, satisfait par certaines suites d'individus et pas par d'autres. Une relation binaire comme celle d'aimer est, par exemple, satisfaite par toutes les paires ordonnées d'individus dont le premier terme aime le second. L'ordre des individus dans ces suites est bien entendu important, car la relation d'aimer, comme la plupart des relations, n'est pas symétrique.

Comme les individus peuvent avoir différentes propriétés à différents moments ou dans différents mondes possibles, la plupart des attributs d'individus ont une extension variable d'un contexte d'énonciation à l'autre. Conformément à l'usage courant, j'identifierai en sémantique générale l'*extension d'un attribut dans un contexte* d'énonciation avec l'ensemble de toutes les suites qui satisfont cet attribut au moment et dans le monde d'énonciation caractéristiques de ce contexte[9].

Remarquons que des attributs différents comme la propriété de respirer et la relation d'aimer sont satisfaits par des suites d'individus de longueur différente. En logique intensionnelle, le *degré d'un attribut* est le nombre qui mesure la longueur des suites auxquelles il peut être prédiqué. Ainsi, par exemple, une propriété est un attribut de degré un, une relation binaire est un attribut de degré deux, et ainsi de suite.

Pour les besoins de la formalisation, on identifie en sémantique formelle de la vérité un attribut d'individus avec la fonction qui associe à chaque contexte possible d'énonciation l'ensemble qui est l'extension de cet attribut dans ce contexte. Selon une telle analyse, si U_e est l'ensemble des individus, un *attribut d'individus de degré* n est donc une fonction de l'ensemble I de tous les contextes possibles d'énonciation dans l'ensemble $\mathcal{P}(U_e^n)$ de tous les ensembles de suites de n individus. Ainsi, par exemple, la propriété d'être vivant est cette fonction qui associe à chaque contexte l'ensemble de toutes les suites d'un seul individu qui possède la propriété d'être vivant au moment de l'énonciation et dans le monde de ce contexte. Ce qu'on appelle un *concept d'individu* (ou un *concept individuel*)[10] est une propriété, comme la propriété d'être le père de Platon, qui est possédée par au plus un individu dans chaque contexte. De tels concepts individuels sont, selon Frege, les sens de noms propres ordinaires comme «Socrate» et de descriptions définies comme «le roi d'Espagne».

D'un point de vue logique, les propositions atomiques de premier ordre ont deux traits constitutifs:

Premièrement, elles ont pour constituants propositionnels des concepts d'individus et un attribut principal qui est prédiqué de ces individus dans un certain ordre fixe. Deuxièmement, leurs conditions de vérité sont entièrement déterminées par cette prédication. Par définition, une proposition atomique est vraie dans un contexte si et seulement si son attribut principal est satisfait dans ce contexte par la suite ordonnée (selon l'ordre de la prédication) des individus qui tombent sous les concepts qui sont ses autres constituants propositionnels. Ainsi, par exemple, la proposition atomique exprimée lors d'une énonciation de l'énoncé «Napoléon aimait Joséphine» a pour constituants propositionnels les concepts individuels qui sont les sens de «Napoléon» et de «Joséphine» pour le locuteur ainsi que la relation binaire d'aimer à un moment antérieur au moment de l'énonciation. Dans cette proposition atomique, cette relation binaire prend respectivement Napoléon et Joséphine pour premier et second arguments, et cette prédication détermine les conditions de vérité.

Sur la base de ces considérations, j'identifierai en sémantique générale une *proposition atomique* de premier ordre avec la paire contenant 1) l'ensemble fini de ses constituants propositionnels (ceux-ci sont un attribut principal d'individus de degré n et un certain nombre k inférieur ou égal à n de concepts individuels) et 2) la fonction qui détermine les conditions de vérité de cette proposition atomique[11] en accord avec la prédication faite avec ses constituants propositionnels. Selon cette analyse, deux propositions atomiques sont différentes dans la logique intensionnelle de la sémantique générale si elles ont différents constituants propositionnels ou différentes conditions de vérité. Ainsi, par exemple, des propositions atomiques différentes sont exprimées par les énoncés «Cicéron est un orateur» et «Cicéron est Romain», puisqu'elles prédiquent différentes propriétés de Cicéron. De même, deux propositions atomiques différentes sont respectivement exprimées par les énoncés «Andromaque aime Pyrrhus» et «Pyrrhus aime Andromaque» parce que l'ordre différent des prédications engendre une différence au niveau des conditions de vérité.

Toutes les propositions ne sont pas de premier ordre. Des énoncés comme, par exemple, «Bien jouer aux échecs est une qualité propre à tout grand général» et «Etre modeste était une qualité de Socrate», expriment des propositions de deuxième ordre dont un constituant propositionnel est un attribut d'attributs d'individus, comme la propriété d'être une propriété qui s'applique à tous les grands généraux. L'analyse des propositions atomiques de premier ordre que je viens de formuler peut facilement être généralisée pour les propositions atomiques d'ordre supérieur.

Une fois identifié le contenu d'une proposition, il ne reste plus qu'à comprendre comment ses conditions de vérité sont déterminées à partir des conditions de vérité de ses propositions atomiques pour identifier cette proposition. En effet, le contenu et les conditions de vérité sont les deux composantes essentielles des propositions.

Comme Wittgenstein l'a entrevu[12], les conditions de vérité d'une proposition complète sont déterminées de façon véri-fonctionnelle à partir des conditions de vérité de ses propositions atomiques. Autrement dit, la valeur de vérité d'une proposition complète dans un contexte est toujours une *fonction* des valeurs de vérité de ses propositions atomiques dans ce contexte. Ainsi, par exemple, la proposition exprimée par une énonciation de l'énoncé «Jean est Français ou Portugais» est vraie dans un contexte si et seulement si au moins l'une de ses deux propositions atomiques est vraie dans ce contexte. Ses conditions de vérité sont déterminées selon la fonction de vérité de disjonction. Etant donné un nombre n de propositions atomiques relativement indépendantes, il y a 2^{2^n} propositions complètes différentes, composées de ces propositions atomiques, dont les conditions de vérité sont des fonctions de vérité différentes des conditions de vérité de ces propositions atomiques. Il y a parmi elles la proposition complète, dont le contenu est l'ensemble de ces n propositions atomiques, qui est vraie dans un contexte si et seulement si toutes ces propositions atomiques sont vraies dans ce contexte; la proposition complète avec le même contenu qui est vraie si et seulement si toutes ces propositions atomiques sont fausses, et ainsi de suite pour toutes les autres fonctions de vérité de n arguments.

Cette conception purement véri-fonctionnelle de la détermination des conditions de vérité des propositions n'est pas réductionniste comme dans le *Tractatus*. Au contraire, elle est parfaitement compatible avec la logique intensionnelle. Elle admet l'existence de mots intensionnels, comme les connecteurs modaux et temporels, qui servent à exprimer des propositions dont la valeur de vérité dans un contexte est fonction des valeurs de vérité dans d'autres contextes des propositions atomiques qui font partie de leur contenu. Telle est, par exemple, la proposition modale (1) qu'il est logiquement possible que Jean parle français, laquelle est vraie si et seulement la proposition plus simple (2) que Jean parle français est vraie dans au moins un contexte possible d'énonciation, mais pas nécessairement dans un contexte actuel. En dépit des apparences, une telle proposition ne fait pas exception à la règle de la détermination véri-fonctionnelle des conditions de vérité. En effet, quand la forme logique de cette proposition modale (1) est pleinement analysée, on est forcé d'admettre qu'elle n'est pas directement à propos de l'individu Jean mais bien plutôt à propos de la proposition (2) que Jean parle français, puisqu'elle prédique de cette proposition (2) une certaine propriété modale (qui implique une quantification sur l'ensemble de ses valeurs de vérité). Dans cette optique, le contenu des propositions modales est plus riche que celui de leurs arguments. Ainsi, par exemple, une proposition modale telle que (1) contient une proposition atomique d'ordre supérieur ayant la proposition plus simple (2) et un attribut modal pour constituants propositionnels. Qui plus est, sa valeur de vérité dans un contexte est identique à la valeur de vérité de cette proposition atomique dans ce même contexte.

Sur la base de ces considérations, j'identifierai en sémantique générale chaque proposition avec le triplet contenant l'ensemble fini de ses propositions atomiques, ses conditions de vérité et la fonction de vérité par l'application de laquelle ses conditions de vérité sont déterminées. Par définition, une proposition P est *vraie* dans un contexte d'énonciation si et seulement si la fonction de vérité qui lui est propre associe le vrai à la suite des n valeurs de vérité qu'ont respectivement dans ce même contexte ses n propositions atomiques, selon l'ordre d'une énumération canonique de son contenu. Cette définition du type logique des propositions diffère de celle de Carnap, communément adoptée aujourd'hui en logique intensionnelle, par le fait qu'elle construit les propositions comme des sens complexes dotés d'une structure de constituants en plus de conditions de vérité.

La loi d'identité propositionnelle que je préconise pour la sémantique formelle est plus forte que celle de la logique intensionnelle classique de Montague et Kaplan, laquelle exige seulement la stricte équivalence. Toutes les propositions strictement équivalentes ne sont pas identiques selon cette loi. Ainsi, par exemple, la proposition que Socrate est grand ou n'est pas grand et la proposition que Socrate est beau ou n'est pas beau sont deux propositions nécessaires mais différentes puisque différentes propriétés sont prédiquées de Socrate dans ces propositions. De même, la proposition que je suis philosophe et la proposition que l'individu x qui est identique à moi est philosophe sont deux propositions strictement équivalentes différentes puisqu'elles contiennent différents sens de Daniel Vanderveken comme constituants. En outre, des propositions strictement équivalentes avec les mêmes constituants propositionnels sont différentes quand ces constituants sont regroupés dans différentes propositions atomiques ou quand leurs conditions de vérité sont déterminées par l'application de différentes fonctions de vérité. Ainsi, par exemple, la proposition que l'arithmétique est complète est une proposition impossible différente de la proposition contradictoire que l'arithmétique est à la fois complète et incomplète. En effet les conditions de vérité de ces deux propositions impossibles et pourvues du même contenu sont déterminées par l'application de deux fonctions de vérité unaires différentes. La fonction de vérité propre à la première proposition est la fonction identité qui associe à une valeur de vérité la même valeur de vérité, alors que la fonction de vérité propre à la seconde est la fonction constante qui associe le faux à toute valeur de vérité. Cette différence logique entre ces deux propositions est d'ailleurs reflétée cognitivement dans le fait qu'on peut ne pas savoir que la première proposition est impossible, alors que l'on sait nécessairement *a priori* que la seconde est fausse. Comme je l'ai dit auparavant, l'esprit de cette définition plus complexe du type logique des propositions est d'incorporer les *aspects cognitifs de la signification* pertinents pour l'analyse des actes de discours littéraux et de l'engagement illocutoire. La façon dont j'ai défini le type logique des propositions reflète ce qu'un locuteur doit avoir à l'esprit quand il exprime cette proposition avec une force illocutoire dans le contexte d'une énonciation.

Si ma loi d'identité propositionnelle exige davantage que la stricte équivalence, elle exige cependant moins que l'isomorphisme intensionnel entre deux énoncés afin d'identifier les propositions qui sont leur sens. Deux propositions, comme la proposition que Jean est le frère de Paul et la proposition que le frère de Paul est Jean, sont en effet identiques selon cette loi en dépit du fait qu'il n'y a pas d'*isomorphisme intensionnel* entre les deux énoncés « Jean est le frère de Paul » et « Le frère de Paul est Jean »[13]. En effet, « Jean » est le premier argument dans l'arbre représentant la structure sémantique du premier énoncé alors que « le frère de Paul » occupe la même position dans l'arbre sémantique du deuxième énoncé. En sémantique générale, de telles différences structurelles n'affectent pas les sens de ces énoncés. En effet, la relation d'identité étant symétrique, l'ordre de la prédication n'affecte pas ici les conditions de vérité. De même, les deux énoncés « Le père de Jean est grand » et « Il n'est pas vrai que le père de Jean n'est pas grand » expriment en sémantique générale la même proposition alors qu'ils ne sont pas intensionnellement isomorphes ni pour Carnap[14] ni pour Lewis. Ma conception des propositions est donc intermédiaire entre d'une part la conception qui exige l'équivalence stricte et d'autre part celle, plus forte, qui exige en outre l'isomorphisme intensionnel pour que des propositions soient identiques[15].

Remarquons aussi que ma définition des propositions ne dépend pas du langage. Selon mon analyse, les propositions ne sont pas identifiées avec des classes d'équivalences de clauses (ou d'énoncés) les exprimant, mais sur la base de leur structure. D'un point de vue logique, les propositions sont différentes des clauses qui les expriment et elles ne peuvent être réduites théoriquement à de telles entités linguistiques parce que la signification d'une clause d'un énoncé ne détermine une proposition qu'avec un contexte possible d'énonciation. Il n'y a pas de correspondance biunivoque entre les énoncés et les propositions dans le langage. De nombreux énoncés expriment différentes propositions dans les mêmes contextes (quand leur clause est ambigue) ou dans différents contextes (quand, par exemple, leur clause contient des expressions indexicales). Réciproquement, différents énoncés peuvent exprimer les mêmes propositions dans les mêmes contextes (quand leurs clauses sont synonymes), et des énoncés composés de clauses n'ayant pas la même signification peuvent exprimer les mêmes propositions dans différents contextes (quand ils diffèrent seulement par certains traits syntaxiques qui ont la même valeur sémantique dans ces contextes respectifs).

D'un point de vue ontologique, il y a plus de propositions que d'énoncés parce que les langues naturelles sont limitées du fait qu'elles sont des langues *humaines*. Les capacités cognitives des locuteurs humains n'excèdent pas celles des machines de Turing[16] et, par conséquent, il y a seulement un ensemble infini dénombrable d'énoncés dans une langue naturelle. Cependant le théorème de Cantor nous apprend qu'il y a un nombre infini non dénombrable de nombres réels[17]. On doit donc admettre aussi l'existence d'un ensemble infini non dénombrable de propositions à propos des nombres réels. Il existe, par exemple, un nombre infini non dénombrable de propositions de la forme $x \neq 0$ où x est un nombre réel. Ainsi, certaines propositions ne sont le sens d'aucun énoncé à certains moments du temps dans chaque langue naturelle. En outre, cette incomplétude expressive des langues naturelles est irréductible. On ne peut la supprimer en enrichissant par une série finie d'extensions leur vocabulaire et leurs règles de formation. D'autre part, une série infinie d'extensions créerait un nouveau type de langage abstrait dépourvus de traits cognitifs essentiels aux langages humains comme la possibilité de la détermination de la signification de tout énoncé en un nombre fini d'étapes.

Une définition de la nature des propositions indépendante du langage a aussi l'avantage de séparer clairement les questions logiques relatives à l'identité propositionnelle des questions plus empiriques relatives aux analyses qu'il convient de faire des expressions linguistiques existantes. Certaines discussions théoriques en logique des sens et des dénotations peuvent être menées d'une façon relativement indépendante des controverses concernant les réalisations syntaxiques de ces sens et dénotations dans les langues naturelles existantes. Cela permet de distinguer les désaccords portant sur la théorie des types logiques de la sémantique générale, de ceux portant sur les façons de traduire des mots ou des traits syntaxiques actuels de langues naturelles dans le langage idéal de cette sémantique. Ainsi, la plupart des philosophes du langage et des linguistes s'accordent sur la nécessité de distinguer les expressions catégorématiques et syncatégorématiques dans les langues naturelles. Cependant, leurs analyses des formes logiques des énoncés actuels sont souvent incompatibles. Ainsi, il y a beaucoup de controverses en philosophie contemporaine du langage concernant l'analyse sémantique appropriée des propositions qui sont les sens d'énoncés élémentaires actuels très simples tels que «La reine de Belgique est Espagnole», «Jean hait Marie» et «Je t'attends». Les noms propres ordinaires (comme «Socrate») et les descriptions définies (comme «le père de Napoléon») sont, par exemple, des expressions catégorématiques selon Frege[18] et Lewis[19] et des expressions syncatégorématiques selon Russell[20]. De plus, les philosophes en accord sur le caractère catégorématique ou syncatégorématique de certaines expressions linguistiques actuelles sont souvent en désaccord sur leurs valeurs sémantiques. Ainsi, par exemple, les noms propres ordinaires expriment un sens d'individu en plus de dénoter cet individu (quand ils ne sont pas vides), selon Frege et Searle[21], alors qu'ils expriment l'ensemble de toutes les propriétés des concepts individuels de leurs porteurs selon Montague[22]. Par contre, ils ont seulement une dénotation et pas de sens selon Kripke[23], D. Kaplan[24] et les philosophes qui acceptent la théorie de la référence directe. Ainsi, des philosophes comme Kripke et Kaplan acceptent l'existence de *propositions singulières* ayant des individus pour constituants propositionnels. D'autre part, des philosophes comme Frege et Searle, qui défendent le principe selon lequel toute expression qui a une dénotation a aussi un sens, acceptent seulement des *propositions générales* ayant des sens pour constituants propositionnels.

Une théorie logique des propositions adéquate pour la sémantique générale n'est pas bien entendu indépendante de toutes les controverses concernant l'analyse linguistique appropriée d'expressions existantes. Quand la logique intensionnelle de la sémantique générale admet plusieurs analyses relativement incompatibles des propositions exprimées par des énoncés français, il y a différentes façons possibles de traduire leurs clauses dans son langage idéal qui sont en accord avec la théorie logique. Ainsi, par exemple, les traitements que Montague et Frege donnent aux noms propres sont tous deux compatibles avec ma théorie logique des propositions. Souvent, cependant, la logique intensionnelle de la sémantique générale est relativement incompatible avec des analyses linguistiques. La sémantique générale ne peut admettre, par exemple, la référence directe et les propositions singulières. Son hypothèse fondamentale pose en effet que les actes illocutoires sont les unités principales de signification des énoncés dans l'usage et la compréhension des langues. Dans cette optique, toute proposition qui est le sens d'un énoncé dans une interprétation doit être un contenu possible d'actes de discours et de pensée. Or, d'un point de vue philosophique, les propositions singulières ne sont pas des contenus possibles d'actes de discours et de pensée pour diverses raisons.

Premièrement, les locuteurs ne peuvent avoir des individus à l'esprit dans leur tête[25] mais seulement des sens d'individus. Les constituants propositionnels des actes illocutoires et des pensées ne peuvent être que des entités intensionnelles (telles que des sens et des attributs), si l'on admet que leurs instances actuelles sont des réalisations cognitives qui correspondent ultimement à des états du cerveau des locuteurs. Ainsi, les propositions à propos de Cicéron peuvent contenir un concept de Cicéron mais ne peuvent contenir Cicéron lui-même.

Deuxièmement, différents contenus de pensée, comme la proposition que Cicéron est Tullius et la proposition que Cicéron est Cicéron, sont réduits à la même proposition singulière dans la théorie de la référence directe. Cependant, toute sémantique adéquate doit rendre compte du fait que l'énoncé «Paul a demandé si Cicéron est Tullius» n'implique pas l'énoncé «Paul a demandé si Cicéron est Cicéron». Les critères d'identité propositionnelle de la théorie de la référence directe sont donc erronés.

Troisièmement, de nombreux contenus de pensée et d'actes de discours (par exemple, la proposition que le père Noël apportera des cadeaux le soir de Noël), ne sont réductibles à aucune proposition singulière, car les noms propres comme «père Noël» qui sont utilisés pour les exprimer n'ont aucune dénotation. La théorie de la référence directe ne peut donc rendre compte de l'accomplissement d'actes de discours et de l'expression de pensées ayant de tels contenus propositionnels. Cependant, toute sémantique adéquate du langage devrait rendre compte du fait que des énoncés avec des noms vides comme «Est-ce que le père Noël m'apportera des cadeaux le soir de Noël?» sont occasionnellement utilisés avec succès.

Finalement, comme je l'ai signalé plus haut, les locuteurs qui accomplissent des actes de discours dans les contextes d'emploi des langues naturelles sont rationnels et minimalement cohérents. Ils ne peuvent, par exemple, à la fois affirmer et nier la même proposition. Cependant, la théorie de la référence directe contredit cette hypothèse fondamentale de la rationalité des locuteurs. En effet, si les noms propres ont seulement leurs porteurs pour valeur sémantique, alors l'énoncé «Jean a affirmé que Cicéron n'est pas Tullius» implique l'énoncé «Jean a affirmé que Cicéron n'est pas Cicéron». De toute évidence, une théorie sémantique adéquate des langues naturelles ne peut faire des prédictions aussi radicalement fausses à propos des actes de discours.

Sur la base de ces considérations, je traduirai en sémantique générale des noms propres ordinaires comme «Cicéron», «Tullius» et «père Noël» par des formules du langage idéal qui nomment des sens d'individus. Des noms propres, comme Cicéron et Tullius, qui nomment le même individu, mais ne sont pas substituables *salva veritate* dans des contextes référentiellement opaques seront traduits par des formules nommant différents sens de leurs porteurs. Cette analyse des noms propres est d'esprit frégéen. Le sens d'un nom propre dans un contexte est le sens du porteur de ce nom pour le locuteur de ce contexte. Ainsi, différents noms avec le même porteur ont différents sens dans les contextes d'énonciation où le locuteur ne sait pas qu'il nomme le même individu[26].

5. OPÉRATIONS LOGIQUES SUR LES PROPOSITIONS

Toute proposition complète est composée d'une ou de plusieurs propositions atomiques. D'un point de vue logique, une proposition est *élémentaire* quand elle est composée d'une seule proposition atomique et que ses conditions de vérité sont déterminées par l'application de la fonction d'identité à partir des conditions de vérité de cette proposition atomique et elle est *complexe* dans le cas contraire. Dans toutes les langues naturelles, des propositions complexes peuvent être obtenues à partir des propositions élémentaires par l'application d'opérations logiques comme les opérations véri-fonctionnelles et modales[27].

Les opérations *véri-fonctionnelles* sont les opérations logiques les plus simples sur les propositions. En effet, elles n'affectent pas le contenu mais seulement les conditions de vérité. Ainsi, le contenu de la proposition complexe, qui est le résultat de l'application d'une opération véri-fonctionnelle à plusieurs propositions, est simplement l'*union* des contenus de ces propositions. Comme Wittgenstein[28] l'avait remarqué, les opérations véri-fonctionnelles sur les propositions ne font que réarranger les façons dont les conditions de vérité sont fonction des possibilités de vérité des propositions atomiques composant les propositions auxquelles elles sont appliquées. C'est pourquoi elles peuvent être représentées si simplement par la méthode des tables de vérité.

Ainsi, en sémantique générale, la *négation* ~P d'une proposition P est la proposition composée des mêmes propositions atomiques que P qui est vraie dans un contexte si et seulement si P est fausse dans ce contexte. La fonction de vérité qui est propre à cette proposition ~P est le complément booléen de la fonction de vérité qui est propre à P. La *conjonction* ($P_1 \wedge P_2$) de deux propositions P_1 et P_2 est la proposition composée des propositions atomiques de P_1 et de P_2, qui est vraie dans un contexte si et seulement si les propositions P_1 et P_2 sont vraies dans ce contexte. De même, la *disjonction* ($P_1 \vee P_2$) de deux propositions P_1 et P_2 est la proposition composée des propositions atomiques de P_1 et de P_2, qui est vraie dans un contexte si et seulement si au moins l'une des propositions P_1 et P_2 est vraie dans ce contexte. Les fonctions de vérité propres à la conjonction et à la disjonction de deux propositions sont déterminées selon la méthode habituelle des tables de vérité à partir des fonctions de vérité propres à ces propositions, en suivant l'ordre d'une énumération canonique de leur contenu.[29] (Et semblablement pour les autres opérations logiques véri-fonctionnelles.) De telles opérations sont exprimées dans les langues naturelles par les connecteurs de vérité qui sont les syncatégorèmes logiques par excellence. A la différence des opérations véri-fonctionnelles, les opérations modales sur les propositions affectent le contenu en prédiquant certaines propriétés aux propositions qu'elles prennent pour arguments. Les conditions de vérité des propositions complexes, qui sont leurs valeurs, sont en effet déterminées en quantifiant sur les valeurs de vérité des propositions qu'elles prennent pour arguments. Ainsi, par exemple, la proposition *qu'il est (logiquement) nécessaire que* P est vraie dans un contexte si et seulement si la proposition P a la propriété d'être vraie dans tous les contextes. Son contenu est donc plus riche que le contenu de P. Il en va de même pour les opérations logiques temporelles sur les propositions.

Comme les propositions ont un contenu en plus de conditions de vérité, il y a une relation logique d'implication plus fine que celle de stricte implication en sémantique générale. Cette relation, qui est importante aux fins de la sémantique générale, se définit comme suit : Une proposition P_1 en *implique fortement* une autre P_2 si et seulement si premièrement toutes les propositions atomiques qui appartiennent au contenu de P_2 appartiennent également au contenu de P_1 et, deuxièmement, la proposition ($\sim P_1 \vee P_2$) est une tautologie, si bien que toutes les conditions de vérité de P_2 sont des conditions de vérité de P_1.[30]

A la différence de l'implication stricte, qui n'est pas antisymétrique, la relation d'implication forte est une relation d'ordre partiel sur l'ensemble des propositions. Elle est à la fois réflexive, transitive et antisymétrique et elle peut, par conséquent, être utilisée pour formuler la loi d'identité propositionnelle en sémantique générale. Deux propositions sont identiques si et seulement si chacune d'entre elles implique fortement l'autre.

Par définition, tous les cas d'implication forte sont des cas d'implication stricte. Cependant, la réciproque n'est pas vraie, car certaines propositions impliquent strictement des propositions ayant des propositions atomiques qui n'appartiennent pas à leur contenu. Ainsi, par exemple, la proposition P n'implique pas fortement la *disjonction* (P∨Q) dans le cas où la proposition Q a des constituants propositionnels nouveaux. On obtient ainsi le résultat suivant en sémantique générale. *De façon générale, toutes les règles d'élimination des connecteurs de vérité de la déduction naturelle*[31] *engendrent de l'implication forte* en ce sens que la conjonction de leurs prémisses implique fortement leur conclusion. Ainsi, une conjonction (P∧Q) implique fortement ses deux conjoints P et Q. Par contre, seulement les règles d'introduction de la déduction naturelle où le contenu de la conclusion est nécessairement inclus dans le contenu des prémisses engendrent l'implication forte.

La relation d'implication forte est importante aux fins de la sémantique générale, parce qu'elle est la relation d'implication plus fine entre propositions dont on a besoin pour caractériser adéquatement les cas d'engagement illocutoire fort dus à des inclusions de conditions de vérité entre contenus propositionnels. Contrairement à l'implication stricte, *l'implication forte est réalisée cognitivement dans l'esprit* des locuteurs: un locuteur ne peut avoir une proposition à l'esprit sans avoir également à l'esprit toutes les propositions plus faibles qui sont fortement impliquées par elle et sans réaliser simultanément qu'elle implique strictement ces autres propositions. En effet, un locuteur qui a à l'esprit une proposition P_1 a aussi à l'esprit toutes les propositions atomiques d'une proposition plus faible P_2, puisqu'il y a inclusion de contenu. De plus, s'il comprend les conditions de vérité de P_1 (s'il est capable de construire la table de vérité de P_1), alors il comprend aussi les conditions de vérité de P_2 (et il est capable de construire la table de vérité de P_2 qui est une sous-table de celle de P_1). Conséquemment, ce locuteur sait que la proposition P_1 implique strictement P_2, car il sait qu'à chaque colonne de la table de vérité de P_1, où des possibilités de vérité des propositions atomiques de P_1 rendent cette proposition vraie, correspond une sous-colonne de la table de P_2 où les mêmes possibilités de vérité des propositions atomiques de P_2 rendent vraie la proposition P_2. Ainsi, tout locuteur qui a une proposition à l'esprit sait *a priori* en vertu de sa compétence linguistique quelles autres propositions sont fortement impliquées par elle.[32]

Bien entendu, les locuteurs ne réalisent pas toujours que des énoncés actuels expriment des propositions liées par la relation d'implication forte. Il est important de ne pas confondre la thèse selon laquelle l'implication forte est cognitivement réalisée avec la thèse plus forte selon laquelle un locuteur qui comprend la proposition qui est le sens d'un énoncé dans un contexte sait *ipso facto* quels autres énoncés du même langage expriment dans ce contexte une proposition fortement impliquée par cette proposition. Il est évident, par exemple, qu'un locuteur peut comprendre la proposition qui est le sens de l'énoncé (1) «Tullius est un orateur si et seulement si Cicéron est un orateur» sans pour autant comprendre qu'elle est aussi le sens de l'énoncé beaucoup plus long (2) «Il n'est pas vrai qu'il n'est pas vrai que si Tullius n'est pas un orateur alors Cicéron n'est pas un orateur, et s'il n'est pas vrai qu'il n'est pas vrai que Tullius est un orateur, alors Cicéron est orateur». Mais ce qui se produit dans ce cas, ce n'est pas que le locuteur a à l'esprit les propositions exprimées par (1) et par (2) et croit qu'elles sont différentes, mais bien plutôt qu'il ne réussit pas à appréhender correctement le sens de l'énoncé plus long (2) à cause des limitations contingentes de sa mémoire. Dans un tel cas, il peut évidemment croire à tort que la proposition exprimée par (2) est différente puisqu'il ne saisit pas quelle est cette proposition. Selon mon analyse, un locuteur comprend pleinement une proposition si et seulement s'il comprend à la fois ses propositions atomiques et ses conditions de vérité.

Suivant cette conception, des locuteurs peuvent, par exemple, comprendre que des énoncés expriment des propositions vraies (ou fausses) sans pour autant comprendre ces propositions. Ainsi, un locuteur du français qui ne connaît pas l'arithmétique transfinie et ne sait pas ce qu'est un nombre ordinal transfini est capable cependant de répondre «oui» (après réflexion) à la question «Est-il vrai que zéro est ou n'est pas un nombre ordinal transfini?» En effet, il sait que l'énoncé «Zéro est ou n'est pas un nombre ordinal transfini» est vrai en vertu de sa forme logique même s'il ne comprend pas la propriété exprimée par son prédicat. Dans un tel cas, la proposition que le locuteur appréhende n'est pas à proprement parler la proposition littéralement exprimée par l'énoncé (qui est la proposition que zéro est ou n'est pas un nombre ordinal transfini), mais bien plutôt celle que cet énoncé exprime une proposition vraie. Cette seconde proposition diffère de la première car elle n'a pas les mêmes constituants propositionnels.

Elle est à propos d'un énoncé français et non pas à propos du nombre zéro. Ainsi, les locuteurs peuvent parfois croire à tort qu'une proposition est vraie et qu'un énoncé exprimant cette même proposition est faux. Mais, dans de tels cas, ils ne comprennent pas entièrement le sens de l'énoncé en question et le contenu propositionnel de la seconde croyance n'est donc pas la négation véri-fonctionnelle du contenu de la première.

NOTES

[1] La théorie frégéenne des propositions est développée dans son article «La Pensée», *op. cit.*
[2] Voir «La Pensée», *op. cit.*.
[3] Voir J. R. SEARLE, *Speech Acts, op. cit.*
[4] Voir P.F. STRAWSON, *Logico-Linguistic Papers*, Londres, Methuen, 1971.
[5] Frege assigne à un énoncé interrogatif le même sens qu'à l'énonce déclaratif correspondant.
[6] Je distingue ici les *propositions*, qui sont des entités abstraites (des sens), des *états de choses*, lesquels, lorsqu'ils sont actuels, constituent le monde.
[7] Pour plus d'explications sur ces notions modales, voir A. Plantinga, *The Nature of Necessity*, Oxford University Press, 1974.
[8] Certaines expressions syncatégorématiques ont une occurrence dans des expressions catégorématiques complexes et servent à déterminer les constituants propositionnels exprimés par ces expressions. Ainsi, par exemple, la signification de l'adverbe «beaucoup» dans l'énoncé «Paul boit beaucoup» contribue à la détermination de la propriété exprimée par le prédicat «boit beaucoup» sans déterminer par elle-même aucun sens ou dénotation.
[9] Voir, par exemple, R. MONTAGUE, *Formal Philosophy, op. cit.*
[10] Le terme est dû à R. CARNAP dans *Meaning and Necessity, op. cit.*
[11] Sur la base de ces considérations, j'identifierai les propositions atomiques de premier ordre en sémantique générale à des paires de la forme $((h, u_1, \ldots u_n), g)$ où h est un attribut d'individus de degré n, u_1 et ... et u_n des concepts d'individus et g une fonction telle que, pour une séquence ordonnée $u_{K1}, \ldots, u_{Kn}$ de $(u_1, \ldots u_n)$, $g(i)$ est le vrai si et seulement si $u_{K1}(i), \ldots u_{Kn}(i)$ appartient à $g(i)$.
[12] Voir L. WITTGENSTEIN, *Tractatus logico-philosophicus, op. cit.*
[13] Voir D. LEWIS, «General Semantics», *op. cit.*
[14] Voir R. CARNAP, *Meaning and Necessity, op. cit.*

[15] Comme Benson Mates me l'a fait remarquer, ma définition des propositions prédit apparemment que des énoncés tels que (1) «Jean aime Jean», dont la structure de constituants peut être analysée de deux façons différentes, sont sémantiquement *ambigus*. En effet, quand l'énoncé (1) est analysé comme ayant la forme de l'énoncé «Jean s'aime», il exprime une proposition qui a un sens de Jean et la propriété de s'aimer soi-même comme constituants propositionnels. Quand, d'autre part, le même énoncé est analysé comme exprimant une proposition dont les constituants propositionnels sont un sens de Jean et la relation binaire d'aimer, il exprime une autre proposition strictement équivalente à la première. Selon Kaplan, cette ambiguïté sémantique de l'énoncé (1) est nécessaire pour expliquer des faits sémantiques d'opacité référentielle. Si l'on juge cette ambiguïté sémantique indésirable, on a cependant la ressource de l'éliminer en décidant arbitrairement de traduire en sémantique générale tous les énoncés de ce genre d'une seule et même façon.

[16] Pour la notion de machine de Turing, voir G. BOOLOS et R. JEFFREY, *Computability and Logic*, Cambridge University Press, 1974.

[17] Selon le théorème de Cantor, il y a plus de nombres réels que de nombres naturels.

[18] Voir FREGE, «Sens et Dénotation», *op. cit.*

[19] LEWIS, «General semantics», *op. cit.*

[20] Voir B. RUSSELL, «On Denoting», *Mind*, n° 14, 1905.

[21] J.R. SEARLE, «Proper Names», *Mind*, n° 266, 1958.

[22] Voir R. MONTAGUE, «The Proper Treatment of Quantification in English», dans son livre *Formal Philosophy, op. cit.*

[23] S. KRIPKE, «Naming and Necessity» dans D. DAVIDSON et G. HARMAN, *Semantics of Natural Language, op. cit.*

[24] Voir D. KAPLAN, «How to Russell a Frege-Church», *Journal of Philosophy*, n° 72, 1975.

[25] Je fais évidemment ici l'hypothèse auxiliaire que des unités de pensée, comme les actes illocutoires et les états mentaux, sont d'une façon ou d'une autre causés par et réalisés dans le cerveau. Voir à ce sujet J.R. SEARLE, *Minds, Brains and Science*, Harvard University Press, 1984.

[26] Ceci est l'analyse de Frege des noms propres dans «Sens et Dénotation».

[27] De telles opérations véri-fonctionnelles sont universelles. Même Quine admet que les connecteurs de vérité se prêtent à une traduction radicale dans son livre *Word and Object*, Cambridge, MIT Press, 1960.

[28] Voir WITTGENSTEIN, *Tractatus logico-philosophicus, op. cit.*

[29] Etant donné une énumération canonique de tout ensemble fini de propositions atomiques, la fonction de vérité propre à la conjonction de deux propositions P_1 et P_2 est la fonction f qui respecte les clauses suivantes :

1) Le degré de f est le nombre n de propositions atomiques différentes dans l'union des contenus de P_1 et de P_2;

2) Si f_1 et f_2 sont respectivement les fonctions de vérité propres à P_1 et P_2, et si m et r sont les degrés de ces fonctions, alors f $(\hat{u}_t^1, ..., u_t^n)$ est le Vrai pour une suite de n valeurs de vérité $\hat{u}_t^1, ..., u_t^n$ si et seulement si $f_1 (u_t^{h1}, ..., u_t^{hm})$ et $f_2 (u_t^{g1}, ..., u_t^{gr})$ sont le Vrai où (1) pour tout nombre k tel que $1 \leq k \leq m$, hk est le nombre q (tel que $1 \leq q \leq m$) qui indique la place qu'occupe, dans l'énumération canonique de l'union des contenus de P_1 et de P_2, la proposition qui occupe la kième place dans l'énumération canonique du contenu de P_1 et u_t^{hk} est la qième valeur de vérité dans la suite $\hat{u}_t^1, ..., u_t^n$, et (2) pour tout nombre k tel que $1 \leq k \leq r$, gk est le nombre q (tel que $1 \leq q \leq m$) qui indique la place qu'occupe, dans l'énumération canonique de l'union des contenus de P_1 et de P_2, la proposition qui occupe la kième place dans l'énumération canonique du contenu de P_2, et u_t^{gk} est la qième valeur de vérité dans la suite $\hat{u}_t^1, ..., u_t^n$. Et semblablement pour la disjonction de deux propositions.

[30] Comme en logique propositionnelle, une proposition est une *tautologie* si et seulement si la fonction de vérité de degré n qui lui est propre associe le Vrai à toutes les suites possibles de n valeurs de vérité.

[31] Voir G. GENTZEN, «Untersuchungen uber das Logische Schliessen», *Mathematische Zeitschrift*, 39, 1934. Traduction française, *Recherches sur la déduction logique*, (traduit par R. Feys et J. Ladrière), Paris, P.U.F., 1955.

[32] Remarquons qu'il est important que la proposition ($\sim P_1 \vee P_2$) soit une tautologie pour que le fait que la proposition P_1 implique strictement la proposition P_2 soit nécessairement réalisé cognitivement. Ainsi, par exemple, la proposition tautologique que l'arithmétique est complète ou incomplète a le même contenu et les mêmes conditions de vérité que la proposition nécessaire que l'arithmétique est incomplète. Cependant, elle n'implique pas fortement cette autre proposition. Ce qui explique qu'on peut affirmer cette proposition tautologique sans être prêt à affirmer la seconde. Remarquons aussi que l'implication forte est souvent réalisée cognitivement à un niveau inconscient de l'esprit.

Chapitre IV
La forme logique des actes illocutoires

Le but de ce chapitre est de formuler une analyse logico-philosophique des forces illocutoires et d'expliquer les définitions des conditions de succès et de satisfaction des énonciations qui forment la base théorique de la logique illocutoire. D'abord, j'expliquerai comment chaque force illocutoire peut être divisée en plusieurs composantes et comment l'ensemble de toutes les forces illocutoires peut être récursivement défini sur la base de cette analyse. Ensuite, je formulerai la loi d'identité pour les actes de discours élémentaires et j'expliquerai les types logiques des forces et des actes illocutoires.

1. ANALYSE DE LA NOTION DE FORCE ILLOCUTOIRE

En logique des actes de discours, la notion de force illocutoire n'est pas primitive, mais dérivée de notions plus simples. Chaque force illocutoire est *divisée* en plusieurs *composantes* qui servent à déterminer les conditions de succès et de satisfaction des actes de discours pourvus de cette force. Dans cette section, j'expliquerai d'abord brièvement la nature des composantes des forces illocutoires ainsi que leur type logique et la manière dont elles sont réalisées syntaxiquement[1]. Ces différents types de composantes des forces illocutoires sont au nombre de six. Chaque force consiste en un but illocutoire, un mode d'accomplissement de ce but, des conditions sur le contenu propositionnel, des conditions préparatoires, des conditions de sincérité et un degré de puissance.

Comme nous le verrons, il existe une relation logique entre les composantes d'une force illocutoire, les conditions de succès et de satisfaction des actes de discours ayant cette force et les buts linguistiques que cette force illocutoire sert à accomplir. Des forces illocutoires avec différentes composantes déterminent différentes conditions de succès ou de satisfaction et remplissent différents buts linguistiques dans l'usage du langage. Réciproquement, quand deux forces illocutoires F_1 et F_2 ont les mêmes composantes, tous les actes de discours de la forme $F_1(P)$ et $F_2(P)$ ont les mêmes conditions de succès et de satisfaction et remplissent la même fonction dans l'usage du langage.

i) **Le but illocutoire**

Lors de l'accomplissement d'un acte de discours de la forme F(P), le locuteur exprime en général le contenu propositionnel avec l'intention qu'une correspondance soit établie entre le langage et le monde suivant une certaine direction d'ajustement. Si le locuteur fait une assertion ou un témoignage, le but de son énonciation est de représenter comme actuel un état des choses et le contenu propositionnel de l'acte de discours est censé correspondre à un état de choses existant (en général) indépendamment dans le monde. De telles énonciations ont la direction d'ajustement des mots aux choses (ou du langage au monde). Par contre, si le locuteur fait une requête ou donne un conseil, le but de son énonciation n'est pas de dire comment les choses sont dans le monde mais bien plutôt de faire transformer le monde par l'action future de l'allocutaire de telle sorte qu'il s'ajuste au contenu propositionnel. De telles énonciations ont le direction d'ajustement des choses aux mots (ou du monde au langage).

Le but illocutoire est la composante principale de toute force illocutoire parce qu'il détermine la *direction d'ajustement* des énonciations ayant cette force. Un locuteur qui accomplit un acte illocutoire peut avoir toutes sortes d'autres intentions et buts perlocutoires. En faisant une assertion, il peut, par exemple, vouloir amuser, convaincre ou embarrasser l'allocutaire. Mais il a toujours au moins l'intention d'accomplir le but illocutoire sur le contenu propositionnel, parce que ce but est essentiel au type d'acte de discours qu'il entend accomplir.

Comme je l'ai dit plus haut[2], il y a seulement cinq *buts illocutoires* de base possibles dans l'usage du langage :

le *but assertif*, qui consiste à représenter comme actuel un état de choses ;

le *but engageant*, qui consiste à engager le locuteur à une action future ;

le *but directif*, qui consiste à faire une tentative linguistique pour amener l'allocutaire à faire une action future ;

le *but déclaratif*, qui consiste à accomplir une action par le seul fait de l'énonciation en se représentant comme accomplissant cette action ;

et *le but expressif* qui consiste à exprimer des états mentaux du locuteur.

D'un point de vue linguistique, cette classification des buts illocutoires est empiriquement confirmée par le fait que seuls ces cinq buts illocutoires sont nécessaires pour analyser les marqueurs de force illocutoire et les verbes performatifs du français, de l'anglais et des autres langues naturelles ayant fait l'objet d'études sémantiques d'un point de vue illocutoire.

En outre, on peut également justifier philosophiquement par une sorte de «*déduction transcendantale*» la complétude de cette classification en argumentant que ces cinq buts illocutoires couvrent toutes les différentes directions d'ajustement possibles entre le langage et le monde.

D'un point de vue logique, il y a en effet seulement quatre *directions possibles d'ajustement* pour une énonciation[3] dans l'usage du langage.

1) La direction d'ajustement des mots aux choses

En cas de satisfaction de l'acte illocutoire, le contenu propositionnel correspond à un état de choses existant (en général) indépendamment dans le monde. Les actes de discours ayant le but illocutoire assertif (comme les prédictions, les témoignages, les conjectures, les assertions et les objections) ont la direction d'ajustement des mots aux choses. Leur but est de représenter comment les choses sont dans le monde.

2) La direction d'ajustement des choses aux mots

En cas de satisfaction de l'acte illocutoire, le monde est transformé de façon à s'ajuster au contenu propositionnel. Les actes de discours ayant le but illocutoire engageant ou directif, (comme les promesses, les vœux, les recommandations, les supplications et les menaces) ont la direction d'ajustement des choses aux mots. Leur but est de faire en sorte que le monde soit transformé par l'action future du locuteur (dans les cas des forces engageantes) ou de l'allocutaire (dans le cas des forces directives) de façon à ce qu'il corresponde au contenu propositionnel de l'énonciation.

Le locuteur et l'allocutaire jouent des rôles tellement fondamentaux dans l'accomplissement des actes de discours que le langage distingue tout naturellement deux buts illocutoires différents avec la direction d'ajustement des choses aux mots. Dans le cas des forces engageantes, la responsabilité du succès d'ajustement est dévolue au locuteur; dans le cas des forces directives, par contre, elle est dévolue à l'allocutaire.

3) La double direction d'ajustement

En cas de satisfaction de l'acte illocutoire, le monde est transformé par l'action présente du locuteur de façon à s'ajuster au contenu propositionnel par le fait que le locuteur représente le monde comme étant ainsi transformé. Les actes de discours ayant le but illocutoire déclaratif (comme les actes de congédier, d'excommunier, d'endosser, de définir et de capituler) ont la double direction d'ajustement. Leur but est de faire en sorte que le monde corresponde au contenu propositionnel en disant que le contenu propositionnel correspond au monde.

4) La direction d'ajustement vide

Pour certains actes illocutoires, il n'est pas question de succès ou d'échec d'ajustement; le locuteur présuppose en général que leur contenu propositionnel est vrai. Les actes illocutoires avec le but expressif (comme les excuses, les remerciements, les félicitations et les condoléances) ont la direction vide d'ajustement. Leur but est simplement d'exprimer un état mental du locuteur à propos de l'état de choses représenté par le contenu propositionnel. Il n'est pas de représenter un état de choses comme étant actuel ou de tenter de rendre actuel un état de choses dans le monde.

Comme le but illocutoire d'un acte de discours détermine suivant quelle direction la correspondance doit être réalisée entre le langage et le monde pour que cet acte soit satisfait, l'accomplissement du but illocutoire est essentiel à la réussite de toute énonciation. Lors de l'accomplissement d'un acte illocutoire de la forme $F(P)$, le locuteur accomplit toujours le but illocutoire de la force F sur le contenu propositionnel P dans le contexte de l'énonciation. Ainsi, par exemple, en affirmant que Paris est en France, un locuteur représente comme actuel un état de choses particulier. De même, en promettant d'aller à Paris un locuteur s'engage à accomplir une action particulière[4].

Chaque but illocutoire remplit un but linguistique qui lui est propre en reliant des propositions au monde lors de l'accomplissement d'actes de discours. Ainsi, différents buts illocutoires ont différentes conditions d'accomplissement dans l'usage du langage. D'un point de vue logique, on peut donc représenter les conditions d'accomplissement propres à un but illocutoire en les identifiant avec la fonction binaire qui associe le succès à un contexte et à une proposition quand le locuteur accomplit dans ce contexte ce but illocutoire sur cette proposition. Si U_s et U_p sont respectivement l'*ensemble des valeurs de succès* et l'*ensemble des propositions*, un but illocutoire peut être identifié en sémantique générale avec une fonction du produit cartésien $I \times U_p$ des paires ordonnées de contextes et de propositions dans l'ensemble des valeurs de succès. (En logique illocutoire, S est le symbole pour le succès).

La plupart des lois qui gouvernent les buts illocutoires sont les conséquences directes de leur direction d'ajustement. Ainsi, par exemple, la loi de l'engagement assertif lors de l'accomplissement du but déclaratif est une conséquence directe du fait que le but déclaratif a la double direction d'ajustement. Un locuteur qui fait une déclaration rend actuel l'état de choses représenté par le contenu propositionnel en disant que cet état de choses est actuel, et par conséquent son énonciation a également la direction plus simple d'ajustement des mots aux choses.

D'un point de vue linguistique, les différents buts illocutoires sont en général exprimés dans les langues naturelles par des types syntaxiques différents d'énoncés. Ainsi, les buts illocutoires assertif, directif et expressif sont respectivement réalisés syntaxiquement dans les types d'énoncés déclaratif, impératif et exclamatif en français et dans les autres langues naturelles. D'un côté, les modes indicatif et impératif du verbe principal expriment respectivement les buts assertif et directif dans les énoncés déclaratifs et impératifs. De l'autre côté, l'intonation et l'expression adverbiale exclamative expriment le but illocutoire expressif dans les énoncés exclamatifs[5].

Contrairement aux buts illocutoires assertif, directif et expressif, les buts déclaratif et engageant ne sont pas réalisés syntaxiquement dans *un type* d'énoncé en français et dans la plupart des autres langues naturelles existantes[6]. Cependant, comme je l'ai montré dans le chapitre 1, les locuteurs peuvent accomplir littéralement le but déclaratif lors d'énonciations performatives d'énoncés déclaratifs particuliers (les énoncés performatifs). Lorsqu'une action remplissant des buts importants dans une communauté linguistique humaine peut être accomplie par déclaration, le langage de cette communauté admet parfois un usage performatif pour le verbe nommant cette action. Etant donné qu'une déclaration s'accomplit en faisant une assertion, il n'est pas nécessaire d'avoir un mode verbal ou un type d'énoncé particulier pour exprimer le but illocutoire déclaratif dans les langues naturelles. Il suffit qu'on puisse modifier le mode indicatif des énoncés déclaratifs en utilisant certaines expressions consacrées, comme des verbes performatifs et l'adverbe «par la présente» (qui exprime la double direction d'ajustement) pour qu'on puisse littéralement déclarer en faisant une assertion. C'est pourquoi l'ensemble des énoncés performatifs est un sous-ensemble propre de l'ensemble des énoncés déclaratifs dans les langues naturelles. A cause de l'existence du mode verbal indicatif, un autre mode verbal particulier pour le but déclaratif serait superflu[7].

C'est pour une autre raison que le but engageant n'est pas réalisé syntaxiquement en français et dans la plupart des autres langues existantes. Ce but illocutoire est en effet moins important que les autres buts pour la communication linguistique. D'un point de vue perlocutoire, il est très important, par exemple, qu'un locuteur qui utilise le langage dans un contexte où il y a interaction humaine dispose de moyens syntaxiques pour tenter d'influencer le comportement d'autres allocutaires qui partagent les mêmes formes de vie. Il est moins important, par contre, qu'il puisse littéralement signifier son intention de s'engager à une action future, car cela crée une responsabilité vis-à-vis des allocutaires. Ainsi, les locuteurs s'engagent d'ordinaire indirectement dans les contextes d'emploi des langues naturelles en affirmant, par exemple, qu'ils ont l'intention de faire une action. Dans de tels contextes, lorsqu'ils ne tiennent pas leurs engagements, ils peuvent toujours faire preuve de mauvaise foi et prétendre qu'ils faisaient seulement une prédiction. En outre, les locuteurs peuvent toujours, quand ils le veulent, rendre leurs engagements pleinement explicites en utilisant des énoncés performatifs avec un verbe d'engagement. Ils peuvent dire, par exemple, «Je promets de le faire» ou «J'accepte de le faire». De telles façons indirectes et performatives d'engager le locuteur par une énonciation sont suffisantes pour les besoins de la communication linguistique. C'est pourquoi la grande majorité des langues naturelles (exception faite du coréen) n'ont pas de type d'énoncés engageant.

Le but illocutoire détermine la *condition principale de succès* des énonciations et il est, pour cette raison, la composante la plus importante des forces illocutoires. La machine du langage tourne à vide quand le locuteur ne réussit pas à accomplir le but illocutoire lors d'une énonciation. Cependant, on ne peut réduire la force d'une énonciation à son but illocutoire. En effet, nombreuses sont les forces illocutoires différentes qui ont le même but illocutoire. Ainsi, par exemple, les questions, les commandements, les supplications, les ordres, les requêtes et les conseils sont tous des actes de discours directifs pourvus de forces illocutoires différentes. Les forces spécifiques de tels actes de discours diffèrent donc sous d'autres aspects lesquels correspondent à d'autres composantes illocutoires.

ii) Le mode d'accomplissement

Les buts illocutoires, comme la plupart des buts de nos actions, peuvent être accomplis de multiples façons et par différents moyens. Le *mode d'accomplissement* du but illocutoire d'une force illocutoire est la composante de cette force qui détermine comment son but doit être accompli sur le contenu propositionnel lors de l'accomplissement d'un acte ayant cette force. Lors d'une demande, par exemple, le locuteur doit donner une option de refus à l'allocutaire. Lors d'un commandement, au contraire, il doit être plus péremptoire et invoquer une position d'autorité sur l'allocutaire. De tels traits qui distinguent une demande d'un commandement font partie du *mode d'accomplissement*[8] de leur but illocutoire. D'un point de vue logique, le mode d'accomplissement d'une force illocutoire restreint les conditions d'accomplissement de son but en exigeant certains moyens ou façons spécifiques d'accomplir ce but. Ainsi, un mode d'accomplissement d'un but illocutoire peut être représenté formellement par une fonction μ de $I \times U_p$ dans U_s qui est, algébriquement, une restriction de la fonction représentant ce but illocutoire. Par définition, $\mu(i, P)$ est le succès dans un contexte où ce but illocutoire est accompli sur une proposition P si le locuteur, dans ce contexte, accomplit ce but illocutoire sur P avec ce mode, et c'est l'insuccès autrement.

Un *mode spécial* d'accomplissement d'un but illocutoire est un mode qui restreint strictement les conditions d'accomplissement de ce but. Ainsi, par exemple, le mode d'accomplissement propre à une prière, qui est de faire une tentative humble ou polie pour que l'allocutaire fasse quelque chose, est un mode spécial d'accomplissement du but directif, car il y a de nombreuses autres façons d'accomplir ce but.

En logique illocutoire, l'ensemble de tous les modes d'accomplissement a la structure d'une *algèbre de Boole*[9]. Il contient un mode neutre et un mode absorbant d'accomplissement et est fermé sous les opérations booléennes classiques. Le *mode neutre d'accomplissement* est le mode 1_μ avec lequel chaque but illocutoire est nécessairement accompli quand il est accompli dans un contexte. C'est le mode tel que $1_\mu(i,P)$ = S pour chaque contexte i et proposition P. Le *mode absorbant d'accomplissement*, au contraire, est le mode impossible d'accomplissement 0_μ tel que $0_\mu(i,P) \neq S$ pour chaque contexte i et proposition P. Seules les forces illocutoires qui déterminent des conditions de succès impossibles ont le mode absorbant d'accomplissement. Les opérations booléennes sur les modes d'accomplissement sont 1) l'opération unaire du complément et 2) l'opération binaire de conjonction. Par définition, *le complément d'un mode d'accomplissement* est le mode avec lequel un but illocutoire est accompli dans un contexte si et seulement s'il n'est pas accompli avec ce mode dans ce contexte. La *conjonction de deux modes*, μ_1 et μ_2, d'autre part, est le mode $(\mu_1 \ast \mu_2)$ avec lequel un but illocutoire est accompli dans un contexte si et seulement s'il est accompli avec ces deux modes dans ce contexte. Ainsi, $(\mu_1 \ast \mu_2)(i,P) = S$ si et seulement si $\mu_1(i,P) = \mu_2(i,P) = S$.

Les modes spéciaux d'accomplissement sont exprimés en français par des locutions adverbiales comme «bien sûr» et «que ça te plaise ou non» qui modifient le mode du verbe dans les énoncés (1) «Bien sûr, il est là» et (2) «Que ça te plaise ou non, viens!». La signification de «bien sûr» sert à déterminer que le locuteur a l'intention de convaincre l'allocutaire lors d'une énonciation de (1). La signification de «que ça te plaise ou non» sert, d'autre part, à déterminer que le locuteur enlève toute option de refus à l'allocutaire lors d'une énonciation de (2). Ainsi, un énoncé déclaratif avec le préfixe «bien sûr» sert à assurer l'allocutaire qu'une proposition est vraie alors qu'un énoncé impératif avec le préfixe «que ça te plaise ou non» sert à dire péremptoirement à l'allocutaire de faire quelque chose.

Certains modes d'accomplissement spéciaux sont nommés par des adverbes comme «humblement» et «vivement», modifiant le verbe performatif dans des énoncés performatifs comme (3) «Je te demande humblement de venir» et (4) «Je te conseille vivement de quitter cette pièce». La phrase verbale complexe de tels énoncés performatifs nomme la force illocutoire obtenue en ajoutant à la force nommée par le verbe performatif le mode spécial d'accomplissement du but illocutoire nommé par ces adverbes. Ainsi, par exemple, une énonciation performative de (3) sert à prier l'allocutaire de venir.

On peut composer en français avec les particules logiques de conjonction et de négation des expressions adverbiales complexes telles que «fermement et formellement» et «pas impérativement» qui nomment des conjonctions ou des compléments de modes d'accomplissement dans des énoncés performatifs comme «Je vous recommande fermement et formellement de le faire» et «Je te demande en ma qualité d'ami et non pas en tant que ton supérieur de le faire». De tels moyens syntaxiques servent à renforcer les modes d'accomplissement des forces illocutoires d'énonciations performatives.

iii) Les conditions sur le contenu propositionnel

Certaines forces illocutoires imposent des conditions sur l'ensemble des propositions qui peuvent être des contenus propositionnels d'actes de discours ayant ces forces. Le contenu propositionnel d'une promesse, par exemple, doit représenter une action future du locuteur. Le contenu propositionnel d'un rapport, d'autre part, doit représenter un état de choses passé ou présent relativement au moment de l'énonciation. De telles *conditions sur le contenu propositionnel* sont également des composantes de forces illocutoires. Formellement, une condition sur le contenu propositionnel est une fonction de l'ensemble I des contextes dans l'ensemble $\mathcal{P}(U_p)$ des ensembles de propositions. Elle associe à chaque contexte d'énonciation l'ensemble des propositions qui satisfont cette condition dans ce contexte.

Certaines conditions sur le contenu propositionnel des forces illocutoires sont *déterminées* par le but illocutoire. Toutes les forces illocutoires directives ont, par exemple, la condition que leur contenu propositionnel représente une action future de l'allocutaire. En effet, un locuteur ne peut faire une tentative linguistique pour que l'allocutaire fasse quelque chose sans exprimer la proposition que cet allocutaire accomplira une action future particulière. D'autres conditions sur le contenu propositionnel sont, par contre, indépendantes des buts illocutoires. Ainsi, par exemple, la condition sur le contenu propositionnel d'un rapport est *spéciale* puisqu'on peut aussi représenter comme actuels des états de choses futurs ou intemporels.

Comme l'ensemble de tous les modes d'accomplissement, l'ensemble de toutes les conditions sur le contenu propositionnel a également la structure d'une *algèbre de Boole*. *La condition neutre sur le contenu propositionnel* est la condition 1_θ qui est satisfaite par toutes les propositions dans tous les contextes. Ainsi $1_\theta(i) = U_p$. La *condition absor-*

bante sur le contenu propositionnel, au contraire, est la condition impossible 0_θ qui n'est satisfaite par aucune proposition dans chaque contexte. Ainsi $0_\theta(i)$ est l'ensemble vide. Toutes les forces illocutoires ont la condition neutre sur le contenu propositionnel; seules les forces illocutoires impossibles ont la condition absorbante. Les deux opérations Booléennes sur conditions sur le contenu propositionnel sont celles du complément et de l'intersection. L'*intersection* $(\theta_1 \bowtie \theta_2)$ de deux conditions sur le contenu propositionnel θ_1 et θ_2 est la condition qui est satisfaite dans chaque contexte par toutes les propositions qui satisfont ces deux conditions dans ce contexte et seulement par celles-là. Ainsi, $(\theta_1 \bowtie \theta_2)(i)$ est l'intersection ensembliste de $\theta_1(i)$ et de $\theta_2(i)$. (Et semblablement pour le complément).

Les conditions sur le contenu propositionnel sont exprimées en français et dans les autres langues naturelles par des contraintes syntaxiques sur les formes grammaticales des clauses des énoncés élémentaires. Ainsi, par exemple, le temps du verbe principal des énoncés impératifs ne peut pas représenter un moment passé relativement au moment de l'énonciation. C'est pourquoi des énoncés impératifs comme « Aie été brave hier ! » sont mal formés et linguistiquement bizarres, alors que d'autres énoncés impératifs tels que « Aie mangé des haricots demain avant que j'arrive ! » (dont le temps est à l'impératif passé) sont bien formés et illocutoirement cohérents parce que leur temps verbal nomme un moment antérieur à un autre, qui est futur par rapport au moment de l'énonciation. De même, il y a des contraintes syntaxiques sur les clauses des énoncés performatifs qui reflètent les conditions sur le contenu propositionnel des forces illocutoires nommées par leur verbe performatif. Des énoncés performatifs comme « Je te promets d'avoir gagné la course d'hier » et « Je t'ordonne d'avoir appris le portugais l'année passée » sont linguistiquement bizarres. Tout locuteur compétent comprend que le contenu propositionnel de leurs énonciations littérales ne peut satisfaire les conditions sur le contenu propositionnel de leur force illocutoire.

iv) Les conditions préparatoires

Lorsqu'un locuteur entend accomplir un acte illocutoire, il *présuppose* (ou tient pour acquis) que certaines propositions sont vraies dans le contexte de son énonciation. Un locuteur qui témoigne à un procès présuppose, par exemple, qu'il a été témoin de l'état de choses représenté par le contenu propositionnel. De même, un locuteur qui blâme l'allocutaire d'avoir fait quelque chose présuppose que cette action passée est mauvaise ou répréhensible. Parfois, le locuteur peut réussir à accomplir son acte illocutoire bien que de telles présuppositions soient fausses dans le contexte de son énonciation. Cependant, cet accomplissement d'acte illocutoire est alors *défectueux* d'un point de vue logique, car le contexte n'était pas approprié pour un tel acte illocutoire. Ainsi, un locuteur peut parfois réussir à faire un témoignage en cour et même perlocutoirement convaincre le jury, alors qu'il n'a pas été témoin de ce qu'il avance. Cependant, dans un tel cas, son témoignage n'est pas sans défauts, comme cela apparaît clairement dans le fait qu'il peut par la suite être accusé de parjure. De même, un acte illocutoire de blâme est défectueux quand l'action qui vaut à l'allocutaire d'être blâmé n'est pas en soi mauvaise ou répréhensible.

De telles conditions nécessaires pour l'accomplissement sans défaut d'actes de discours sont appelées, en logique illocutoire, des *conditions préparatoires*. Elles constituent un autre type de composantes des forces illocutoires. D'un point de vue logique, les conditions préparatoires d'une force illocutoire déterminent quelles propositions le locuteur doit présupposer lorsqu'il accomplit un acte de discours ayant cette force dans un contexte d'énonciation. Ainsi toute condition préparatoire est, du point de vue formel, une fonction Σ de $I \times U_p$ dans $\mathcal{P}(U_p)$; cette fonction associe, à chaque contexte i et chaque proposition P, l'ensemble de toutes les propositions que le locuteur présupposerait s'il accomplissait dans ce contexte un acte illocutoire de la forme F(P) pourvu d'une force F ayant cette condition préparatoire. Une condition préparatoire de la force illocutoire de menace est, par exemple, la fonction Σ telle que $\Sigma(i,P) = \{$la proposition que P est mauvais pour l'allocutaire du contexte i$\}$. Tout locuteur qui menace un allocutaire d'une action future doit en effet présupposer que cette action est mauvaise pour cet allocutaire. L'accomplissement d'un acte de discours F(P) dont la force illocutoire F a une condition préparatoire Σ est *sans défaut* dans un contexte d'énonciation i seulement si toute proposition appartenant à $\Sigma(i,P)$ est vraie dans ce contexte.

Les conditions préparatoires d'une force illocutoire servent à déterminer un type de conditions de succès spécial ayant trait aux *présuppositions du locuteur* dans le contexte d'une énonciation. Le fait que, lors de l'accomplissement d'un acte de discours de la forme F(P) dans un contexte i, le locuteur présuppose la vérité de toutes les propositions $\Sigma_F(i,P)$ déterminées par les conditions préparatoires Σ_F de sa force illocutoire se montre dans le fait qu'il est paradoxal d'essayer d'accomplir un acte illocutoire et de nier simultanément l'une de ses conditions préparatoires. Ainsi, par exemple, des énonciations du genre «Tu es incapable de le faire, mais s'il te plaît, fais-le» et «Je te blâme d'avoir fait cela et c'était une très bonne chose à faire» sont vides de sens et analytiquement ratées. De tels énoncés linguistiquement bizarres ne peuvent être utilisés avec succès.

Comme c'est le cas pour les conditions sur le contenu propositionnel, certaines conditions préparatoires sont *déterminées* par le but illocutoire alors que d'autres en sont indépendantes. Ainsi, par exemple, toutes les forces illocutoires engageantes ont la condition préparatoire que le locuteur est capable d'accomplir l'action future représentée par le contenu propositionnel. Un locuteur ne peut s'engager à faire quelque chose lors d'une énonciation sans présupposer qu'il en est capable. Par contre, d'autres conditions préparatoires sont particulières à certaines forces illocutoires engageantes. La force illocutoire de promesse a, par exemple, la condition préparatoire spéciale que l'action future représentée par le contenu propositionnel est bonne pour l'allocutaire.

Les conditions préparatoires déterminent des présuppositions liées aux forces illocutoires qui doivent être distinguées des présuppositions liées au contenu propositionnel des énonciations. Ainsi, un locuteur qui fait une énonciation présuppose que les noms propres et les descriptions définies de la clause qu'il utilise ont une dénotation. L'existence d'une (et une seule) reine d'Angleterre est, par exemple, présupposée lors d'énonciations réussies d'énoncés tels que «Avez-vous vu la reine d'Angleterre?», «Vous avez vu la reine d'Angleterre» et «Si seulement vous aviez vu la reine d'Angleterre!». De telles présuppositions propositionnelles, ont été discutées en philosophie contemporaine du langage par Frege[10] et Strawson[11]; elles sont indépendantes des forces illocutoires des énonciations.

Comme les ensembles de modes d'accomplissement et de conditions sur le contenu propositionnel, l'ensemble de toutes les conditions préparatoires a aussi la structure d'une *algèbre de Boole*. *La condition préparatoire neutre* est la condition 1_Σ qui associe à chaque contexte i et chaque proposition P l'ensemble vide de propositions. Elle est commune à toutes les forces illocutoires. En effet, on peut dire de tout locuteur qu'il présuppose dans chaque contexte la vérité de toutes les propositions déterminées par la condition préparatoire neutre puisqu'il n'y a pas de telle proposition.

La *condition préparatoire absorbante*, d'autre part, est la condition impossible 0_Σ qui associe à tout contexte et à toute proposition, l'ensemble entier U_p de toutes les propositions. Les forces illocutoires avec la condition préparatoire absorbante sont impossibles parce qu'aucun locuteur rationnel ne peut à la fois présupposer une proposition et sa négation dans un contexte d'énonciation. En effet, locuteurs et allocutaires savent tous deux *a priori*, en vertu de leur compétence, que ces propositions ont des conditions de vérité incompatibles. Les deux opérations booléennes sur les conditions préparatoires sont les opérations ensemblistes du complément et de l'union. L'*union* ($\Sigma_1 \ast \Sigma_2$) de deux conditions préparatoires Σ_1 et Σ_2 associe à un contexte et à une proposition, l'union des ensembles de propositions qui sont les valeurs de ces deux conditions préparatoires pour ce contexte et cette proposition. Autrement dit, ($\Sigma_1 \ast \Sigma_2$)(i,P) est l'union de Σ_1(i,P) et Σ_2(i,P). (Et semblablement pour le complément).

Les conditions préparatoires sont exprimées de multiples façons en français et dans les autres langues naturelles. Premièrement, les expressions qui sont utilisées vocativement servent en général à déterminer des conditions préparatoires spéciales à l'effet que l'allocutaire a un certain titre ou une certaine relation de parenté avec le locuteur. Ainsi deux énonciations dans le même contexte des énoncés interrogatifs « Votre Majesté, puis-je entrer ? » et « Fils, puis-je entrer ? » serviraient à poser la même question, mais les forces illocutoires de telles énonciations seraient différentes car elles auraient des conditions préparatoires différentes. En effet, dans le premier cas, il est présupposé que l'allocutaire est une personne royale alors que dans le deuxième cas, il est présupposé que l'allocutaire est le fils du locuteur. De même, des locutions adverbiales comme « heureusement » et « malheureusement pour toi » dans les énoncés « Heureusement, il pleut » et « Malheureusement pour toi, il pleut » servent à déterminer des conditions préparatoires spéciales relatives à l'état de choses représenté par le contenu propositionnel. Ainsi, par exemple, une énonciation de « Malheureusement pour toi, il pleut » sert à affirmer le contenu propositionnel en présupposant que l'état de choses qu'il représente est malheureux pour l'allocutaire[12].

v) Les conditions de sincérité

En accomplissant un acte illocutoire, le locuteur *exprime* (ou manifeste) également des états mentaux de certains modes à propos de l'état de choses représenté par le contenu propositionnel. Ainsi, par exemple, un locuteur qui fait une promesse exprime une intention de faire ce qu'il promet. Un locuteur qui fait une demande exprime un désir que l'allocutaire fasse ce qu'il demande[13]. De tels états mentaux sont des *attitudes propositionnelles* de la forme m(P), où m est un *mode psychologique* comme, par exemple, espérer, désirer ou regretter et P est un contenu propositionnel. Etant donné que tout locuteur peut mentir lors d'une énonciation en exprimant des états mentaux qu'il n'a pas, les actes illocutoires ont des *conditions de sincérité*. Un accomplissement d'acte de discours est *sincère* si le locuteur a les états mentaux qu'il exprime en accomplissant cet acte, et il est *insincère* dans le cas contraire. Les conditions de sincérité des actes de discours sont également des composantes propres à leur force illocutoire. D'un point de vue logique, les *conditions de sincérité* d'une force illocutoire déterminent les modes des états mentaux que le locuteur devrait avoir s'il accomplissait sincèrement un acte illocutoire ayant cette force dans un contexte possible d'énonciation. Formellement, une condition de sincérité est donc un ensemble de modes d'attitudes propositionnelles. Ainsi, par exemple, une condition de sincérité de la force d'assertion est l'ensemble qui contient le mode de croyance.

Certaines conditions de sincérité sont *déterminées* par le but illocutoire. Ainsi, par exemple, toutes les forces illocutoires assertives ont la condition de sincérité que le locuteur croit le contenu propositionnel. Il n'est pas possible pour un locuteur de représenter un état de choses comme étant actuel sans exprimer *ipso facto* sa croyance en l'existence de cet état de choses. Par contre, la condition de sincérité que le locuteur est fier de l'existence de l'état de choses représenté par le contenu propositionnel est une condition de sincérité spéciale propre à la force illocutoire de vantardise qui est indépendante du but assertif.

Lors de l'accomplissement d'un acte de discours de la forme F(P) le locuteur *exprime* tous les états mentaux de la forme m(P) d'un mode m appartenant aux conditions de sincérité de F; ce fait est démontré par l'existence du paradoxe de Moore[14]. Il est paradoxal d'essayer d'accomplir un acte illocutoire et de nier simultanément l'une de ses conditions de sincérité. Ainsi, par exemple, on ne peut dire «Il pleut et je ne crois pas qu'il pleuve» ou «S'il te plaît, sois gentil avec Marie et je ne veux pas que tu sois gentil avec Marie». De tels énoncés sont linguistiquement bizarres parce que leurs énonciations sont analytiquement ratées.

L'ensemble de toutes les conditions de sincérité a la structure des *algèbres de Boole* propre aux ensembles d'ensembles. La *condition de sincérité neutre* 1_Ψ est l'ensemble vide de modes d'attitudes propositionnelles. Elle est commune à toutes les forces illocutoires. En effet, on peut dire de tout locuteur qu'il exprime tous les états mentaux déterminés par la condition de sincérité neutre dans tout contexte, puisqu'il n'y a pas de tel état mental. La *condition de sincérité absorbante* 0_Ψ, au contraire, est l'ensemble entier de tous les modes d'attitudes propositionnelles. Seule la force illocutoire impossible a cette condition de sincérité absorbante, car aucun locuteur rationnel ne peut avoir tous les modes d'états mentaux à propos d'un même état de choses. Si, par exemple, un locuteur regrette d'avoir fait quelque chose dans un contexte d'énonciation, alors il ne peut pas être content de l'avoir fait dans ce même contexte. De tels états mentaux ont, en effet, des conditions de possession relativement incompatibles. Les deux opérations booléennes sur conditions de sincérité sont les opérations ensemblistes du complément et de l'union. Ainsi, *l'union* ($\Psi_1 \ast \Psi_2$) de deux conditions de sincérité est l'ensemble qui contient tous les modes appartenant à Ψ_1 ou à Ψ_2.

Les conditions de sincérité sont exprimées en français par des expressions telles que «hélas», «bravo» et «Dieu merci!» dans les énoncés «Hélas, ils arrivent», «Dieu merci, vous êtes sauvés» et «Bravo, vous avez réussi». Ainsi deux énonciations réussies dans un même contexte des énoncés déclaratifs «Bravo, vous l'avez fait» et «Vous l'avez fait» serviraient à affirmer le même contenu propositionnel, mais leur force illocutoire serait différente parce que la première énonciation a la condition de sincérité supplémentaire que le locuteur se réjouit de l'état de choses représenté par le contenu propositionnel.

vi) Le degré de puissance

Les états mentaux qui constituent les conditions de sincérité des actes de discours peuvent être exprimés avec différents degrés de puissance selon la force illocutoire de l'énonciation. Le degré de puissance des conditions de sincérité d'une supplication, par exemple, est plus fort que celui d'une simple demande, parce qu'un locuteur qui supplie quelqu'un exprime un désir plus fort. De même, le degré de puissance d'un témoignage est plus fort que celui d'une assertion, parce qu'un locuteur qui témoigne exprime une croyance plus forte. Le degré de puissance est en général exprimé par l'intonation dans l'usage oral des langues naturelles. Ainsi, une augmentation dans la force de l'intonation exprime en général une augmentation du degré de puissance des conditions de sincérité. Dans le langage écrit, les adverbes «sincèrement» et «franchement» servent tout naturellement à renforcer le degré de puissance des conditions de sincérité dans les énoncés du genre «Franchement, il est mort», «Je vous conseille sincèrement de le faire» et «Franchement, s'il vous plaît, faisons la paix!».

D'un point de vue théorique, il n'y a pas de limite supérieure au degré de puissance avec lequel peuvent s'exprimer les états mentaux déterminés par une condition de sincérité dans un contexte possible d'énonciation. En effet, l'emploi des moyens syntaxiques qui servent à augmenter le degré de puissance peut en principe être réitéré indéfiniment. Ainsi, par exemple, il y a une séquence infinie d'énoncés de la forme «Franchement, il est mort», «Franchement, franchement, il est mort», «Franchement, franchement, franchement, il est mort»... exprimant des assertions de plus en plus fortes. Cependant, il est important de remarquer que, dans chaque contexte particulier d'énonciation, le locuteur exprime toujours avec un degré de puissance maximal les états mentaux qu'il exprime dans ce contexte, parce que son énonciation a une longueur finie.

Il y a bien entendu une part d'arbitraire dans l'assignation de degrés de puissance aux forces illocutoires. Ce qui est important, d'un point de vue logique, c'est d'ordonner correctement les relations de grandeur respective entre les degrés de puissance des forces illocutoires actuelles de façon à prédire avec exactitude les lois d'implication illocutoire dues au degré de puissance. Dans ce but, j'utiliserai le *groupe additif abélien des nombres entiers* pour mesurer en sémantique générale les degrés de puissance des forces illocutoires. Par convention, je choisirai zéro pour représenter *le degré neutre* de puissance propre aux forces illocutoires primitives (comme l'assertion); + 1 représentera le degré de puissance supérieur suivant (qui est propre aux témoignages); + 2 le successeur immédiat de ce deuxième degré de puissance (lequel est propre aux actes solennels qui consistent à jurer qu'un état de choses est actuel) et ainsi de suite pour + 3, + 4, ... De même, − 1 représentera le prédécesseur immédiat du degré de puissance neutre (propre aux conjectures) et ainsi de suite.

Ainsi que Searle et moi l'avons signalé [15], le degré de puissance des conditions de sincérité d'une force illocutoire est souvent (mais pas toujours) identique au degré de puissance avec lequel son but illocutoire est accompli sur le contenu propositionnel. Ainsi, par exemple, tout comme une supplication sert à exprimer un désir relativement fort, une supplication sert à faire une forte tentative linguistique pour amener l'allocutaire à faire quelque chose. Cependant, il existe un petit nombre d'exceptions à la règle que les forces illocutoires ont des degrés de puissance identiques de but illocutoire et de conditions de sincérité. Certaines forces illocutoires, comme la force de commandement, ont en effet un degré de but illocutoire plus fort à cause de leur mode d'accomplissement. Comme on l'a vu, un locuteur qui donne un commandement doit invoquer une position d'autorité sur l'allocutaire. Ce mode spécial propre aux commandements augmente le degré de puissance de leur but illocutoire sans augmenter nécessairement le degré de puissance de leurs conditions de sincérité. En effet, un locuteur peut commander quelque chose parce qu'il estime que c'est son devoir sans pour autant désirer fortement être obéi. Cependant, le degré de puissance du but illocutoire d'une force illocutoire n'est pas une composante indépendante des autres composantes de cette force. Il peut en effet être mesuré par le nombre entier qui est le *maximum* des deux nombres mesurant le degré de puissance des conditions de sincérité et le degré de puissance déterminé par le mode d'accomplissement de cette force illocutoire.

vii) Il n'y a pas d'autres composantes de force illocutoire

L'analyse précédente des forces illocutoires est *complète* en ce sens qu'il n'y a pas d'autres composantes de forces illocutoires. Ainsi, deux forces illocutoires sont identiques en logique illocutoire si et seulement si elles ont le(s) même(s) but(s) illocutoire(s), le même mode d'accomplissement, le même degré de puissance, les mêmes conditions sur le contenu propositionnel, et les mêmes conditions préparatoires et de sincérité. J'expliquerai plus loin en détail les conséquences de cette loi d'identité pour les forces illocutoires et je montrerai qu'elle équivaut à l'axiome d'extensionalité suivant : deux forces illocutoires F_1 et F_2 sont identiques si et seulement si tous les actes de discours des formes $F_1(P)$ et $F_2(P)$ sont accomplis dans les mêmes contextes d'énonciation possibles.

Je terminerai cette section sur les composantes des forces illocutoires en faisant quelques remarques philosophiques de nature plus générale à propos de leur forme logique et de leurs réalisations syntaxiques dans les langues naturelles.

viii) Les composantes d'une force illocutoire ne sont pas indépendantes

D'un point de vue logique, une force illocutoire est plus que la simple juxtaposition de six composantes. En effet certaines composantes de forces illocutoires peuvent en *déterminer* d'autres d'un type différent. Ainsi, par exemple, comme je l'ai déjà signalé, certains buts illocutoires déterminent des conditions sur le contenu propositionnel, des conditions préparatoires et des conditions de sincérité. Il n'est pas possible pour un locuteur d'accomplir ces buts sur une proposition dans un contexte d'énonciation sans que cette proposition satisfasse certaines conditions sur le contenu propositionnel dans ce contexte, sans présupposer les propositions qui sont déterminées par certaines conditions préparatoires et sans exprimer des états mentaux dont les modes appartiennent à certaines conditions de sincérité. Le but déclaratif, par exemple, détermine la condition préparatoire que le locuteur a l'autorité d'accomplir par le seul fait de son énonciation l'action représentée par le contenu propositionnel. Toutes les forces illocutoires pourvues du but déclaratif ont donc une telle condition préparatoire. De même, certains modes d'accomplissement et certaines conditions de sincérité déterminent des conditions préparatoires, en ce sens qu'il n'est pas possible pour un locuteur d'accomplir un but illocutoire avec ces modes ou d'exprimer ces conditions de sincérité sans également présupposer ces conditions préparatoires. Ainsi, par exemple, le mode d'accomplissement propre à un témoignage, qui est d'invoquer une qualité de témoin, détermine la condition préparatoire que le locuteur a été témoin de l'état de choses représenté par le contenu propositionnel. De même, la condition de sincérité d'une plainte (qui est que le locuteur est mécontent de l'existence de l'état de choses représenté par le contenu propositionnel) détermine la condition préparatoire que cet état de choses existe. De façon générale, quand une force illocutoire a une composante, elle a également *ipso facto* toutes les composantes d'autres types qui sont déterminés par cette composante. C'est pourquoi les forces illocutoires ne peuvent être représentées formellement en logique illocutoire comme de simples sextuplets des composantes des différents types.

ix) Seules certaines composantes possibles sont actuelles

Parmi tous les modes possibles d'accomplissement de buts illocutoires, toutes les conditions possibles sur le contenu propositionnel, et toutes les conditions préparatoires et les conditions de sincérité possibles que l'on peut considérer, peu de telles composantes sont linguistiquement significatives et interviennent dans l'analyse des forces illocutoires qui sont exprimées par les marqueurs de force illocutoire ou nommées par les verbes performatifs des langues naturelles. D'un point de vue philosophique, les forces illocutoires actuelles des langues naturelles sont des *espèces naturelles d'emploi du langage*. Elles remplissent des buts linguistiques qui sont importants pour les sociétés humaines qui parlent ces langues dans leur environnement historique et naturel. On peut donc s'attendre à ce que toutes les composantes spéciales des forces illocutoires actuelles d'une langue humaine soient linguistiquement significatives pour la communauté des locuteurs de cette langue. Les langues naturelles ne créent pas des forces illocutoires superflues.

Il est très difficile de définir exactement cette propriété qu'ont les composantes des forces illocutoires actuelles d'être *linguistiquement significatives*. De toute évidence, il y a dans nos jeux de langage et autres formes de vie humaine certains traits omniprésents essentiels pour l'usage du langage : ce sont, entre autres, le temps, le lieu, le locuteur et l'allocutaire de chaque contexte d'énonciation, les capacités du locuteur et de l'allocutaire et les relations de parenté pouvant exister entre eux, ainsi que ce qui est dans ou contre leur intérêt et ce qui est bon ou mauvais en général. Certains de ces traits sont *transcendants* parce qu'ils sont essentiels à toute langue humaine. Ainsi, par exemple, on peut s'attendre à ce que la condition préparatoire spéciale selon laquelle le contenu propositionnel représente un état de choses qui est bon (ou mauvais) soit actualisée dans toutes les langues naturelles, si l'on admet que les être humains sont, par nature, des *personnes* douées de préoccupations éthiques[16]. De même, on doit s'attendre à ce que les conditions préparatoires déterminées par les cinq buts illocutoires soient linguistiquement significatives dans toute langue, étant donné que ces but illocutoires sont eux-mêmes transcendants.

Cependant, de nombreux autres traits constitutifs de nos usages du langage ne sont pas transcendants mais relatifs à un environnement historique particulier de nos sociétés humaines. Dans de nombreuses déclarations, par exemple, le locuteur invoque une position d'autorité particulière dans une institution sociale historiquement déterminée. Ainsi que Wittgenstein l'a fort bien remarqué[17], parler un langage, c'est s'engager dans des *conversations* et autres *jeux de langage* sur *l'arrière-fond de formes de vie* variées. Les locuteurs et allocutaires d'une langue ne se comprendraient pas s'ils ne partageaient les mêmes formes de vie. Ainsi, de nombreux modes spéciaux actuels d'accomplissement de but illocutoire et de nombreuses conditions sur le contenu propositionnel et conditions préparatoires particulières de nos langues occidentales sont enracinés dans des pratiques et des formes de vie spéciales historiquement déterminées. Elles ne sont pas linguistiquement significatives pour des sociétés humaines fermées vivant dans un environnement naturel et historique totalement différent. Pensons, par exemple, aux difficultés que les prêtres espagnols eurent, à l'époque de la conquête du Mexique et du Pérou, pour faire comprendre aux Indiens certains usages déclaratifs du langage, comme le baptême et l'administration d'autres sacrements, qui étaient basés sur des institutions et des pratiques religieuses totalement inconnues de ces Indiens. Réciproquement, des conditions préparatoires et des conditions sur le contenu propositionnel, qui furent linguistiquement significatives pour d'autres communautés sociales dans le passé, ne le sont plus aujourd'hui actuellement pour nous en français et dans d'autres langues contemporaines. Ainsi, par exemple, la condition préparatoire que l'objet auquel on se réfère dans le contenu propositionnel est au-dessus ou en dessous de la hauteur des yeux du locuteur n'est plus linguistiquement significative dans nos sociétés modernes, alors qu'elle remplissait des buts importants dans les sociétés primitives de chasseurs, et qu'elle était parfois pour cette raison réalisée dans leur langue.

Les pratiques linguistiques et les autres formes sociales de vie évoluent avec le temps : on peut donc concevoir des communautés d'êtres humains pour lesquelles des traits du monde entièrement différents seraient linguistiquement significatifs (après un holocauste nucléaire par exemple). En considérant tous les modes d'accomplissement de but illocutoire possibles, toutes les conditions sur le contenu propositionnel, et toutes les conditions préparatoires et de sincérité possibles, la logique illocutoire fait place dans l'espace logique aux forces illocutoires possibles des énonciations des langues naturelles possibles de telles sociétés humaines [18]. En un sens important, la logique illocutoire, conçue comme la logique de l'emploi du langage, n'est pas empirique mais transcendantale. Elle doit considérer toutes les composantes possibles de forces illocutoires possibles, et non pas seulement les composantes actuelles des forces illocutoires existantes. Bien entendu, dans chaque langue humaine particulière, il y a seulement un nombre fini de composantes de bases spéciales qui entrent dans l'analyse des forces illocutoires qui sont syntaxiquement réalisées ou lexicalisées dans cette langue. Cependant, la sémantique générale étudie la structure logique du langage et ne traite qu'incidemment des réalisations syntaxiques actuelles particulières de cette structure.

2. DEFINITION RECURSIVE DE L'ENSEMBLE DE TOUTES LES FORCES ILLOCUTOIRES

Sur la base de l'analyse précédente des composantes des forces illocutoires, j'adopterai en sémantique générale la définition récursive suivante de l'ensemble de toutes les forces illocutoires possibles d'énonciation[19].

Il y a cinq et seulement cinq forces illocutoires primitives dans l'usage du langage. Celles-ci sont les forces illocutoires *les plus simples possibles* : elles ont un but illocutoire, pas de mode spécial particulier d'accomplissement de ce but, un degré de puissance neutre et seulement les conditions sur le contenu propositionnel, les conditions préparatoires et les conditions de sincérité que détermine leur but. Toutes les autres forces illocutoires sont dérivées à partir des cinq forces illocutoires primitives par un nombre fini d'applications d'opérations qui consistent à ajouter des composantes spéciales ou à augmenter ou à diminuer le degré de puissance.

Les cinq *forces illocutoires primitives* dans l'usage du langage sont :

1) La force illocutoire d'assertion

La force d'assertion a le but assertif, le mode d'accomplissement et la condition sur le contenu propositionnel neutres, la condition préparatoire que le locuteur a des raisons de croire en la vérité du contenu propositionnel, la condition de sincérité que le locuteur croit le contenu propositionnel et le degré de puissance neutre.

Cette force illocutoire primitive est nommée en français par le verbe performatif « affirmer » et elle est réalisée syntaxiquement dans le type des énoncés déclaratifs. Les énoncés déclaratifs simples (dont le marqueur de force illocutoire est identique à leur type syntaxique) servent à faire des assertions.

2) La force illocutoire primitive d'engagement

La force illocutoire primitive d'engagement a le but engageant, le mode d'accomplissement et le degré de puissance neutres, la condition que le contenu propositionnel représente une action future du locuteur, la condition préparatoire que le locuteur est capable d'accomplir cette action et la condition de sincérité qu'il a l'intention de l'accomplir. Cette force primitive engageante n'est pas réalisée syntaxiquement dans un mode verbal ou un type syntaxique en français, mais elle est nommée par le verbe performatif « s'engager ».

3) La force directive primitive

La force illocutoire directive primitive a le but directif, le mode d'accomplissement et le degré de puissance neutres, la condition que le contenu propositionnel représente une action future de l'allocutaire, la condition préparatoire que l'allocutaire est capable d'accomplir cette action, et la condition de sincérité que le locuteur désire ou veut que l'allocutaire accomplisse cette action. Cette force primitive directive est réalisée syntaxiquement en français dans le type des énoncés impératifs.

4) La force illocutoire de déclaration

La force illocutoire de déclaration a le but illocutoire déclaratif, le mode d'accomplissement et le degré de puissance neutres, la condition que le contenu propositionnel représente une action présente du locuteur, la condition préparatoire que le locuteur est capable et a des raisons d'accomplir cette action lors de son énonciation et la condition de sincérité que le locuteur croit, a l'intention et désire accomplir cette action [20].

Cette force illocutoire de déclaration est nommée par le verbe performatif « déclarer » et elle est réalisée syntaxiquement dans les marqueurs complexes des énoncés performatifs.

5) La force illocutoire primitive expressive

La force illocutoire primitive expressive a le but expressif, le mode d'accomplissement et le degré de puissance neutres, et la condition sur le contenu propositionnel, la condition préparatoire et la condition de sincérité neutres. Elle est réalisée syntaxiquement en français dans le type des énoncés exclamatifs.

Le but expressif étant un but illocutoire doté de conditions de sincérité variables, il n'y a pas d'énoncés exclamatifs dont le marqueur exprime *seulement* la force illocutoire primitive expressive, de même qu'il n'existe pas de verbe performatif simple nommant cette force [21]. Cette force primitive est en quelque sorte une notion théorique. Lors de l'énonciation d'énoncés exclamatifs, les locuteurs expriment toujours des états mentaux *spéciaux* dont le mode est déterminé par la signification des adjectifs ayant une occurrence dans leur préfixe exclamatif. En utilisant l'énoncé exclamatif «Comme c'est triste qu'il soit mort!», un locuteur exprime, par exemple, de la tristesse. En utilisant l'énoncé exclamatif «Comme je suis content que vous soyez venu!», il exprime par contre son contentement. Ainsi, toutes les forces illocutoires expressives actuelles d'énonciation sont plus fortes que la force illocutoire primitive expressive. D'un point de vue logique, cette force primitive est un cas limite de force illocutoire. C'est la force illocutoire la plus faible ayant le degré de puissance neutre.

Les cinq forces illocutoires primitives (assertive, engageante, directive, déclarative et expressive) sont les forces illocutoires *les plus simples* dans l'usage du langage. Toutes les autres forces illocutoires sont plus complexes. Elles sont dérivées à partir des forces primitives par un nombre fini d'applications d'opérations qui consistent à enrichir les composantes de ces forces ou à changer leur degré de puissance. Etant donné la nature des forces illocutoires, il y a seulement six types d'opérations logiques sur forces illocutoires dans la structure du langage. Ces six opérations consistent à *restreindre le mode d'accomplissement* du but illocutoire en imposant un nouveau mode spécial, à *augmenter* ou à *diminuer le degré de puissance* et à *ajouter de nouvelles conditions* sur le contenu propositionnel ou des conditions préparatoires ou de sincérité nouvelles. Ainsi, par exemple, la force illocutoire de *demande* est obtenue à partir de la force directive primitive en imposant le mode spécial d'accomplissement qui consiste à donner option de refus à l'allocutaire. La force illocutoire de *question* est obtenue à partir de la force de demande en ajoutant la condition sur le contenu propositionnel que celui-ci représente un acte de discours futur de l'allocutaire dirigé vers le locuteur original. La force illocutoire directive de *suggestion* est obtenue à partir de la force directive primitive en diminuant le degré de puissance. La force illocutoire de *recommandation* est obtenue à partir de la force directive de suggestion en ajoutant la condition préparatoire que l'action future représentée par le contenu propositionnel est bonne. Finalement, la force illocutoire de *plainte* est obtenue en ajoutant à la force d'assertion la condition de sincérité que le locuteur est mécontent de l'existence de l'état de choses représenté par le contenu propositionnel.

Comme je l'ai mentionné plus haut, certaines composantes de forces illocutoires ne sont pas indépendantes. L'addition d'une composante à une force illocutoire peut ainsi provoquer l'addition d'une composante d'un autre type. Ainsi, par exemple, la force illocutoire de *vantardise*, qui est obtenue à partir de celle d'assertion en ajoutant la condition de sincérité que le locuteur est fier de l'existence de l'état de choses représenté par le contenu propositionnel, a également la condition préparatoire que cet état de choses est bon, parce que sa condition de sincérité spéciale détermine cette condition préparatoire.

On exprime l'addition d'une composante à une force illocutoire, en français et dans les autres langues naturelles, en combinant un mot exprimant cette composante avec le marqueur pour cette force illocutoire. Ainsi, par exemple, les adverbes «heureusement» et «hélas» expriment respectivement la condition préparatoire que l'état de choses représenté par le contenu propositionnel est heureux, et la condition de sincérité que le locuteur est attristé de l'existence de cet état de choses dans les énoncés (1) «Heureusement, il est mort» et (2) «Hélas, il est mort». Dans ces énoncés, ces adverbes modifient le mode indicatif du verbe et servent à composer des marqueurs de force illocutoire syntaxiquement complexes qui expriment la force illocutoire obtenue à partir de la force d'assertion en ajoutant la condition qu'ils expriment. Ainsi, l'énoncé déclaratif «Hélas, il est mort» sert à accomplir un acte illocutoire assertif plus fort qu'une assertion. Lors d'une énonciation de cet énoncé, le locuteur n'affirme pas simplement que quelqu'un est mort. Il se plaint ou se lamente également de cette mort, en exprimant par son usage de «hélas» qu'il en est attristé. Tous les énoncés déclaratifs et impératifs complexes (dont le marqueur contient des modificateurs de leur type) expriment en général des forces assertives et directives dérivées.

3. ANALYSE DES NOTIONS DE SUCCES ET DE SATISFACTION

Une des questions les plus importantes en logique des actes de discours concerne les *critères d'identité* des actes illocutoires. Par définition, chaque acte de discours de la forme F(P) a une force illocutoire et un contenu propositionnel qui servent à déterminer les conditions de succès et de satisfaction de cet acte ainsi que sa fonction linguistique. Comment peut-on identifier les actes illocutoires élémentaires sur la base de tels traits? Dans cette section, je montrerai d'abord que les conditions de succès et de satisfaction des actes illocutoires sont entièrement déterminées par les composantes de leur force illocutoire et par leur contenu propositionnel. Sur la base de ces explications, je formulerai ensuite la loi d'identité pour les actes de discours élémentaires et je définirai le type logique des actes et des forces illocutoires.

A. Définition de la notion de succès

Comme je l'ai montré plus haut, chaque force illocutoire peut être divisée en six composantes qui déterminent chacune un type spécial de conditions de succès pour les actes de discours ayant cette force. Sur la base de cette analyse des forces illocutoires, les conditions de succès des actes de discours sont définies rigoureusement comme suit en sémantique générale. On dit qu'un acte de discours de la forme F(P) *est accompli* dans un contexte d'énonciation selon une interprétation si et seulement si, dans ce contexte, selon cette interprétation,

1) le locuteur accomplit le but illocutoire de la force F sur le contenu propositionnel P avec le mode d'accomplissement de F, et P satisfait les conditions sur le contenu propositionnel de F dans ce contexte et si

2) le locuteur, en outre, présuppose les propositions $\Sigma(i,P)$ déterminées par les conditions préparatoires Σ de F, et

3) exprime également avec le degré de puissance de F les états mentaux de la forme m(P) ayant les modes m appartenant aux conditions de sincérité de F. Selon cette analyse, un locuteur, par exemple, presse un allocutaire de l'aider dans un contexte d'énonciation si et seulement si :

a) le but de son énonciation est de faire une tentative pour que l'allocutaire l'aide (but illocutoire) ;

b) en faisant cette tentative, le locuteur donne une option de refus à l'allocutaire et agit avec insistance (mode d'accomplissement) ;

c) le contenu propositionnel de l'énonciation est que l'allocutaire accomplira une action future (conditions sur le contenu propositionnel) ;

d) le locuteur présuppose que l'allocutaire est capable de l'aider et qu'il a des raisons assez urgentes de le faire (conditions préparatoires) ; et, finalement,

e) il exprime avec un degré de puissance assez fort son désir que l'allocutaire l'aide (conditions de sincérité).

Cependant, un locuteur peut présupposer une proposition qui s'avère être fausse et exprimer des états mentaux qu'il n'a pas. Ainsi, des accomplissements réussis d'actes illocutoires peuvent être défectueux d'un point de vue logique. Je dirai en sémantique générale qu'un acte de discours de la forme F(P) est *accompli sans défaut* dans un contexte d'énonciation s'il est accompli avec succès dans ce contexte et si, en outre, les conditions préparatoires et de sincérité sont satisfaites. Par définition, tous les accomplissements non défectueux d'actes illocutoires sont réussis, mais la réciproque n'est pas vraie puisque le locuteur peut ne pas être sincère ou présupposer des propositions qui sont fausses dans un contexte d'énonciation[22].

Une conséquence importante de la définition précédente des conditions de succès des énonciations élémentaires est qu'en accomplissant un acte illocutoire dans un contexte d'énonciation, le locuteur accomplit aussi des actes de discours d'autres types. Ainsi, par exemple, il doit aussi faire un acte qui consiste à prononcer des sons ou à écrire des signes, un acte qui consiste à exprimer une proposition avec une certaine force illocutoire, un acte qui consiste à accomplir un but illocutoire avec un certain mode, et des actes de présupposition de propositions et d'expression d'états mentaux[23]. Bien entendu, dans le contexte d'une énonciation, ces actes de discours ne sont pas des actes différents que le locuteur accomplit simultanément comme, par exemple, quand il parle en jouant avec une balle ou en se déplaçant d'un endroit à l'autre. De tels actes ne sont pas non plus des moyens dont la fin est d'accomplir l'acte illocutoire comme, par exemple, quand le locuteur crie dans le but d'obtenir le silence. Plus exactement, de tels actes de discours sont des actes dont l'accomplissement fait partie de l'acte illocutoire accompli lors d'une énonciation.

D'un point de vue logique, les actes de discours d'énonciation, de présupposition et d'expression de sens, de forces ou d'états mentaux sont différents : leurs types doivent être distingués car ils n'ont pas les mêmes critères d'identité et les mêmes conditions d'accomplissement. Ainsi, par exemple, un locuteur peut prononcer les sons d'un énoncé sans exprimer d'acte illocutoire si, par exemple, il ne comprend pas cet énoncé et veut simplement répéter cet énoncé pour le plaisir d'écouter les sons qui le composent. En outre, un locuteur qui exprime une proposition P avec une force illocutoire F lors d'une énonciation aurait pu exprimer son intention d'accomplir le même acte illocutoire F(P) en utilisant un autre énoncé. Enfin, quand une condition préparatoire ou de sincérité est indépendante du but illocutoire de l'énonciation, le locuteur peut en principe accomplir ce but illocutoire sur un contenu propositionnel sans pour autant présupposer les propositions et exprimer les états mentaux déterminés par ces conditions dans un contexte d'énonciation. Ainsi, les différents types d'actes de discours correspondant aux différents types de composantes des forces illocutoires ont en général des conditions de succès indépendantes. C'est pourquoi la logique illocutoire qui étudie les formes logiques des types d'actes illocutoires (et non leurs instances particulières) les distingue dans son analyse des conditions de succès.

Cependant, si l'on considère, dans une autre optique, les instances particulières et non les types des différents actes de discours, qui sont nécessairement accomplis lors d'une énonciation réussie, il convient de remarquer que ces *instances d'actes* ne sont pas nécessairement différentes du point de vue de la philosophie de l'action. En effet, au lieu de multiplier les instances d'actes de discours accomplis lors d'une énonciation réussie, il est plus naturel de les identifier en décrivant de la façon suivante un accomplissement (littéral) réussi d'acte illocutoire. Le locuteur, dans le contexte de l'énonciation, produit le signe phonique ou graphique d'un énoncé élémentaire et accomplit par là une instance particulière d'*acte d'énonciation* dont le type est fonction du type de l'énoncé utilisé. Comme certaines conditions sont remplies dans le contexte de cette énonciation (le locuteur comprend la signification de l'énoncé utilisé et son énonciation est sérieuse), cette instance particulière d'acte d'énonciation est également l'instance d'un acte de discours qui consiste à *exprimer une proposition* P *avec une certaine force illocutoire* F. Quand, en outre le contexte de l'énonciation est approprié pour l'accomplissement de l'acte illocutoire F(P) et qu'aucune condition de succès, d'accomplissement sans défaut et de satisfaction de F(P) n'est manifestement violée dans l'arrière-fond conversationnel, cette instance particulière d'acte d'énonciation est aussi identique dans ce contexte avec : 1) une instance de l'acte qui consiste à *accomplir le but illocutoire* de la force F sur la proposition P avec le mode d'accomplissement de F; 2) une instance de l'acte qui consiste à *présupposer* les propositions déterminées par les conditions préparatoires et 3) une instance de l'acte qui consiste à *exprimer les états mentaux* déterminés par les conditions de sincérité.

Selon une telle analyse, toutes les instances des différents types d'actes de discours qui font partie de l'accomplissement d'un acte illocutoire dans un contexte sont en fin de compte identiques à l'instance particulière de l'acte d'énonciation accompli par le locuteur dans ce contexte. L'acte particulier de production du signe de l'énoncé utilisé est donc la véritable instance de l'acte illocutoire accompli dans le contexte d'une énonciation.

Il existe une grande controverse en philosophie contemporaine de l'action sur les critères d'identité des instances d'action. Certains philosophes, tel Goldman, ont tendance à multiplier, et d'autres, tel Davidson, à diminuer le nombre des instances d'action selon leurs critères d'identité philosophiques[24]. En ce qui concerne les actes de discours dont l'accomplissement fait partie des actes illocutoires, je suis plus en accord avec la diminution de leurs instances dans les contextes d'énonciation qu'avec leur multiplication sans nécessité. Dans cette optique, il y a sans doute de nombreux types différents d'actes de discours qui sont accomplis lors de l'accomplissement d'un acte illocutoire, mais toutes les instances particulières de ces actes sont identiques. Ainsi, il y a, en fin de compte, une seule instance d'acte de discours dans le contexte d'une énonciation réussie.

B. Définition de la notion de satisfaction

La notion de satisfaction d'un acte de discours est basée sur celle de vérité par correspondance. De par son intentionalité linguistique, chaque acte illocutoire est dirigé vers l'état de choses représenté par son contenu propositionnel. Il est satisfait *seulement si* le contenu propositionnel représente correctement la façon dont certaines choses sont (de tout temps ou à certains moments passés, présents ou futurs) dans le monde. Cependant, comme je l'ai signalé plus haut dans mes remarques sur la direction d'ajustement des énonciations, il ne suffit pas, pour qu'un acte de discours soit satisfait, qu'il y ait ajustement ou correspondance entre son contenu propositionnel et le monde. Il faut aussi que cette correspondance soit établie suivant la direction d'ajustement propre à son but illocutoire. Ainsi, les conditions de satisfaction d'un acte de discours de la forme F(P) sont fonction à la fois des conditions de vérité de son contenu propositionnel et de la direction d'ajustement de sa force illocutoire.

Quand un acte illocutoire a seulement la direction d'ajustement des mots aux choses, il est *satisfait dans un contexte* d'énonciation si et seulement si son contenu propositionnel est vrai dans ce contexte. En effet, dans un tel cas, l'ajustement entre le langage et le monde est réalisé par le fait que son contenu propositionnel représente correctement comment les choses sont dans le monde. Ainsi, les conditions de satisfaction des actes illocutoires assertifs sont identiques avec les conditions de vérité de leur contenu propositionnel. C'est pourquoi on utilise communément les prédicats de vérité en français et dans les autres langues naturelles pour évaluer la satisfaction des énonciations ayant la direction d'ajustement des mots aux choses. Ainsi, on peut dire à la fois des assertions et des propositions qu'elles sont vraies.

Quand un acte illocutoire a la direction d'ajustement des choses aux mots, il est *satisfait dans un contexte* d'énonciation si et seulement si son contenu propositionnel est vrai dans ce contexte à cause de son accomplissement. A la différence des énonciations assertives, les énonciations engageantes et directives, qui ont la direction d'ajustement des choses aux mots, ont des conditions de satisfaction sui-référentielles qui sont dépendantes de ces énonciations. Une assertion est vraie si et seulement si son contenu propositionnel correspond à un état de choses existant dans le monde, peu importe comment cet état de choses est advenu. Mais, à proprement parler, une promesse est tenue ou une requête est accordée seulement si le locuteur ou l'allocutaire accomplit dans le monde une action future *à cause de* cette promesse ou de cette requête. Ainsi, on ne peut utiliser les prédicats de vérité pour évaluer la satisfaction des énonciations ayant la direction d'ajustement des choses aux mots. On dit des ordres et des commandements qu'ils sont obéis ou désobéis et non pas qu'ils sont vrais ou faux. De même, on dit des promesses et des engagements qu'ils sont tenus ou violés et non pas qu'ils sont vrais ou faux.

Comme la double direction d'ajustement contient chaque direction plus simple d'ajustement, la satisfaction des actes de discours ayant la double direction d'ajustement n'est pas non plus indépendante de leur accomplissement. Ainsi, une déclaration est *satisfaite dans un contexte* si et seulement si le locuteur accomplit l'action qui rend vrai son contenu propositionnel du fait de son énonciation déclarative. Selon cette analyse, une déclaration ne pourrait être satisfaite si elle n'était accomplie de même qu'elle ne pourrait être accomplie si elle n'était satisfaite. C'est pourquoi on peut utiliser les prédicats de succès en français pour évaluer la satisfaction d'une énonciation ayant la double direction d'ajustement. Ainsi, par exemple, on peut dire d'une excommunication qu'elle est réussie en signifiant qu'elle est satisfaite. En cas de satisfaction d'un acte de discours de type engageant, directif ou déclaratif, l'ajustement est donc réalisé du fait que le locuteur ou l'allocutaire rend le contenu propositionnel vrai dans le monde en vue de satisfaire cet acte illocutoire[25].

Comme les locuteurs qui accomplissent des actes illocutoires avec la direction d'ajustement vide n'ont pas l'intention d'établir une correspondance entre le langage et le monde, de tels actes n'ont pas, à proprement parler, de conditions de satisfaction. Lors de l'accomplissement d'un acte illocutoire expressif, le locuteur a seulement l'intention d'exprimer des états mentaux à propos de l'état de choses représenté par le contenu propositionnel. Il n'est pas question de succès ou d'échec d'ajustement. Ainsi, on ne peut dire sans abus de langage que les actes illocutoires expressifs sont ou ne sont pas satisfaits. On peut seulement dire que leur contenu propositionnel est vrai ou faux. Pour des raisons de commodité, je continuerai cependant d'attribuer des conditions de satisfaction à tous les types d'actes illocutoires élémentaires de la forme F(P). Quand je dirai qu'un acte illocutoire expressif F(P) est satisfait dans un contexte d'énonciation, cela signifiera simplement que son contenu propositionnel P est vrai dans ce contexte.

C. La loi d'identité pour les actes illocutoires

En sémantique générale, j'adopterai un *axiome d'extensionalité* disant que deux actes de discours élémentaires ayant le même contenu propositionnel et les mêmes conditions de succès sont identiques. Selon cette analyse, les actes illocutoires F_1 (P_1) et F_2 (P_2) sont identiques si et seulement si ces actes sont accomplis dans les mêmes contextes possibles d'énonciation et les propositions P_1 et P_2 ont le même contenu et les mêmes fonctions et conditions de vérité. Un tel axiome d'extensionalité est justifié philosophiquement par l'analyse de la notion même d'acte illocutoire. Comme je l'ai expliqué plus haut, les actes illocutoires sont des espèces naturelles d'usage du langage qui servent des buts linguistiques tout en étant dirigés vers des états de choses. D'un point de vue philosophique, des actes illocutoires différents doivent donc remplir des buts linguistiques différents, et des buts linguistiques différents sont des buts qui peuvent être atteints dans des conditions différentes ou qui sont dirigés vers des états de choses qui existent ou sont représentés dans des conditions différentes. D'où l'exigence d'identité des conditions de succès et des contenus propositionnels dans ma loi d'identité pour les actes de discours élémentaires.

D'un point de vue logique, l'acceptation de l'axiome d'extensionalité permet de simplifier considérablement la théorie des actes de discours. Sur la base de cet axiome, chaque acte de discours élémentaire de la forme F(P) peut en effet être identifié en sémantique générale à la paire contenant son contenu propositionnel et ses conditions de succès. Comme dans le cas des conditions de vérité des propositions, on peut construire formellement les *conditions de succès* de chaque acte illocutoire comme étant une fonction de l'ensemble des contextes possibles d'énonciation dans l'ensemble des valeurs de succès; cette fonction associe le succès à un contexte si et seulement si le locuteur accomplit cet acte illocutoire dans ce contexte. Ainsi, l'ensemble de tous les actes illocutoires élémentaires est en sémantique générale un sous-ensemble propre du produit cartésien ($U_p \times U_s^I$) de l'ensemble des propositions et de l'ensemble des fonctions associant aux contextes des valeurs de succès. Cette définition du type logique d'un acte illocutoire rend compte de certains aspects cognitifs de la signification signalés plus haut. Elle explique, par exemple, qu'on puisse comprendre quel acte de discours est exprimé par une énonciation sans savoir pour autant si cette énonciation est réussie ou satisfaite dans ce contexte. C'est le cas quand on ne sait pas si le locuteur a l'autorité nécessaire pour accomplir cet acte. En outre, elle rend compte du fait suivant : comprendre quel acte de discours est exprimé lors d'une énonciation, c'est savoir quelles conditions doivent être remplies pour que cet acte soit accompli et satisfait.

Comme chaque force illocutoire F associe à chaque proposition P un acte de discours élémentaire de la forme F(P), mon axiome d'extensionalité pour les actes illocutoires a pour conséquence que les forces illocutoires peuvent être identifiées formellement à des fonctions de propositions dans paires de propositions et de conditions de succès. Ainsi, toute force illocutoire F est, d'un point de vue logique, identique à la fonction qui donne comme valeur, pour chaque proposition P, la paire contenant cette proposition et la fonction qui détermine les conditions de succès de l'acte illocutoire F(P). Ainsi que le fait apparaître la formalisation, l'adoption de l'axiome de l'extensionalité permet une simplification majeure de la logique illocutoire. On peut, par exemple, dériver à partir de cet axiome les autres lois d'identité pour forces illocutoires.

NOTES

[1] Cette analyse est basée sur les considérations faites dans «What is an illocutionary force?», *op. cit.*, et dans *Foundations of Illocutionary Logic, op. cit.*

[2] Cette classification des buts illocutoires est due à J.R. SEARLE, dans *Expression and Meaning, op. cit.*

[3] Le terme est dû à J.L. Austin.

[4] Le but illocutoire détermine ce que Searle appelle la condition de succès essentielle dans *Speech Acts, op. cit.*

[5] Contrairement aux autres buts illocutoires, le but expressif a des conditions de sincérités variables. Un locuteur accomplit le but expressif sur une proposition P dans un contexte si et seulement s'il exprime un état mental d'un mode quelconque à propos de l'état de choses que P. Cette variation des conditions de sincérité du but expressif se montre dans le langage par le fait que des énoncés exclamatifs avec différents préfixes exclamatifs peuvent être utilisés pour exprimer des états mentaux différents.
En général, c'est la signification de l'*adjectif* qui apparaît dans le préfixe d'un énoncé exclamatif qui sert à déterminer le mode particulier des états mentaux qui sont exprimés lors de ses énonciations. Ainsi, par exemple, l'énoncé exclamatif «Comme c'est gentil à vous de venir!» est utilisé pour exprimer un certain contentement (à cause de la signification de l'adjectif «gentil») alors que l'énoncé exclamatif «Comme c'est dégoûtant!» est utilisé, au contraire, pour exprimer de la réprobation (à cause de la signification du mot «dégoûtant»).

[6] Selon D. ZAEFFERER dans «The Semantics of Sentence Mood in Typologically Differing Languages», *op. cit.*, le but engageant est réalisé seulement en coréen et le but déclaratif n'est pas réalisé du tout dans l'éventail très large des langues naturelles actuelles qu'il a étudiées.

[7] En outre, il ne serait pas très utile pour un langage de créer une convention linguistique à l'effet que des énoncés d'un certain type syntaxique avec, par exemple, un mode verbal déclaratif servent à accomplir littéralement des déclarations. En effet, il y a un nombre très restreint de verbes qui nomment des actions que les locuteurs peuvent accomplir par déclaration. Conséquemment, la plupart des énonciations d'énoncés avec un tel mode verbal hypothétique seraient vides et ratées. Ce mode serait donc un instrument linguistique tout à fait inefficace.

[8] Souvent la relation entre le mode d'accomplissement et le but illocutoire est celle du moyen vis-à-vis d'une fin, relation qui est bien connue en philosophie de l'action.

[9] Les idées à la base de la structure, maintenant classique en mathématique, d'une algèbre de Boole furent introduites par Boole dans *The Mathematical Analysis of Logic*, Oxford, Basil Balckwell, 1965 (édition originale 1847).

[10] Voir G. FREGE, *Ecrits logiques et philosophiques, op. cit.*

[11] Voir P.F. SRAWSON, *On Referring*, dans *Mind*, LIX, n° 235, 1950.

[12] Le genre est parfois aussi utilisé en français pour exprimer des conditions préparatoires relatives au sexe des personnes auxquels le locuteur se réfère lors de son énonciation. Par exemple, une condition préparatoire d'une énonciation de l'énoncé «S'il te plaît, va parler au président du comité et dis-lui que je suis là» est que ce président est de sexe masculin.

[13] Le verbe «exprimer» en français est aussi ambigu en ce sens que des locuteurs peuvent à la fois exprimer des propositions (qui sont des sens) et des états mentaux tels que des craintes, des regrets et des intentions. Ces deux sens distincts d'«exprimer» sont aussi utilisés tout au long de ce livre.

[14] Voir G.L. MOORE, *Principia Ethica*, Cambridge University Press, 1903.

[15] Voir *Foundations of Illocutionary Logic, op. cit.*
[16] Pour une discussion philosophique des personnes, voir P.F. STRAWSON, *Individuals*, Londres, Methuen, 1959.
[17] Voir WITTGENSTEIN, *Philosophical Investigations*, Oxford, Blackwell, 1968.
[18] Certains linguistes, comme D. Zaefferer dans l'article mentionné plus haut, ont critiqué *Foundations of Illocutionary Logic* en disant que la définition des composantes d'une force illocutoire était trop libérale et admettait, par exemple, des conditions sur le contenu propositionnel possibles qui seraient satisfaites dans chaque contexte par une seule proposition. Ma réponse à cette objection est qu'il vaut mieux avoir trop de conditions sur le contenu propositionnel que pas assez. La logique illocutoire ne peut en effet anticiper sur l'histoire du langage et spécifier d'avance quelles conditions possibles pourraient devenir linguistiquement significatives. De toute façon, on doit admettre que certaines conditions possibles assez particulières sont parfois actualisées dans les langues naturelles. Ainsi, par exemple, le verbe performatif anglais désuet « macarize » (appeler l'allocutaire heureux) nomme une assertion qui est accomplie dans un contexte si et seulement si le locuteur affirme dans ce contexte que l'allocutaire est heureux. Voici un exemple de condition très spéciale sur le contenu propositionnel que Zaefferer aurait voulu exclure.
[19] Voir mon article, « What is an Illocutionary Force? », *op. cit.* et mon livre avec Searle, *Foundations of Illocutionary Logic, op. cit.*, pour plus d'explications sur cette définition récursive.
[20] Dans *Foundations*, Searle et moi avons commis l'erreur de ne pas remarquer que le but déclaratif détermine la condition que le contenu propositionnel représente une action présente du locuteur. L'admission de cette condition générale sur le contenu propositionnel est nécessaire pour des raisons à la fois philosophiques et logiques. Premièrement, elle permet de dériver les relations logiques entre les forces illocutoires déclaratives, qui ont la double direction d'ajustement, et les forces illocutoires assertives, engageantes et directives, qui ont les directions d'ajustement plus simples des mots aux choses ou des choses aux mots. Ainsi, par exemple, les conditions préparatoires et de sincérité de la force de déclaration sont l'union des conditions préparatoires et de sincérité des forces assertive, engageante et directive primitives. En outre, cette admission permet aussi de simplifier la définition logique du type des conditions de sincérité et de conserver l'idée simple selon laquelle les contenus propositionnels des actes illocutoires et des états mentaux leur correspondant sont identiques.
[21] Cependant, on peut former des verbes performatifs qui nomment des forces illocutoires expressives spéciales en combinant le verbe « exprimer » avec des noms d'états mentaux. Ainsi, par exemple, les énonciations réussies d'énoncés tels que « Je vous exprime ma gratitude pour votre aide » et « Je vous exprime ma totale approbation de votre conduite » sont performatives.
[22] J.L. Austin, avec sa notion de conditions de *félicité*, a commis l'erreur de ne pas distinguer clairement les tentatives d'accomplissement d'actes illocutoires qui sont réussies mais défectueuses de celles qui ne sont même pas réussies.
[23] Comme les actes illocutoires sont essentiellement des actes de discours, un locuteur ne peut accomplir un but illocutoire sur une proposition sans faire un acte d'énonciation (lequel peut évidemment être intérieur).
[24] Voir D. DAVIDSON, *Essays on Actions and Events*, Oxford University Press, 1984, et A.I. GOLDMAN, *A Theory of Human Action*, Princeton University Press, 1970.
[25] On pourrait décider d'identifier les conditions de satisfaction des actes illocutoires de type engageant, directif ou déclaratif avec les conditions de vérité de leur contenu propositionnel, en construisant ces conditions de vérité comme étant sui-référentielles. Selon une telle analyse, le contenu propositionnel d'un ordre serait, par exemple, que

l'allocutaire accomplit une action future pour obéir à cet ordre et de même pour les autres forces illocutoires. Une telle analyse du contenu propositionnel des actes de discours ayant la direction d'ajustement des choses aux mots a été exclue ici pour deux raisons. D'abord, d'un point de vue linguistique, elle a l'inconvénient de supposer une différence dans le contenu propositionnel d'énonciation d'énoncés comme «Paul viendra demain» et «S'il te plaît, Paul, viens demain!». Deuxièmement, d'un point de vue logique, une telle construction viole les contraintes naturelles de la théorie modale des types de la logique intensionnelle et elle a de fortes chances de conduire à des paradoxes sémantiques et à l'incohérence.

Chapitre V
Lois fondamentales de la sémantique générale

Le but de ce chapitre est d'énumérer une série de lois fondamentales valides pour les actes de discours et les énoncés en sémantique générale. La plupart de ces lois sont importantes tant du point de vue philosophique que du point de vue linguistique. D'une part, elles caractérisent des formes *a priori* de la pensée et de l'expérience telles qu'elles sont réalisées dans la structure logique du langage. D'autre part, elles permettent de déduire et d'expliquer des lois sémantiques importantes d'analyticité, de cohérence et d'implication pour les énoncés des langues naturelles. Je présenterai ces lois logiques sans recourir à une méthode formelle. Cependant, ainsi que je l'ai démontré ailleurs[1], ces lois peuvent être dérivées systématiquement par des méthodes de syntaxe et de sémantique logiques. On peut définir un langage idéal logiquement parfait capable de les exprimer en enrichissant de façon appropriée le langage-objet de la logique intensionnelle. On peut aussi développer à l'intérieur de la théorie des modèles de la théorie modale simple des types une sémantique formelle de ce langage idéal où ces lois logiques sont toutes valides. En outre, j'ai découvert un système axiomatique généralement complet, qui est une extension conservatrice de celui de Gallin[2] pour la logique intensionnelle, où ces lois peuvent être dérivées comme théorèmes.

D'un point de vue purement logique, la sémantique générale est donc une généralisation et une extension naturelles de la grammaire de

Montague. Elle poursuit le programme de recherche de Montague[3] qui est basé sur l'idée que nos langues naturelles humaines peuvent être étudiées et interprétées adéquatement en utilisant les mêmes techniques logiques rigoureuses que celles qui sont utilisées en méta-mathématique pour étudier et interpréter les langages formels artificiels de la logique et des mathématiques. Montague lui-même s'est limité dans ses écrits à l'analyse sémantique formelle de fragments de langues naturelles composés exclusivement d'énoncés déclaratifs. Il ne s'est pas préoccupé d'utiliser et de perfectionner sa grammaire logique pour interpréter des énoncés performatifs, voire des énoncés non déclaratifs. Il était fort probablement au courant des difficultés que sa définition carnapienne du type logique des propositions posait pour l'analyse formelle des actions humaines en général et des actes de discours en particulier. En dépit de cela, certains linguistes, comme Groenendijk et Stockhof en Hollande et Zaefferer et Hausser[4] en Allemagne, ont essayé d'appliquer telle quelle la grammaire logique de Montague à l'analyse sémantique d'énoncés performatifs ou non déclaratifs (en particulier aux énoncés interrogatifs).

D'un point de vue empirique, ces tentatives d'élargissement de la grammaire de Montague à des fragments non déclaratifs du langage ordinaire se sont soldées par un échec. Les linguistes susmentionnés n'ont pas réussi à caractériser adéquatement la structure logique propre à l'ensemble des actes de discours et, en particulier, ils ont échoué à prédire systématiquement, voire ils ont ignoré, de nombreuses instances fondamentales d'implication et d'incompatibilité illocutoires existant entre les énoncés non déclaratifs et performatifs. En outre, ils ont multiplié les prédictions sémantiques douteuses ou fausses. Dans l'optique philosophique de la théorie des actes de discours, qui entend préserver les acquis de la philosophie du langage ordinaire, l'échec de ces tentatives d'élargissement de la grammaire de Montague n'a rien de surprenant. Comment pourrait-on, en effet, réussir à analyser adéquatement des marqueurs de force illocutoire ou des verbes performatifs dans le cadre théorique étroit d'une grammaire logique, qui souffre des deux défauts conceptuels majeurs suivants? Premièrement, elle identifie le contenu propositionnel des énonciations à leurs conditions de vérité et, pour cette raison, ne dispose pas d'une relation d'implication entre propositions plus fine que l'implication stricte pour caractériser l'engagement illocutoire. Deuxièmement, elle n'admet pas dans son ontologie formelle des valeurs de succès en plus des valeurs de vérité et, pour cette raison, elle est incapable de représenter naturellement le fait que les actes illocutoires ont des conditions de succès qui ne sont pas réductibles à leurs conditions de satisfaction, voire aux conditions de vérité de leur contenu propositionnel. Cet échec historique dans la poursuite du programme de recherche de Montague n'a cependant rien d'irrémédiable.

Bien au contraire, comme je le montre dans *Meaning and Speech Acts*, on peut enrichir théoriquement d'une façon naturelle l'appareil logique de la grammaire de Montague et procéder dans de telles conditions à une analyse adéquate de la forme logique des actes de discours et à une interprétation sémantique satisfaisante des énoncés non déclaratifs et performatifs. Pour ce faire, il suffit 1) de ramifier la notion de signification en admettant une double indexation sémantique (comme en logique des démonstratifs), 2) d'enrichir son ontologie formelle en admettant des valeurs de succès et en complexifiant la définition du type logique des propositions, 3) d'ajouter à son lexique les quelques constantes logiques ou syncatégorèmes dont on a besoin en logique illocutoire et 4) de formuler une définition récursive des conditions de succès des énonciations. Dans le cadre d'un tel élargissement *théorique* de l'appareil logique de la grammaire de Montague, on peut *dériver*, par les moyens logiques habituels de la théorie simple modale des types, sans admettre d'autres entités nouvelles, les types logiques complexes propres aux forces et actes illocutoires. On peut aussi obtenir *par des règles d'abréviation* des expressions pour les forces illocutoires primitives, les opérations sur les forces, les actes illocutoires et les relations logiques entre actes de discours, forces illocutoires et propositions. Qui plus est, on peut prouver, par des moyens méta-mathématiques, que cette extension formelle adéquate pour les actes de discours, ne modifie pas l'ensemble des lois logiques qui sont valides dans le sous-langage initial de la grammaire de Montague[5].

1. LOIS POUR LES BUTS ILLOCUTOIRES ET LES TYPES D'ENONCES

Les lois les plus fondamentales de la sémantique générale concernent la direction d'ajustement des énonciations. Elles déterminent dans quelles conditions les locuteurs peuvent réussir à exprimer une proposition avec l'intention qu'une correspondance soit établie entre le langage et le monde lors de l'accomplissement d'un acte de discours. La plupart des lois logiques pour les buts illocutoires avec une direction d'ajustement non-vide sont dérivables de principes généraux qui relient systématiquement la logique illocutoire et la logique propositionnelle : elles traitent de relations logiques qui existent entre les conditions de succès et de satisfaction des actes de discours en vertu de leur direction d'ajustement. A ces lois logiques pour les buts illocutoires correspondent des lois sémantiques fondamentales d'analyticité, d'implication et d'incohérence pour les types syntaxiques d'énoncés exprimant les forces illocutoires primitives.

Voici ces principes qui permettent de faire le pont entre les conditions de succès et les conditions de satisfaction des énonciations.

1. La loi de la vérité du contenu propositionnel d'une déclaration réussie

Cette loi est une conséquence du fait que les énonciations déclaratives ont la double direction d'ajustement. Comme le but illocutoire déclaratif est d'accomplir l'action représentée par le contenu propositionnel par le seul fait de l'énonciation, toute déclaration réussie a un contenu propositionnel vrai et est *ipso facto* satisfaite. Voilà pourquoi les énoncés performatifs qui servent à déclarer que le locuteur accomplit un acte de discours impliquent illocutoirement de façon forte les énoncés non performatifs leur correspondant. Ainsi, toute énonciation réussie d'un énoncé performatif est également vraie et satisfaite.

2. La loi de l'engagement assertif lors de l'accomplissement du but illocutoire déclaratif

Comme le but illocutoire déclaratif consiste à accomplir une action par le fait de l'énonciation en se représentant comme accomplissant cette action, toute déclaration contient une assertion de son contenu propositionnel. Une énonciation avec la double direction d'ajustement a aussi la direction d'ajustement plus simple des mots aux choses. Cette relation logique entre les buts illocutoires déclaratif et assertif se montre linguistiquement dans le fait que les énoncés performatifs qui servent à faire des déclarations, sont une catégorie particulière d'énoncés déclaratifs dans lesquels le type déclaratif est modifié par certaines expressions, comme la locution «par la présente», exprimant le mode d'accomplissement propre aux déclarations.

3. La loi de la vérité contingente d'une énonciation satisfaite ayant la direction d'ajustement des choses aux mots

Un locuteur qui accomplit un acte de discours avec l'intention que le monde en vienne à correspondre aux mots qu'il utilise doit exprimer une proposition représentant une action contingente d'un des protagonistes de l'énonciation. En effet, pour que le monde puisse être transformé par l'action du locuteur ou de l'allocutaire de façon à correspondre au contenu propositionnel d'une énonciation, il faut que cette action ne soit pas un état de choses complexe (comme l'action de faire ou de ne pas faire quelque chose) qui existe de toute façon indépendamment de cette énonciation. Voilà pourquoi des énoncés performatifs ou impératifs comme «Je promets de venir ou de ne pas venir» et «S'il vous plaît, venez ou ne venez pas!», dont la vérité du contenu propositionnel est connue *a priori*, sont illocutoirement incohérents et expriment des actes de discours non performables.

4. Le principe de la rationalité des locuteurs

Comme je l'ai dit auparavant, le langage est l'œuvre de la raison. Ceci signifie, en particulier, que les locuteurs sont rationnels lors de leur accomplissement d'actes de discours. Cette rationalité constitutive de la compétence linguistique se montre dans les deux lois suivantes qui gouvernent l'emploi du langage.

4.1. La loi de la cohérence minimale des locuteurs

Lors de l'accomplissement d'actes de discours, les locuteurs sont *minimalement cohérents*. Ils ne tentent jamais d'accomplir simultanément deux actes illocutoires élémentaires de la forme $F_1(P)$ et $F_2(\sim P)$ dans le but de réaliser un ajustement entre le langage et le monde en suivant une même direction. En effet, des locuteurs et allocutaires compétents savent l'un et l'autre *a priori*, en vertu de leur compétence linguistique, qu'une proposition et sa négation ne peuvent être simultanément vraies dans le monde et, par conséquent, qu'aucun ajustement n'est possible en cas d'accomplissement simultané de tels actes illocutoires, qui ne sont pas simultanément satisfaisables. Ainsi, par exemple, un locuteur ne peut à la fois affirmer et nier la même proposition ou à la fois conseiller et déconseiller à l'allocutaire d'accomplir la même action. Il ne serait pas rationnel pour un locuteur de faire une énonciation dans le but linguistique de réaliser un ajustement entre le langage et le monde, alors que ce locuteur et son allocutaire savent nécessairement que cette énonciation est condamnée à l'échec parce que son contenu propositionnel est impossible.

Cette loi de cohérence minimale des locuteurs explique pourquoi des énoncés déclaratifs, impératifs et performatifs dont les clauses expriment des propositions contradictoires de la forme $(P \wedge \sim P)$ sont à la fois véri-conditionnellement et illocutoirement incohérents. L'appareil du langage tourne à vide quand des énoncés comme «Il pleut et il ne pleut pas», «Viens et ne viens pas ici!» et «Je te conseille et je te déconseille de venir» sont prononcés. Cette loi explique aussi pourquoi des paradoxes sémantiques comme celui du menteur, qu'on peut généraliser à toutes les forces illocutoires, ne surgissent pas vraiment dans l'usage des langues naturelles, contrairement à ce que craignent des logiciens comme Tarski[6]. Il n'est pas vrai que des énonciations sui-référentielles telles que «Cette assertion est fausse», «Désobéissez à cet ordre!» et «Je promets de ne pas tenir cette promesse» sont satisfaites si et seulement si elles ne le sont pas. En effet, la satisfaction de telles énonciations impliquent leur succès et la loi de la cohérence minimale des locuteurs prédit qu'elles sont analytiquement ratées.

La loi de la cohérence minimale des locuteurs ne fait pas de ceux-ci des êtres parfaitement logiques. Ainsi, les locuteurs sont parfois incohérents dans leur usage du langage. Ils affirment simultanément des propositions dont les conditions de vérité sont incompatibles. Mais, dans de tels cas, ils ne savent pas *a priori* que ces propositions sont incompatibles, car il n'est pas vrai que l'une d'entre elle implique fortement la négation de l'autre. Les locuteurs peuvent également être incohérents lors de l'expression linguistique d'états mentaux. Ils peuvent, par exemple, exprimer des désirs qu'ils savent *a priori* ne pas être satisfaisables lors de l'énonciation d'énoncés optatifs tels que «Si seulement la loi de non-contradiction était fausse». Mais, dans ce cas, leurs énonciations sont expressives. Elles ont la direction d'ajustement vide.

4.2. *La loi de la compatibilité de l'implication forte relativement aux buts illocutoires avec une direction non vide d'ajustement*

Un locuteur qui accomplit un but illocutoire avec une direction d'ajustement non vide exprime un contenu propositionnel dans le but de réaliser une correspondance entre le langage et le monde suivant la direction d'ajustement déterminée par ce but. Cependant, comme je l'ai signalé plus haut, l'implication forte est *réalisée cognitivement* dans l'esprit des locuteurs. Quand un locuteur exprime une proposition avec une force illocutoire, il exprime également toutes les propositions qui sont fortement impliquées par elle et il sait aussi nécessairement, en vertu de sa compétence, que ces propositions sont strictement impliquées par le contenu propositionnel de son acte de discours.

Selon une telle analyse, un locuteur rationnel ne peut exprimer et relier une proposition P_1 au monde dans le but de réaliser une correspondance entre les mots et les choses suivant la direction d'un but illocutoire sans également relier au monde, suivant la même direction d'ajustement, toutes les propositions plus faibles P_2 qui satisfont les conditions sur le contenu propositionnel du but illocutoire de son énonciation. En effet, ce locuteur et son allocutaire savent l'un et l'autre *a priori* que la vérité de ces propositions plus faibles est une condition nécessaire pour que l'énonciation soit satisfaite. Ainsi, un locuteur qui s'engage à apprendre l'allemand et le portugais entend *ipso facto* s'engager à apprendre l'allemand. En effet, ce locuteur sait *a priori* qu'un tel engagement ne peut être tenu autrement.

Comme je le montrerai plus loin, *l'implication forte* est la relation d'implication logique plus fine qui permet de caractériser adéquatement les cas d'engagement illocutoire entre actes de discours dus à des inclusions de conditions de vérité de leur contenu propositionnel. En effet, un acte de discours $F(P_1)$ avec une force illocutoire primitive ayant une direction d'ajustement non vide engage fortement le locuteur à l'acte de discours $F(P_2)$ quand son contenu propositionnel P_1 implique fortement la proposition P_2 et que cette proposition P_2 satisfait les conditions sur le contenu propositionnel de la force F. Ainsi, par exemple, une assertion de P et de (P→Q) engage le locuteur à une assertion de Q. De même, l'assertion d'une disjonction ($P_1 \vee P_2$) engage le locuteur à affirmer une proposition Q, quand les deux propositions disjointes P_1 et P_2 impliquent fortement la proposition Q. Voilà pourquoi toutes les règles d'élimination des connecteurs de vérité de la déduction naturelle donnent lieu à des lois d'implication illocutoire entre énoncés dans l'usage des langues naturelles. Ces règles sont en effet telles que les propositions exprimées par leurs conclusions sont toujours fortement impliquées par les conjonctions des propositions exprimées par leurs prémisses. Ainsi, par exemple, l'énoncé impératif «Viens me voir demain à la maison ou au bureau!» implique illocutoirement de façon forte l'énoncé impératif plus simple «Viens me voir demain!». Par contre, certaines lois d'introduction de connecteurs de vérité comme, par exemple, la loi d'introduction de la disjonction n'engendrent pas systématiquement d'implication illocutoire parce que les contenus des propositions exprimées par leurs conclusions ne sont pas en général inclus dans l'union des contenus des propositions exprimées par leurs prémisses. Ainsi l'énoncé «Je te prie de venir» n'implique pas illocutoirement l'énoncé «Je te prie de venir ou d'errer à tout jamais».

En logique illocutoire, il existe donc deux cas d'échec de compatibilité de l'implication stricte relativement au but illocutoire. Un locuteur peut accomplir lors d'une énonciation un but illocutoire sur une proposition P_1 qui en implique strictement une autre P_2 sans pour autant accomplir ce but sur cette autre proposition. C'est le cas, premièrement, quand le contenu de P_2 n'est pas inclus dans celui de P_1, et deuxièmement, quand la proposition P_2 ne satisfait pas les conditions sur le contenu propositionnel déterminées par ce but dans le contexte de l'énonciation. Dans le premier cas, le locuteur peut en effet exprimer la proposition P_1 sans comprendre qu'elle implique P_2. Dans le second, la proposition P_2 n'est pas un contenu possible pour ce type de but illocutoire dans le contexte de l'énonciation.

5. La loi de fondation

L'ensemble de toutes les propositions sur lesquelles le locuteur accomplit un but illocutoire avec une direction d'ajustement non vide dans un contexte d'énonciation est partiellement ordonné par la relation d'implication forte, et contient un supremum unique[7].

Parmi toutes les propositions qu'un locuteur exprime avec l'intention d'accomplir un but illocutoire lors d'une énonciation ayant une direction d'ajustement non vide, il en existe une qui implique fortement toutes les autres. Et c'est du fait d'accomplir ce but illocutoire sur cette proposition que le locuteur dans ce contexte accomplit le même but sur toutes les autres. La loi de fondation sert à représenter en logique illocutoire un trait important des engagements illocutoires des locuteurs. Dans tout contexte où un locuteur accomplit des actes illocutoires, il accomplit ces actes du fait d'accomplir un acte illocutoire fort unique qui l'engage fortement à tous les autres. Ainsi, toutes les chaînes d'engagements illocutoires forts d'un locuteur, dans un contexte d'énonciation, ont toujours un point de départ unique. Cette loi du langage reflète la finitude des locuteurs humains. La signification du locuteur, de même que ses énonciations, doivent être constructibles en un temps fini. Voilà pourquoi dans tout contexte où une énonciation littérale est réussie, l'énoncé utilisé par le locuteur implique illocutoirement tous les énoncés exprimant dans ce contexte des actes illocutoires accomplis.

2. LOIS POUR LES FORCES ILLOCUTOIRES ET LES MARQUEURS

Le but de cette section est d'énumérer une série de lois importantes qui sont dérivables à partir de la définition récursive de l'ensemble des forces illocutoires. La plupart de ces lois reflètent des formes *a priori* de la pensée qui sont fonction de la combinatoire logique des modes de pensée. Certaines expliquent aussi une série de lois d'implication illocutoire forte qui s'appliquent aux énoncés ayant le même sens dans les langues naturelles.

1. Lois pour les composantes de forces illocutoires

L'identité d'une force illocutoire étant fonction de ses composantes, chaque force illocutoire est de la forme $[(\mu, \theta, \Sigma, \Psi), k, \pi]$ où μ, θ, Σ et Ψ sont respectivement un mode d'accomplissement, une condition sur le contenu propositionnel, une condition préparatoire et une condition de sincérité, k est un nombre entier mesurant un degré de puissance et π un but illocutoire.

Les *composantes* des forces illocutoires peuvent être définies naturellement comme suit à partir des conditions de succès qu'elles déterminent[8].

Le ou les *but(s) illocutoire(s)* d'une force F sont les buts qui sont nécessairement accomplis sur le contenu propositionnel P en cas d'accomplissement d'un acte de la forme F(P). Autrement dit, π est un but illocutoire de la force F si et seulement si, dans toute interprétation, si un acte de la forme F(P) est accompli dans un contexte i alors $\pi(i,P) = S$. Certaines forces illocutoires ont plusieurs buts. Ainsi, par exemple, la force illocutoire de déclaration a à la fois le but déclaratif, le but assertif et le but expressif. En général, dans de tels cas, l'un de ces buts est plus fort que les autres.

Le *mode d'accomplissement* d'une force F est la *conjonction* de tous les modes avec lesquelles son ou ses buts illocutoires sont nécessairement accomplis sur le contenu propositionnel P en cas d'accomplissement d'un acte de la forme F(P).

Les *conditions sur le contenu propositionnel* θ_F d'une force F sont *l'intersection* de toutes les conditions sur le contenu propositionnel nécessairement satisfaites par une proposition P en cas d'accomplissement d'un acte de la forme F(P). Autrement dit, θ_F est l'intersection (au sens booléen défini plus haut) de toutes les conditions sur le contenu propositionnel θ telles que si F(P) est accompli dans un contexte i, alors P appartient à θ(i).

Les *conditions préparatoires* Σ_F d'une force F sont *l'union* de toutes les conditions préparatoires nécessairement présupposées en cas d'accomplissement d'un acte de la forme F(P). Plus précisément, Σ_F est l'union de toutes les conditions préparatoires Σ telles que si l'acte F(P) est accompli dans un contexte i, alors le locuteur présuppose toutes les propositions Σ(i,P) dans ce contexte.

Les *conditions de sincérité* Ψ_F d'une force F sont *l'union* de toutes les conditions de sincérité nécessairement exprimées par le locuteur en cas d'accomplissement d'un acte illocutoire ayant cette force. Autrement dit, Ψ_F est l'union de toutes les conditions de sincérité Ψ telles que si un acte de la forme F(P) est accompli dans un contexte, alors le locuteur exprime tous les états mentaux de la forme m(P) où m appartient à Ψ.

Enfin, le *degré de puissance* d'une force F est le plus grand degré k avec lequel les états mentaux m(P), ayant un mode m appartenant aux conditions de sincérité de F, sont nécessairement exprimés en cas d'accomplissement d'un acte de la forme F(P) quand cette force F est possible. (Il existe un tel degré maximal à cause de la loi de fondation).

2. Les forces illocutoires primitives sont les plus simples possibles

Une force illocutoire primitive est de la forme [(1_μ, 1_θ, 1_Σ, 1_Ψ), 0, π] où 1_μ, 1_θ, 1_Σ et 1_Ψ sont respectivement le mode *neutre* d'accomplissement, la condition sur le contenu propositionnel, la condition préparatoire et la condition de sincérité *neutres*, 0 est le degré de puissance *neutre* et π est un but illocutoire.

La simplicité logique des forces illocutoires primitives avec une direction d'ajustement simple se montre linguistiquement dans le fait qu'elles sont en général exprimées par des types d'énoncés syntaxiquement simples. Ainsi, par exemple, les forces primitives assertive et directive sont réalisées respectivement dans les types d'énoncés déclaratif et impératif.

3. Chaque force illocutoire dérivée par l'application d'une opération à une autre force implique ou est impliquée par cette force

En logique illocutoire, on dit qu'une force F_1 en *implique* une autre F_2 quand tout acte de discours de la forme $F_1(P)$ engage fortement le locuteur à l'acte correspondant de la forme $F_2(P)$. On dit qu'une force est *plus forte* qu'une autre, quand elle implique cette autre sans lui être identique. Enfin une force est *plus faible* qu'une autre quand cette autre est plus forte qu'elle.

En particulier, les opérations qui consistent à restreindre le mode d'accomplissement du but illocutoire, à augmenter le degré de puissance et à ajouter des conditions sur le contenu propositionnel, des conditions préparatoires et les conditions de sincérité nouvelles engendrent des forces illocutoires égales ou plus fortes. Par contre, l'opération qui consiste à diminuer le degré de puissance engendre des forces illocutoires plus faibles.

Ce qui donne les lois d'engagement illocutoire suivantes :

3.1. La force illocutoire $[\mu]F$ obtenue à partir de la force F en imposant le mode d'accomplissement μ est égale à ou plus forte que F

En effet, un acte de discours de la forme $[\mu]F(P)$ est accompli dans un contexte d'énonciation si et seulement si l'acte illocutoire $F(P)$ est accompli dans ce contexte et si le locuteur, en outre, accomplit le(s) but(s) illocutoire(s) de F sur le contenu propositionnel P avec le mode d'accomplissement μ. Ainsi, par exemple, un locuteur demande quelque chose dans un contexte d'énonciation si et seulement s'il fait une tentative linguistique pour que l'allocutaire fasse cette chose dans ce contexte en lui donnant option de refus[9].

Cette loi explique pourquoi des énoncés de la forme [d] f(p), où un marqueur f est modifié par une locution adverbiale d exprimant un mode spécial d'accomplissement, impliquent fortement d'un point de vue illocutoire les énoncés plus simples de la forme f(p). Ainsi, par exemple, les énoncés «S'il te plaît, viens!» et «Que tu le veuilles ou non, viens!» impliquent tous deux illocutoirement l'énoncé plus simple «Viens!».

3.2. *La force illocutoire [θ]F obtenue à partir de la force F en ajoutant la condition sur le contenu propositionnel θ est égale à ou plus forte que* F

En effet, un acte de discours de la forme [θ]F(P) est accompli dans un contexte d'énonciation si et seulement si l'acte illocutoire F(P) est accompli dans ce contexte et si le contenu propositionnel P satisfait la condition sur le contenu propositionnel θ dans ce contexte[10].

Ainsi, par exemple, la force illocutoire de question est plus forte que celle de demande. Un locuteur qui pose une question demande en effet à l'allocutaire d'accomplir un acte de discours futur qui soit une réponse à cette question. D'un point de vue logique, le type des énoncés interrogatifs n'est donc pas aussi simple que les types déclaratif et impératif, comme cela se montre linguistiquement dans le fait que tout énoncé interrogatif implique illocutoirement un énoncé impératif dont le marqueur syntaxiquement complexe exprime la force directive dérivée de demande. Ainsi, par exemple, l'énoncé interrogatif «Est-ce qu'il neige?» implique illocutoirement l'énoncé «S'il vous plaît, dites-moi s'il neige!».

3.3. *La force illocutoire [Σ]F obtenue à partir de la force F en ajoutant la condition préparatoire Σ est égale à ou plus forte que cette force*

En effet, un acte de discours de la forme [Σ]F(P) est accompli dans un contexte d'énonciation si et seulement si l'acte illocutoire F(P) est accompli dans ce contexte et si le locuteur, en outre, présuppose toutes les propositions Σ(i,P) que cette condition préparatoire associe au contenu propositionnel P dans ce contexte. Ainsi, par exemple, une recommandation engage fortement le locuteur à un conseil parce qu'un locuteur qui recommande à un allocutaire de faire quelque chose lui conseille de faire une action en présupposant que cette action est bonne.

Cette loi logique explique pourquoi les énoncés de la forme [d]f(p), où un marqueur f est modifié par une locution adverbiale d exprimant une condition préparatoire, impliquent fortement d'un point de vue illocutoire les énoncés plus simples de la forme f(p). Ainsi, les énoncés «Heureusement, il est mort» et «Malheureusement, il est mort» impliquent tous deux illocutoirement l'énoncé «Il est mort».

3.4. La force illocutoire [Ψ]F *obtenue à partir de la force F en ajoutant la condition de sincérité Ψ est égale à ou plus forte que cette force F*

En effet, un acte de discours de la forme [Ψ]F(P) est accompli dans un contexte d'énonciation si et seulement si l'acte illocutoire F(P) est accompli dans ce contexte et si, en outre, le locuteur exprime avec le degré de puissance de F tous les états mentaux m(P) d'un mode m appartenant aux conditions de sincérité Ψ. Ainsi, par exemple, une lamentation engage fortement à une assertion parce qu'un locuteur qui se lamente à propos d'un état de choses affirme l'existence de cet état de choses tout en exprimant une grande tristesse. C'est pourquoi tout énoncé de la forme [d]f(p), où un marqueur f est modifié par une locution adverbiale d exprimant une condition de sincérité, implique illocutoirement l'énoncé plus simple f(p). Ainsi, l'énoncé «Hélas, il pleut» implique illocutoirement l'énoncé «Il pleut».

3.5. La force illocutoire [+1]F *obtenue à partir de la force F en augmentant d'une unité le degré de puissance est plus forte que cette force. Inversement, la force illocutoire [−1]F obtenue à partir de la force F en diminuant d'une unité le degré de puissance est plus faible que la force F*

En effet, un acte de discours de la forme [+1]F(P) est accompli dans un contexte d'énonciation si et seulement si l'acte illocutoire F(P) est accompli dans ce contexte et si, en outre, le locuteur exprime les états mentaux déterminés par les conditions de sincérité avec un degré de puissance supérieur à celui de F. Ainsi, par exemple, un locuteur ne peut supplier sans demander, car une supplication a un degré de puissance plus fort qu'une simple demande. C'est pourquoi des énoncés comme «Franchement, il pleut» et «Sincèrement, aide-moi!» impliquent respectivement d'un point de vue illocutoire les énoncés plus simples «Il pleut» et «Aide-moi!».

4. Toute force illocutoire plus forte qu'une autre peut être obtenue à partir de cette autre en restreignant son mode d'accomplissement, en augmentant son degré de puissance ou en ajoutant des conditions sur le contenu propositionnel, des conditions préparatoires ou des conditions de sincérité nouvelles

Si la force F_1 est plus forte que F_2 alors il existe un mode μ, une condition sur le contenu propositionnel θ, une condition préparatoire Σ, une condition de sincérité Ψ et un nombre naturel k tels que $F_1 = [\mu][\theta][\Sigma][\Psi][k] F_2$.

La force illocutoire de menace, par exemple, est plus forte que celle d'engagement parce qu'elle a la condition préparatoire supplémentaire que ce à quoi s'engage le locuteur est mauvais pour l'allocutaire.

Cette loi logique est illustrée dans la langue par le fait suivant : lorsqu'un verbe performatif f_1 nomme une force illocutoire plus forte que celle nommée par un autre verbe performatif f_2, on peut en général combiner f_2 avec des modificateurs et composer un verbe performatif complexe de la forme $[d_1] \ldots [d_n] f_2$ ayant la même signification que f_1. Ainsi, par exemple, on peut indifféremment prier quelqu'un d'entrer en disant «Je vous prie d'entrer» ou «Je vous demande poliment d'entrer». Cette loi logique pour forces illocutoires est intéressante parce qu'elle traduit une certaine complétude des opérations sur forces illocutoires.

5. L'ordre d'application des opérations sur forces illocutoires n'a pas d'importance

Ainsi, par exemple, $[\Psi][\Sigma][k] F = [\Sigma] [k] [\Psi] F$. Cette loi logique est illustrée dans la langue par le fait que l'ordre d'apparition des modificateurs dans les marqueurs de force illocutoire n'affecte pas leur valeur sémantique. Les énonciations «Fils, hélas, malheureusement, il est mort» et «Hélas, fils, malheureusement, il est mort» ont, par exemple, la même force illocutoire.

6. La relation d'implication entre forces illocutoires est une relation d'ordre partiel

Elle est réflexive, antisymétrique et transitive. Ce qui explique la loi suivante d'identité pour forces illocutoires : Deux forces F_1 et F_2 sont identiques si et seulement si tous les actes illocutoires des formes $F_1(P)$ et $F_2(P)$ ont les mêmes conditions de succès. Ainsi, il y a une relation logique entre les composantes des forces illocutoires et les conditions de succès qu'elles déterminent. Des forces illocutoires avec des composantes différentes déterminent différentes conditions de succès pour certains contenus propositionnels et, conséquemment, remplissent différents buts linguistiques.

Les quatre lois précédentes montrent que l'ensemble de toutes les forces illocutoires d'énonciations est beaucoup plus structuré sur le plan logique qu'on ne le croyait en philosophie contemporaine où l'on avait tendance à supposer que seuls les contenus propositionnels des énonciations obéissaient à des lois rigoureuses. L'une des découvertes de la sémantique générale est le fait qu'au contraire, les lois d'implication illocutoire engendrées par les opérations sur les forces illocutoires sont beaucoup plus fortes que les lois d'implication stricte engendrées par les opérations sur les propositions. Ainsi, par exemple, contrairement à ce qu'il en est du côté illocutoire, il n'est pas vrai que toute proposition obtenue à partir d'une autre en appliquant une opération logique implique strictement ou est strictement impliquée par cette autre proposition. Il n'est pas vrai également qu'une proposition qui en implique strictement une autre puisse être obtenue à partir de celle-ci par l'application d'opérations logiques. En outre, l'ordre d'application des opérations sur les propositions affecte souvent leurs conditions de vérité. Enfin, la relation d'implication stricte entre propositions, contrairement à la relation d'implication entre forces illocutoires, n'est pas antisymétrique.

7. Des forces illocutoires ayant des composantes complémentaires (au sens booléen du terme) sont incompatibles

Si une composante d'une force F_1 est le complément d'une composante d'une autre force illocutoire F_2, les deux forces sont incompatibles en ce sens que deux actes de discours de la forme $F_1(P)$ et $F_2(P)$ ne sont pas simultanément performables dans l'usage du langage.

Ainsi, par exemple, on ne peut à la fois supplier quelqu'un de faire quelque chose et le lui commander (parce que les forces de ces deux actes illocutoires directifs ont des modes d'accomplissement incompatibles). De même, on ne peut à la fois prédire et relater le même événement (parce que ces actes de discours ont des conditions sur le contenu propositionnel incompatibles). Dans le même ordre d'idées, on ne peut à la fois menacer et promettre à un allocutaire de faire la même action (parce que ces actes ont des conditions préparatoires incompatibles), pas plus qu'on ne peut à la fois remercier et critiquer un allocutaire d'avoir accompli une même action (parce que ces actes ont des conditions de sincérité incompatibles).

Le fait que des actes de discours ayant les mêmes contenus propositionnels et des forces illocutoires avec des composantes relativement incompatibles ne soient pas simultanément performables est illustré dans la langue par le fait que les énoncés exprimant de tels actes sont incompatibles d'un point de vue illocutoire. Ainsi, par exemple, des énonciations telles que «S'il te plaît, que cela te plaise ou non, viens!» et «Je te loue et te critique d'avoir fait cela» sont linguistiquement bizarres et analytiquement ratées.

3. LOIS D'IMPLICATION

Comme je l'ai mentionné plus haut, l'un des buts principaux de la sémantique générale est de formuler les lois fondamentales d'implication logique (véri-conditionnelle et illocutoire) qui existent entre les énoncés des langues naturelles en vertu de leur forme logique. Ces lois fondamentales d'implication sont importantes parce qu'elles expliquent quels raisonnements pratiques et théoriques valides les locuteurs sont capables de faire en vertu de leur compétence linguistique dans leur usage et leur compréhension des langues naturelles.

Voici les principales lois d'implication à cet effet.

1. La loi de synonymie

Deux énoncés $f_1(p_1)$ et $f_2(p_2)$ sont *synonymes* si et seulement s'ils sont illocutoirement équivalents et si leur clause exprime les mêmes propositions dans les mêmes contextes.

Cette loi de synonymie est une conséquence de la loi d'identité selon laquelle deux actes illocutoires élémentaires sont identiques si et seulement s'ils ont le même contenu propositionnel et les mêmes conditions de succès. Ainsi, les énoncés «Comme c'est gentil à vous d'aider Paul et Marie!» et «Comme c'est gentil à vous d'aider Marie et Paul», qui diffèrent seulement par l'ordre dans lequel apparaissent les arguments de connecteurs de vérité commutatifs, sont synonymes. De même, les énoncés «S'il te plaît, fils, fais-le» et «Fils, s'il te plaît, fais-le», qui diffèrent seulement par l'ordre des modificateurs de leur marqueur, sont synonymes.

Par contre, des énoncés qui expriment dans tous les contextes des actes illocutoires avec les mêmes conditions de succès et de satisfaction ne sont pas synonymes, quand leur clause n'exprime pas les mêmes propositions. Ainsi, tous les énoncés illocutoirement et véri-conditionnellement incohérents (comme «Il pleut et il ne pleut pas» et «Il vente et il ne vente pas») ne sont pas pour autant synonymes en sémantique générale.

2. Les différentes notions sémantiques d'analyticité, de nécessité ou d'impossibilité ne coïncident pas en extension

Des énoncés dont l'énonciation est analytiquement satisfaite ou réussie, comme «Je suis en train de parler», n'expriment pas pour autant des actes de discours nécessairement satisfaits ou accomplis. Semblablement, des énoncés dont l'énonciation est analytiquement non satisfaite ou ratée, comme «Je ne fais jamais aucune assertion», ne sont pas pour autant véri-conditionnellement ou illocutoirement incohérents.

Ces lois sont explicables par le double système d'indexation sémantique des interprétations des langues naturelles. Une énonciation de l'énoncé «Il pleut aujourd'hui et je ne crois pas qu'il pleuve aujourd'hui» est analytiquement ratée parce qu'un locuteur qui affirme une proposition exprime sa croyance en cette proposition. Il ne peut donc dans le contexte de cette énonciation nier cette croyance sans se contredire. Par contre, dans un autre contexte, le lendemain, par exemple, ce même locuteur peut affirmer la même proposition, à savoir qu'il pleuvait hier et qu'il ne le croyait pas, sans qu'il n'y ait aucune contradiction.

3. **Tout énoncé de la forme [d]f(p), où d est un modificateur de marqueur exprimant une composante de force illocutoire ou une augmentation de degré de puissance, implique fortement d'un point de vue illocutoire l'énoncé plus simple f(p) correspondant**

Cette loi sémantique est une conséquence immédiate du fait que les opérations sur les forces illocutoires engendrent des implications illocutoires.

Ainsi les énoncés «Que tu le veuilles ou non, fais-le!», «Bien sûr, fais-le!», et «Bravo, fais-le!» impliquent tous illocutoirement l'énoncé plus simple «Fais-le!». Remarquons que la loi sémantique correspondante n'est pas valide pour l'implication véri-conditionnelle. Il n'est pas vrai en général qu'un énoncé de la forme f(dp), où d est un connecteur propositionnel, implique véri-conditionnellement l'énoncé plus simple correspondant f(p), parce que les opérations sur les propositions n'engendrent pas systématiquement des implications strictes au niveau des contenus propositionnels.

4. **Chaque énoncé élémentaire implique illocutoirement et véri-conditionnellement l'énoncé expressif lui correspondant**

Cette loi est une conséquence sémantique de la *neutralité* du but illocutoire expressif. Tout locuteur qui accomplit un acte de discours de la forme F(P) exprime *ipso facto* des états mentaux à propos de l'état de choses représenté par le contenu propositionnel; par conséquent, il accomplit un ou plusieurs actes illocutoires expressifs. Ainsi, par exemple, l'énoncé déclaratif «Hélas, il est mort» implique illocutoirement l'énoncé expressif «Comme c'est triste qu'il soit mort!». De même que les actes illocutoires expressifs sont les actes de discours les plus faibles, les énoncés exclamatifs constituent le type le plus faible d'énoncés des langues naturelles. Des énoncés de tous les autres types syntaxiques impliquent illocutoirement des énoncés de type exclamatif, alors qu'aucun énoncé exclamatif n'implique par lui-même d'énoncé d'un autre type.

5. Les énoncés performatifs constituent le type le plus fort d'énoncés des langues naturelles

De même que les déclarations constituent le type le plus fort d'actes illocutoires, les énoncés performatifs, qui servent à faire des déclarations, constituent le type le plus fort d'énoncés des langues naturelles. Toute déclaration réussie étant *ipso facto* vraie, satisfaite, sincère et sans défaut, toutes les énonciations réussies d'énoncés performatifs ont également ces propriétés.

Ainsi, contrairement à ce qu'il en est pour les autres types d'énoncés, les énonciations performatives *se garantissent d'elles-mêmes*[11], en ce sens que le locuteur ne peut pas mentir ou se tromper quant à la nature de l'action qu'il entend accomplir (même s'il peut mentir ou se tromper quant au contenu propositionnel de cette action). Ainsi, par exemple, un locuteur qui dit : «Bravo pour votre promotion!» peut mentir et ne pas du tout se réjouir de la promotion en question tout en réussissant à féliciter l'allocutaire. Par contre, un locuteur qui dit (en parlant littéralement) «Je vous félicite pour votre promotion» est nécessairement sincère quand à la nature de l'acte de discours qu'il entend accomplir par déclaration. Il a nécessairement l'intention et le désir de féliciter l'allocutaire, et la croyance que son énonciation constitue un tel acte de félicitation (même s'il peut mentir secondairement quant au contenu propositionnel de cette félicitation, si, par exemple, cette promotion ne le réjouit pas).

En outre, contrairement à ce qu'il en est pour les autres types d'énoncés, les énonciations performatives sont nécessairement satisfaites. Ainsi, lors d'énonciations performatives, les locuteurs peuvent accomplir des actes illocutoires élémentaires de n'importe quelle force illocutoire. C'est pourquoi les énoncés performatifs impliquent illocutoirement les énoncés correspondants d'autres types dont le marqueur exprime une force nommée par un verbe performatif. Ainsi, par exemple, l'énoncé performatif «Je vous félicite de votre promotion» implique illocutoirement l'énoncé exclamatif correspondant «Bravo pour votre promotion!». Par contre, aucun énoncé non performatif ne peut impliquer illocutoirement d'énoncé performatif, parce qu'on peut toujours accomplir les actes de discours qu'ils expriment sans faire de déclaration.

Contrairement à l'hypothèse performative avancée par certains linguistes[12], un énoncé et l'énoncé performatif lui correspondant ne sont donc pas synonymes. Les locuteurs peuvent accomplir des actes de discours comme des questions ou des assertions sans pour autant déclarer qu'ils accomplissent ces actes. Ainsi, des énoncés comme «Est-ce qu'il pleut?» et «Il neige» n'impliquent pas illocutoirement les énoncés performatifs correspondants «Je vous demande s'il pleut» et «J'affirme qu'il neige». D'un point de vue logique, les actes de discours qui sont la signification dans un même contexte d'un énoncé et de l'énoncé performatif correspondant ont des conditions de succès et des conditions de satisfaction différentes. Conséquemment, l'hypothèse performative est fausse en sémantique.

6. Les énonciations directives, engageantes et performatives satisfaites sont nécessairement réussies

Tout énoncé impératif ou performatif implique véri-conditionnellement le succès de son énonciation. Cette loi sémantique est une conséquence immédiate du caractère sui-référentiel des conditions de satisfaction des actes de discours avec la direction d'ajustement des choses aux mots.

Les lois précédentes d'implication sont exclusivement liées à la signification des marqueurs de force illocutoire. Les lois qui suivent sont, par contre, également liées à la signification des clauses des énoncés élémentaires et, plus particulièrement, à la signification de leurs connecteurs de vérité.

7. Quand, dans toute interprétation possible, la clause p exprime dans tout contexte une proposition impliquant fortement celle exprimée par la clause q dans le même contexte, l'énoncé déclaratif simple de la forme f(p) implique illocutoirement l'énoncé déclaratif correspondant f(q)

Cette loi sémantique est une conséquence du principe de rationalité des locuteurs et du fait que la force primitive d'assertion n'a pas de condition particulière sur le contenu propositionnel.

8. **De même, un énoncé engageant ou impératif simple f(p) implique illocutoirement l'énoncé correspondant f(q) quand, dans toute interprétation, la clause q exprime une proposition contingente fortement impliquée par la proposition exprimée par p**

Le caractère plus restreint de cette loi sémantique, qui est également une conséquence du principe de rationalité, s'explique par l'exigence de contingence du contenu propositionnel des énonciations ayant la direction d'ajustement des choses aux mots.

Ce qui explique les lois illocutoires suivantes d'élimination et d'introduction de connecteurs de vérité [13] :

Corollaire 1. La loi d'élimination de la conjonction

Un énoncé élémentaire déclaratif, engageant ou impératif simple de la forme f(p∧q) implique fortement d'un point de vue illocutoire les deux énoncés plus simples f(p) et f(q). Ainsi, par exemple, l'énoncé «Mangez des tomates et buvez du lait!» implique illocutoirement les deux énoncés «Mangez des tomates!» et «Buvez du lait!» (quand le connecteur «et» est interprété véri-fonctionnellement).

Corollaire 2. La loi d'introduction de la conjonction

L'énoncé qui est la conjonction de deux énoncés élémentaires simples f(p) et f(q) implique fortement d'un point de vue illocutoire l'énoncé f(p∧q). Ainsi, par exemple, l'énoncé «Je vous promets de venir et je vous promets de lui parler» implique illocutoirement l'énoncé «Je vous promets de venir et de lui parler».

Corollaire 3. Une loi restreinte d'introduction de la disjonction

Un énoncé de la forme f(p) implique illocutoirement un énoncé f(p∨q) *seulement si*, selon toute interprétation, la proposition exprimée par p implique fortement celle exprimée par q. Ainsi, par exemple, un énoncé tel que «Aide-moi!» n'implique pas illocutoirement l'énoncé «Aide-moi ou mange des haricots!».

Corollaire 4. La loi d'élimination de la disjonction

Si deux énoncés élémentaires simples $f(p_1)$ et $f(p_2)$ impliquent tous deux illocutoirement l'énoncé f(q), alors l'énoncé disjonctif $f(p_1 \vee p_2)$ implique également illocutoirement l'énoncé f(q). Ainsi, par exemple, l'énoncé performatif «Je promets de le faire à Paris ou à Varsovie» implique illocutoirement l'énoncé plus simple «Je promets de le faire».

Corollaire 5. La loi d'élimination de l'implication matérielle

Un énoncé élémentaire simple de la forme f(p∧(p→q)) implique illocutoirement l'énoncé plus simple f(q). Ainsi, par exemple, l'énoncé « Jules est Sud-américain et s'il est Sud-américain, il parle espagnol ou portugais » implique illocutoirement l'énoncé « Jules parle espagnol ou portugais ».

Les lois d'implication illocutoire précédentes s'appliquent à des énoncés élémentaires simples dont le marqueur exprime une force illocutoire primitive ayant une direction non vide d'ajustement. La raison pour laquelle ces lois ne sont pas valides pour les énoncés exclamatifs est qu'il n'existe pas d'énoncés exclamatifs exprimant seulement la force illocutoire primitive expressive. Comme je l'ai signalé plus haut, tous les énoncés exclamatifs ont un marqueur de force illocutoire complexe exprimant une force illocutoire expressive dérivée.

Cependant, ces lois d'implication peuvent dans de nombreux cas être appliquées par extension à des énoncés plus complexes dont le marqueur contient des modificateurs. Ainsi l'addition d'un modificateur d à un marqueur f préserve l'implication illocutoire de f(q) par f(p), quand il n'est pas possible d'appliquer le but illocutoire de la force nommée par f sur la proposition exprimée par p avec le mode d'accomplissement nommé par d sans également accomplir ce but sur la proposition exprimée par q avec le même mode. C'est pourquoi l'énoncé impératif « S'il te plaît, sois brave et courageux ! » implique illocutoirement l'énoncé « S'il te plaît, sois brave ! ». En effet, si une option de refus est donnée pour la conjonction de deux actions, alors elle est également donnée pour chacune d'entre elles. (Et semblablement pour tous les autres types de modificateurs exprimant d'autres composantes de force illocutoire.)

Il est intéressant de remarquer que la plupart des modes d'accomplissement et des conditions spéciales des forces illocutoires du français et de l'anglais, préservent les lois d'implication illocutoire précédentes. Ainsi, ces lois d'implication illocutoire s'appliquent également à de nombreux autres énoncés dont le marqueur de force illocutoire est complexe du point de vue logique ou syntaxique[14].

Je terminerai ce chapitre en mentionnant une conséquence philosophique importante du fait que les notions d'implication faible et forte ne coïncident pas en extension dans les langues naturelles, à cause de la double indexation sémantique[15].

Quand un énoncé en implique fortement un autre illocutoirement ou véri-conditionnellement, il implique par définition faiblement cet autre illocutoirement ou véri-conditionnellement. Cependant, comme je l'ai annoncé plus haut, la réciproque n'est pas vraie. En effet, toute énonciation réussie ou satisfaite d'un énoncé dans un contexte peut impliquer nécessairement le succès ou la satisfaction de l'acte illocutoire exprimé par un autre énoncé dans ce même contexte sans que les conditions de succès ou de satisfaction de cette énonciation soient pour autant plus fortes que les conditions de succès ou de satisfaction de cet autre acte illocutoire. Ainsi, par exemple, l'énoncé performatif (1) « J'affirme que les Canadiens ont vaincu hier » implique illocutoirement et véri-conditionnellement l'énoncé « Je relate la victoire hier des Canadiens », car sa clause exprime, dans chaque contexte d'emploi, une proposition qui représente un état de choses passé par rapport au moment de l'énonciation. Si, par exemple, sa clause est utilisée le 14 octobre 1987, elle exprime la proposition que les Canadiens ont vaincu le 13 octobre 1987. Mais *l'assertion* faite par une énonciation réussie de l'énoncé performatif (1) n'engage pas pour autant fortement à l'acte de *relater* faite par une énonciation réussie de (2) dans le même contexte. En effet, il existe d'autres contextes antérieurs (prenant place, par exemple, le 10 octobre 1987) dans lesquels on peut *affirmer* ou *prédire*, mais pas *relater*, la victoire des Canadiens du 13 octobre 1987, vu que cette victoire est future par rapport à leur moment d'énonciation. Ainsi, l'énoncé performatif (1) n'implique pas fortement illocutoirement ou véri-conditionnellement l'énoncé (2) alors qu'il implique faiblement cet énoncé.

Cette découverte a la signification philosophique suivante :

L'acte illocutoire principal accompli lors d'une énonciation littérale n'est pas nécessairement l'acte littéral de cette énonciation

Autrement dit, dans certains contextes d'énonciation de la sémantique, l'acte de discours littéral exprimé par l'énoncé que le locuteur utilise n'engage pas *fortement* à tous les actes illocutoires que le locuteur accomplit dans ces contextes. Le locuteur dit, par exemple, « Les Canadiens ont vaincu hier » et du fait qu'il affirme littéralement une proposition, relate aussi l'état de choses passé qu'elle représente, parce qu'il est passé par rapport au moment de l'énonciation. Cependant cet acte non littéral de relater est plus fort que l'assertion littérale, puisqu'on peut *affirmer* sans *relater*.

Dans de tels contextes, les actes illocutoires principaux et littéraux sont différents du point de vue de leur type (puisque l'acte illocutoire principal a des conditions de succès plus fortes que l'acte littéral) alors que leurs instances dans ces contextes sont identiques du point de vue de la philosophie de l'action préconisée plus haut, puisque le locuteur accomplit l'acte principal (plus fort) par le fait d'accomplir l'acte littéral.

Sur la base de ces considérations, on peut affirmer ce qui suit à propos de la signification du locuteur en sémantique générale :

Dans un contexte d'énonciation où la signification du locuteur est littérale, l'énoncé utilisé implique illocutoirement (mais pas nécessairement de façon forte) tous les énoncés qui expriment des actes illocutoires accomplis par le locuteur dans ce contexte

Ainsi, la signification du locuteur reste-t-elle bien fondée en sémantique.

NOTES

[1] Voir les chap. VII à IX de *Meaning and Speech Acts, op. cit.*
[2] D. GALLIN, *Intensional and Higher Order Modal Logic*, North-Holland, 1975.
[3] Les grandes lignes du programme de recherche de Montague sont définies dans l'article «English as a Formal Language» in R. MONTAGUE, *Formal Philosophy, op. cit.*
[4] Voir en particulier J. GROENENDIJK et M. STOCKHOF, «On the Semantics of Questions and the Pragmatics of Answers», in F. LANDMAN et F. VELDMAN, *Varieties of formal Semantics*, Foris, 1984 ; R. HAUSSER, «Surface Compositionality and the Semantics of Mood», in J.R. SEARLE et al., *Speech Act Theory and Pragmatics, op. cit.* ; et D. ZAEFFERER, «On a formal treatment of illocutionary force indicators», in H. PARRET et al., *Possibilities and Limitations of Pragmatics*, Benjamins, 1982.
[5] Voir le théorème de complétude générale pour le système axiomatique de la sémantique dans l'appendice II de *Meaning and Speech Acts, op. cit.*
[6] Voir A. TARSKI, «The Semantic Conception of Truth», *op. cit.*
[7] En algèbre, le *supremum* unique d'un ensemble X partiellement ordonné par une relation R est l'élément x de cet ensemble qui est sa borne supérieure, c'est-à-dire qui est tel que pour tout élément y de x, si x est différent de y, alors xRy.

[8] En logique illocutoire, un acte illocutoire de la forme [(μ, θ, Σ, Ψ), k, π] (P) est accompli dans un contexte i si et seulement si μ(i,p) = π(i,p) = S, P appartient à θ(i), le locuteur présuppose en i toutes les propositions Σ(i,P) et exprime avec le degré de puissance k tous les états mentaux de la forme m(P) où m appartient à Ψ.

[9] D'un point de vue logique, le mode d'accomplissement d'une force illocutoire de la forme [μ]F est la conjonction booléenne du mode μ et du mode d'accomplissement de F.

[10] D'un point de vue logique, la condition sur le contenu propositionnel d'une force illocutoire de la forme [θ]F est l'intersection de la condition θ et des conditions sur le contenu propositionnel de F.

[11] Voir à ce sujet SEARLE, «How Do Performatives Work», *op. cit.*

[12] Voir Ross, «On Declarative Sentences», *op. cit.*

[13] Ces lois de déduction naturelle sont dues à GENTZEN, *Recherches sur la déduction logique, op. cit.*

[14] Voir le chapitre VII de *Foundations of Illocutionary Logic, op. cit.*

[15] La découverte que les notions forte et faible d'implication véri-conditionnelle ne coïncident pas en extension a été faite par D. KAPLAN dans *Demonstratives, op. cit.*

Chapitre VI
Analyse
des verbes performatifs français

Le but de ce dernier chapitre est d'appliquer l'appareil logique de la sémantique générale à l'analyse lexicale des principaux verbes de parole de la langue française. Comme je n'ai pas présenté dans ce livre le langage idéal et la théorie des modèles de la sémantique générale, je procéderai à une analyse sémantique *directe* de ces verbes en décrivant les composantes et la forme logique des forces illocutoires qu'ils nomment sans recourir à une traduction dans un langage logiquement parfait. Une telle analyse sémantique directe se contente d'identifier les composantes de base actuelles des forces illocutoires qui sont nommées par un verbe en français et de décrire par quelles opérations ces forces sont obtenues à partir des forces illocutoires primitives. Elle vise à prédire et à expliquer les lois sémantiques d'implication et d'incompatibilité qui existent entre les énoncés performatifs du français en vertu de la signification de leur verbe performatif.

Comme Searle et moi l'avons signalé [1], certaines distinctions théoriques doivent être faites lors de l'analyse des verbes performatifs ou illocutoires d'une langue naturelle.

Certaines de ces distinctions tiennent au fait qu'il n'y a pas de correspondance biunivoque entre les forces illocutoires actuelles et les verbes de parole des langues naturelles. Les autres sont relatives à des aspects linguistiques importants des énonciations.

1. Certains verbes performatifs ne nomment pas des forces illocutoires mais des formes ou des ensembles d'actes illocutoires. Il n'existe pas, par exemple, de force illocutoire correspondant au verbe «déconseiller». Déconseiller à quelqu'un de faire quelque chose, c'est simplement lui conseiller de ne pas le faire. En outre, certains verbes performatifs comme «répliquer» nomment des ensembles d'actes de discours qui peuvent avoir n'importe quel but illocutoire. Une réplique n'a pas de force illocutoire spécifique.

2. Certains verbes performatifs qui ne sont pas synonymes, comme «décrire» et «affirmer», nomment cependant la même force illocutoire. Leurs différences de signification proviennent du fait que les actes de discours qu'ils nomment sont accomplis dans des *conversations* de type différent. Ainsi, par exemple, une description d'un individu est une assertion faite à son propos dans une conversation où l'on parle de cet individu.

3. Le même verbe performatif peut nommer différentes forces illocutoires. Ainsi, le verbe «jurer» nomme une force illocutoire assertive dans l'énoncé «Je jure que c'est vrai», et il nomme une force illocutoire de type engageant dans l'énoncé «Je jure de dire la vérité».

4. Certains verbes performatifs sont *systématiquement ambigus* entre plusieurs buts illocutoires. Ainsi, par exemple, un avertissement est une assertion faite avec l'intention illocutoire directive de faire réagir l'allocutaire à l'état de choses que l'on représente comme existant.

5. Certains verbes illocutoires n'ont *pas d'usage performatif*. On ne se vante pas, par exemple, en disant «Je me vante». La raison en est que certains actes de discours, comme se vanter, insinuer et suggérer, ne peuvent être accomplis que de façon implicite.

6. Il faut distinguer les verbes performatifs, comme «commander», qui nomment des forces illocutoires *essentiellement orientées vers un ou plusieurs allocutaires* d'autres verbes, comme «conjecturer», qui nomment des forces illocutoires d'actes de discours qui ne sont pas nécessairement adressés à quelqu'un de particulier.

7. Il faut également distinguer les verbes performatifs, comme «démissionner», qui nomment des actes illocutoires ayant un *mode public d'accomplissement* d'autres verbes, comme «affirmer», qui nomment des actes de discours que le locuteur peut en principe accomplir seulement en pensée dans un soliloque. Quand un acte illocutoire est essentiellement dirigé vers un allocutaire, et que celui-ci est différent du locuteur, le locuteur doit avoir l'intention de communiquer son

intention d'accomplir cet acte à cet allocutaire. Conséquemment, l'acte en question ne peut être accompli que publiquement[2].

8. Enfin, certains verbes performatifs nomment des événements qui ne sont pas nécessairement des actes illocutoires parce qu'ils peuvent être accomplis en dehors de toute utilisation du langage. Ainsi, par exemple, on peut rappeler quelque chose à quelqu'un sans rien lui dire, par un comportement fortuit. De tels verbes seront appelés des verbes *hybrides*.

Une analyse sémantique systématique des forces illocutoires nommées par les verbes performatifs d'une langue naturelle comme le français exige évidemment une certaine idéalisation théorique. Toute consultation tant soit peu suivie des principaux dictionnaires de la langue française révèle que la plupart des verbes performatifs ou illocutoires français ont plusieurs significations plus ou moins indépendantes, dont certaines ne sont parfois pas illocutoires. Dans ce chapitre, je traiterai exclusivement des *significations illocutoires paradigmatiques* des verbes performatifs ou illocutoires du français et, pour les besoins de la sémantique formelle, je procéderai souvent à une idéalisation de ces significations. L'important, d'un point de vue logique, est bien entendu d'analyser les significations illocutoires paradigmatiques de ces verbes en tenant compte des relations d'engagement et d'incompatibilité illocutoires qui existent entre les actes de discours qu'ils servent à accomplir, de façon à prédire correctement les lois sémantiques d'implication et d'incompatibilité qui existent entre les énoncés performatifs du français. En procédant à une telle analyse sémantique théorique, mon but est de contribuer à la rédaction du dictionnaire raisonné des verbes de parole de la langue française. Ce faisant, je parachèverai ma démonstration du fait que l'analyse des actes de discours fait partie de l'étude de la *langue*, contrairement à ce que pensait Saussure[3] en établissant sa distinction langue-parole. (Le lecteur qui n'est pas particulièrement intéressé à l'analyse lexicale des verbes de parole français peut simplement consulter l'une ou l'autre section de ce chapitre et passer ensuite directement aux conclusions).

1. VERBES ILLOCUTOIRES FRANÇAIS DE TYPE ASSERTIF

J'analyserai dans cette section les verbes de type assertif suivants : affirmer, nier, déclarer, penser, suggérer, conjecturer, prédire, prophétiser, vaticiner, relater, rappeler, soutenir, maintenir, assurer, certifier, témoigner, attester, jurer, objecter, contredire, démentir, critiquer, louer, contester, accuser, blâmer, réprimander, dénoncer, reconnaître, avouer, confesser, confier, proclamer, insister, se plaindre, se lamenter et se vanter.

1. Affirmer

C'est le verbe «affirmer» qui, en français, nomme la force illocutoire primitive d'assertion. «Affirmer» a quelquefois un sens «positif» et s'oppose alors à «nier»; dans ce cas, affirmer, c'est faire une assertion positive. En français, le verbe «asserter» n'est pas ou peu utilisé, contrairement au substantif «assertion» et à l'adjectif «assertorique».

2. Nier

Nier une proposition, c'est simplement affirmer sa négation.

3. Déclarer

Le verbe «déclarer» a très souvent, en français, un sens assertif lié à celui d'«affirmer». Ainsi, la grammaire appelle «énoncés déclaratifs» les énoncés dont le verbe est au mode indicatif (lesquels servent en général à faire des assertions). Au sens assertif, faire une déclaration, c'est affirmer publiquement une proposition qui concerne directement le locuteur en ayant l'intention perlocutoire de la faire connaître. Ainsi, par exemple, on dit communément d'un politicien qu'il a fait une déclaration quand il a fait une assertion publique de ses intentions électorales. Dans le même sens, on dit également qu'on déclare ses péchés, ses sentiments ou son amour. En ce sens, une déclaration est une assertion ayant un mode d'accomplissement public lié à l'intention perlocutoire de faire connaître quelque chose dont le locuteur a une connaissance directe et privilégiée (à la première personne).

«Déclarer» a aussi, bien sûr, un autre sens lorsqu'il nomme la force illocutoire primitive de déclaration («déclarer la guerre», «déclarer qu'une personne est coupable», etc.).

4. Penser

Le verbe «penser» en français, est avant tout un verbe d'attitude propositionnelle dont la signification est proche de «croire faiblement» ou «opiner». Cependant, il existe aussi un sens illocutoire assertif de ce verbe selon lequel «penser» une proposition, c'est avoir l'idée qu'elle est vraie. Ainsi, on peut dire performativement «Je pense qu'il viendra». En ce sens illocutoire, penser une proposition, c'est l'affirmer faiblement.

5. Suggérer

«Suggérer» a un double usage assertif et directif. On peut suggérer à quelqu'un qu'une proposition est vraie ou lui suggérer de faire quelque chose. L'usage assertif du verbe «suggérer» n'est pas performatif, car suggérer qu'un état de choses est actuel, c'est le faire venir à l'esprit de l'allocutaire sans l'affirmer explicitement. En ce sens, «suggérer» diffère d'«affirmer» par le degré de puissance et le mode d'accomplissement du but illocutoire. Suggérer, c'est affirmer une proposition faiblement et d'une manière implicite.

6. Conjecturer

Conjecturer une proposition, c'est l'affirmer faiblement en présupposant que l'on a une certaine évidence de la vérité de cette proposition. Ainsi, la force illocutoire de conjecture s'obtient à partir de celle nommée par le verbe «penser» en ajoutant une condition préparatoire. Une conjecture est en général fondée sur des probabilités. Ainsi, «conjecturer» fait concurrence en français à «présumer», «soupçonner» et «supposer».

7. Dire

Le verbe «dire» en français a un double usage assertif et directif. On peut dire à un allocutaire qu'une proposition est vraie ou lui dire de faire quelque chose. Dans le sens assertif, dire P, c'est affirmer P assez fortement et d'une façon péremptoire quand ce verbe est utilisé performativement («Je vous dis qu'il est là»). Dans de tels cas, le locuteur exclut par avance toute objection ou critique de P par l'allocutaire.

8. Prédire

La force illocutoire de prédiction s'obtient à partir de celle d'assertion en ajoutant une condition sur le contenu propositionnel : l'état de choses représenté doit être futur par rapport au moment de l'énonciation, et une condition préparatoire : le locuteur doit avoir de bonnes raisons de croire que l'état de choses sera le cas. Les actes illocutoires de conjecture et de prédiction peuvent tous deux être accomplis «en pensée seulement». Ils ne sont pas essentiellement orientés vers un allocutaire. Mais une prédiction exige du locuteur qu'il ait de solides raisons de croire que l'état de choses représenté par le contenu propositionnel sera le cas, alors qu'une conjecture peut se contenter d'une évidence beaucoup plus faible. C'est pourquoi une prédiction a un degré de puissance plus fort.

9. Prophétiser / 10. Vaticiner

Ces deux verbes nomment des forces illocutoires qui s'obtiennent à partir de celle de prédiction en ajoutant dans chaque cas un mode particulier d'accomplissement du but illocutoire. Prophétiser, c'est prédire en se proclamant inspiré de Dieu ou en s'adonnant à la divination. Vaticiner, c'est prédire l'avenir en parlant comme un oracle, dans une sorte de délire prophétique. Dans les deux cas, le locuteur présuppose qu'il a de bonnes raisons de croire que l'état de choses représenté sera le cas, puisqu'il se dit inspiré.

11. Relater

Relater un événement, c'est affirmer qu'il s'est produit ou qu'il vient tout juste de se produire. On ne peut relater que des événements passés ou présents. Relater diffère donc d'affirmer par l'ajout d'une condition sur le contenu propositionnel : l'événement relaté doit être présent ou passé par rapport au moment de l'énonciation. «Rapporter» a quelquefois le même usage que «relater», mais il est parfois chargé de connotations péjoratives et, dans ce cas, rapporter, c'est «moucharder».

12. Rappeler

Rappeler quelque chose à quelqu'un, c'est l'affirmer en présupposant que le locuteur en était au courant et aurait pu l'oublier. Rappeler diffère donc d'affirmer par l'ajout d'une condition préparatoire.

13. Soutenir / 14. Insister / 15. Maintenir

Soutenir une proposition, c'est affirmer publiquement (en général avec force) cette proposition en faisant valoir qu'on a des raisons pour ce faire. Insister c'est soutenir avec insistance. Maintenir une proposition, c'est l'affirmer avec constance, persistance et fermeté (en général en dépit des contradicteurs). Ainsi, soutenir s'obtient à partir d'affirmer en ajoutant une condition préparatoire : le locuteur peut fournir des raisons justifiant sa croyance en la vérité du contenu propositionnel. Insister s'obtient à partir de soutenir par l'ajout d'un mode d'accomplissement : la persistance. Et maintenir diffère d'insister par l'ajout d'une condition préparatoire et d'un mode d'accomplissement : le locuteur a déjà affirmé le contenu propositionnel et l'affirme à nouveau avec fermeté. «Insister» a aussi un sens directif (Faites-le, j'insiste !) avec le même mode d'accomplissement. Et «maintenir» a parfois le même sens déclaratif que «confirmer».

16. Assurer / 17. Certifier

Le verbe « assurer » a un double usage : engageant et assertif. On peut assurer à l'allocutaire qu'on fera une certaine action, ou lui assurer qu'une proposition est vraie. Dans le sens assertif, assurer, c'est soutenir avec l'intention perlocutoire de convaincre l'allocutaire (de faire en sorte qu'il soit « sûr ») de la vérité du contenu propositionnel. Cette intention perlocutoire qui fait partie du mode d'accomplissement de l'acte d'assurer est exprimée par l'adverbe « bien sûr » en français. Elle va de pair avec une condition préparatoire. On présuppose que l'allocutaire a certains doutes quant à la vérité du contenu propositionnel.

Certifier consiste à assurer qu'une proposition est vraie, avec l'intention perlocutoire de faire en sorte que l'allocutaire soit « certain » de la vérité de cette proposition. Comme « assurer », « certifier » a aussi un usage de type engageant. On peut, par exemple, certifier qu'un travail sera fait à temps.

18. Informer / 19. Notifier

Informer, c'est affirmer à l'allocutaire qu'une proposition est vraie en présupposant (condition préparatoire) qu'il ne le sait pas. Notifier quelque chose, c'est le déclarer (expressément) d'une manière officielle (mode d'accomplissement). L'allocutaire peut être au courant de ce dont il est notifié. L'important, en cas de notification, est qu'il ait été mis au courant officiellement, de telle sorte qu'il ne puisse pas par la suite feindre l'ignorance. Ainsi, par exemple, on notifie en général la résiliation d'un contrat par un envoi recommandé.

20. Témoigner / 21. Attester

Témoigner diffère de déclarer par l'ajout d'un mode spécial d'accomplissement. Témoigner, c'est affirmer une proposition en invoquant la position de témoin de l'état de choses représenté. Dans un contexte juridique, le témoignage se fait en plus sous serment. « Attester » en français a à peu près le même sens que témoigner. Le mode spécial plutôt solennel des témoignages et attestations a pour effet d'augmenter l'engagement du locuteur à la vérité du contenu propositionnel et par le fait même le degré de puissance des conditions de sincérité.

22. Jurer

« Jurer » a un double usage assertif et engageant ; on peut jurer qu'un état de choses est actuel ou que l'on fera une action future. Dans l'usage assertif, jurer, c'est *attester* une chose par serment. Habituellement, on jure sur son honneur, sur la tête d'une personne chère, en invoquant une chose sacrée (comme la Bible) ou une divinité.

Jurer, attester et témoigner, tout comme suggérer, prophétiser, vaticiner, assurer et rappeler, sont tous des actes de discours essentiellement dirigés vers un ou plusieurs allocutaires différents du locuteur. Conséquemment, tous ces actes de discours exigent un accomplissement public.

23. S'objecter / 24. Contredire / 25. Démentir

Faire une objection, c'est affirmer une proposition en présupposant (comme condition préparatoire) qu'une proposition relativement incompatible a été préalablement affirmée ou avancée. (Dans un contexte juridique, quand on s'objecte à un témoignage, on ne nie pas nécessairement son contenu propositionnel mais on objecte que ce témoignage n'est pas admissible). Contredire quelqu'un, c'est faire une objection en affirmant le contraire de ce qu'il a dit. Ainsi, contredire diffère d'objecter par le fait qu'il a une condition préparatoire plus particulière. Enfin, démentir quelqu'un, c'est le contredire, en présupposant en outre que l'individu en question connaissait la fausseté de son affirmation.

26. Critiquer / 27. Louer

Critiquer, c'est affirmer quelque chose en faisant ressortir les défauts de personnes ou de choses. En particulier, critiquer quelqu'un, c'est affirmer qu'un certain état de choses le concernant est mauvais (condition sur le contenu propositionnel) tout en exprimant de la désapprobation (condition de sincérité). Au contraire, louer quelqu'un, c'est affirmer qu'un certain état de choses le concernant est bon tout en exprimant de l'approbation pour cet état de choses.

28. Contester

Contester, c'est affirmer qu'une opinion, une proposition ou un droit, déjà exprimé ou revendiqué, n'est pas crédible ou légitime, ou peut à tout le moins être mis en doute et être discuté. Contester diffère donc d'affirmer par l'ajout d'une condition sur le contenu propositionnel (ce qui est affirmé, c'est qu'une opinion ou un droit peut être mis en doute) et d'une condition préparatoire (cette opinion ou ce droit a déjà été exprimé ou revendiqué).

29. Blâmer / 30. Accuser / 31. Dénoncer / 32. Réprimander

Blâmer quelqu'un, c'est le critiquer en affirmant qu'il est responsable ou coupable de quelque chose. Contrairement à une critique, qui peut être dirigée contre un produit humain (comme un livre), un blâme doit être dirigé contre une personne. Un blâme consiste à critiquer une personne en affirmant qu'elle est responsable de l'existence d'un certain état de choses (condition sur le contenu propositionnel), avec la condition préparatoire que l'état de choses en question est mauvais ou répréhensible. Blâmer semble se distinguer d'accuser avant tout par le fait qu'une accusation contrairement à un blâme, est nécessairement publique; on peut blâmer quelqu'un silencieusement en son for intérieur, mais on ne peut l'accuser que publiquement. Dénoncer quelqu'un, c'est l'accuser en affirmant qu'il a commis une mauvaise action, tout en présupposant que l'auditoire n'est pas au courant de cette action (condition préparatoire). Enfin, réprimander, c'est blâmer quelqu'un en invoquant une position d'autorité (mode d'accomplissement).

33. Reconnaître / 34. Avouer / 35. Confesser

Reconnaître qu'une proposition est vraie, c'est l'affirmer en présupposant deux conditions préparatoires : premièrement que l'état de choses représenté n'est pas bon, et deuxièmement que cet état de choses concerne d'une certaine manière le locuteur. («Reconnaître» a d'autres sens en français, mais celui que je décris ici se retrouve dans les contextes où ce qui est «reconnu», c'est une faute, une erreur, un crime, etc.). «Admettre» a quelquefois le même sens en français. Avouer, c'est reconnaître quelque chose avec en général une certaine difficulté (honte ou pudeur). Quand un locuteur avoue quelque chose, il présuppose (condition préparatoire) que l'état de choses représenté le concerne et est mauvais (pour le locuteur ou l'allocutaire), tout en exprimant (condition de sincérité) de la gêne ou de la honte vis-à-vis de cet état de choses, ou du moins une difficulté quelconque (réticence) à le reconnaître. Confesser, c'est reconnaître qu'on est responsable ou coupable d'un certain état de choses (condition sur le contenu propositionnel) tout en présupposant (condition préparatoire) que cet état de choses est mauvais (ou même très mauvais).

36. Confier

Confier quelque chose à quelqu'un, c'est lui déclarer (assertivement) quelque chose de personnel généralement sous le sceau du secret.

Confier a un mode spécial d'accomplissement du but illocutoire, qui consiste à invoquer la «confidentialité», et la condition préparatoire que l'allocutaire est une personne «fiable» ou digne de confiance.

37. Proclamer

Le verbe «proclamer» a un double sens assertif et déclaratif. Au sens assertif, proclamer, c'est affirmer ou déclarer quelque chose publiquement d'une manière solennelle et officielle (mode d'accomplissement).

38. Se plaindre / 39. Se lamenter / 40. Vanter / 41. Se vanter

Ces trois verbes ont un double usage assertif et expressif. Dans le sens assertif, une plainte est une assertion qui a la condition de sincérité supplémentaire que le locuteur est insatisfait de l'état de choses représenté, et la condition préparatoire que cet état de choses est mauvais. Se lamenter, c'est se plaindre en exprimant en outre (condition de sincérité supplémentaire) une grande tristesse en général par des cris ou des gémissements. Par contre, vanter les mérites de quelqu'un, c'est affirmer une proposition P le concernant en exprimant de la fierté à propos de l'état de choses représenté par P, tout en présupposant que cet état de choses est bon. En particulier, se vanter de P, c'est affirmer P en se vantant soi-même.

Les relations d'engagement et d'implication illocutoires qui sont prédites par des analyses sémantiques de verbes performatifs ou illocutoires nommant des forces ayant en commun un même but illocutoire peuvent être visualisées dans des tableaux sémantiques en construisant des arbres, que j'appellerai *arbres illocutoires*, conformément aux principes suivants :

Premièrement, tous les *nœuds* d'un arbre illocutoire sont des verbes de parole d'une même langue pris dans le sens où ils nomment des forces illocutoires ayant un même but illocutoire désigné.

Deuxièmement, un verbe est le successeur immédiat d'un autre verbe dans un arbre illocutoire si et seulement si la force illocutoire qu'il nomme peut être obtenue à partir de la force nommée par l'autre par l'ajout de nouvelles composantes ou l'augmentation du degré de puissance. (En général, on indique la nature des opérations appliquées en mettant le symbole de leur type à côté de la branche qui relie ces deux verbes dans l'arbre illocutoire).

Comme la même force illocutoire peut parfois être obtenue à partir de deux forces plus faibles différentes par l'ajout de composantes différentes, les mêmes analyses sémantiques peuvent donner lieu à la construction de plusieurs arbres illocutoires différents. Les alternatives possibles seront souvent visualisées dans les arbres illocutoires en dessinant des branches supplémentaires en pointillé.

L'arbre illocutoire suivant que représente la figure n° 1 visualise les rapports de force que les analyses sémantiques de cette section prédisent pour les forces illocutoires assertives.

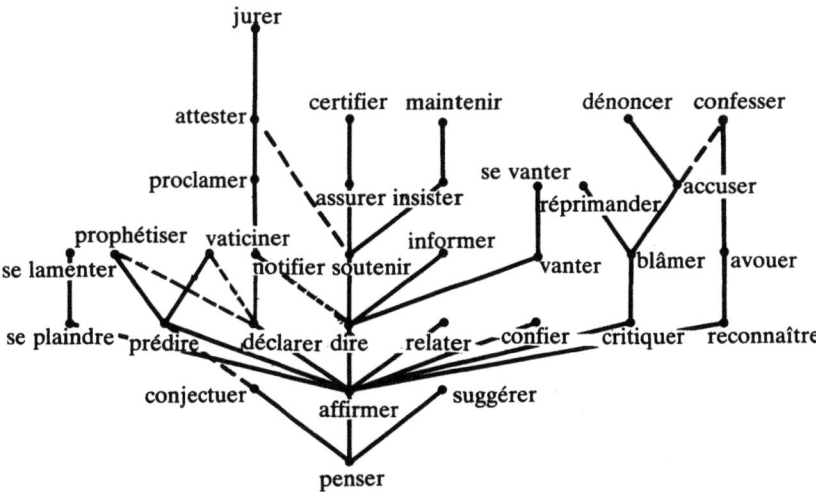

Fig. 1. – Tableau sémantique pour les verbes de type assertif.

2. VERBES FRANÇAIS DE TYPE ENGAGEANT

J'analyserai dans cette section les verbes suivants : s'engager à, promettre, menacer, jurer, prêter serment, se vouer, garantir, assurer, certifier, cautionner, avaliser, accepter, consentir, refuser, renoncer, gager, offrir, enchérir, renchérir, parier, contracter, souscrire, répondre de, se porter garant et convenir.

1. S'engager à

Le verbe performatif pronominal «s'engager à» nomme tout naturellement en français la force illocutoire primitive d'engagement.

2. Promettre

« Promettre » est le verbe d'engagement par excellence. Cependant, une promesse est un acte de discours de type engageant doué de traits assez particuliers. Premièrement, quand on promet, on s'engage envers l'allocutaire à faire ou à lui donner quelque chose en présupposant que cela est bon pour lui (condition préparatoire spéciale). Deuxièmement, une promesse n'est réussie que si le locuteur parvient à se placer sous une certaine obligation de faire ce qu'il dit. Ce mode promissif spécial d'accomplissement augmente le degré de puissance.

3. Menacer

Menacer quelqu'un, c'est s'engager vis-à-vis de cette personne à faire quelque chose avec l'intention perlocutoire de l'intimider (mode d'accomplissement) tout en présupposant (condition préparatoire) que l'action projetée est mauvaise pour lui. « Menacer » est un verbe hybride, car on peut menacer quelqu'un autrement qu'en proférant des menaces. (On peut le faire, par exemple, en brandissant son poing.) Mais celui qui menace, contrairement à celui qui promet, ne contracte aucune obligation.

4. Jurer

Dans le sens engageant, jurer de faire quelque chose, c'est s'engager à le faire par un serment plus ou moins solennel (jurer fidélité, obéissance, etc.). Dans certains contextes, on peut s'engager d'une manière très solennelle en invoquant un objet sacré, une institution révérée ou une personne chère. Ce mode solennel d'accomplissement augmente le degré de puissance.

5. Prêter serment

Prêter serment, c'est jurer de faire quelque chose de façon très solennelle, en prononçant publiquement une promesse de fidélité à une autorité politique ou religieuse, le plus souvent en invoquant, comme gage de sa bonne foi, un être ou un objet sacré dont la valeur morale est reconnue. Le serment doit donc être fait publiquement et en invoquant quelque chose ou quelqu'un d'une valeur incontestable. Ce mode d'accomplissement contribue à augmenter fortement le degré de puissance.

6. Se vouer

Se vouer, au sens de «faire un vœu», c'est promettre quelque chose à une divinité par un vœu. (Par exemple, on peut se consacrer à Dieu ou à un saint, par un vœu.) Quand on fait un vœu, on jure d'une manière à la fois solennelle et irrévocable. Ce mode d'accomplissement très spécial augmente également le degré de puissance.

7. Garantir

Garantir quelque chose à quelqu'un, c'est accomplir un acte de discours complexe qui consiste, d'une part, à affirmer qu'un certain objet se maintiendra dans un certain état de fonctionnement et, d'autre part, à promettre qu'une compensation sera versée à l'allocutaire si ce n'est pas le cas. Une garantie est donc la conjonction de deux actes illocutoires. Garantir quelque chose, c'est faire une assertion à son propos, tout en promettant conditionnellement de donner une compensation si cela n'est pas le cas.

8. Assurer

Les verbes illocutoires ambigus du français et d'autres langues naturelles qui ont plusieurs sens correspondant à des buts illocutoires différents (comme «jurer», «dire», «assurer») ont en commun qu'ils nomment en général des forces illocutoires qui peuvent être obtenues à partir des forces primitives ayant ces buts en ajoutant les mêmes composantes et en diminuant ou augmentant de la même façon le degré de puissance. Ainsi, assurer, au sens de donner l'assurance qu'une action sera faite, c'est s'engager à faire cette action, avec l'intention perlocutoire de convaincre l'allocutaire qu'on la fera (ce mode d'accomplissement augmente le degré de puissance) tout en présupposant (condition préparatoire) que l'allocutaire a des doutes. Comme on l'a vu plus haut, la force illocutoire assertive d'assurance s'obtient de la même façon à partir de la force primitive d'assertion.

Ce trait commun aux verbes de parole ambigus est significatif. Il reflète le fait que lorsqu'une composante actuelle de force illocutoire est linguistiquement significative lors de l'accomplissement d'un acte illocutoire, elle peut servir plusieurs buts illocutoires.

9. Certifier

Certifier que l'on va faire quelque chose, c'est assurer qu'on le fera avec l'intention perlocutoire de faire en sorte que l'allocutaire en soit certain (mode spécial d'accomplissement).

10. Cautionner / 11. Avaliser

En droit, cautionner quelqu'un, c'est s'engager vis-à-vis d'un tiers (ou d'une institution) à «payer les pots cassés» si cette personne ne fait pas ce qu'on attend d'elle. Cautionner, comme garantir, est aussi souvent un acte de conjonction qui consiste à la fois à affirmer qu'une personne adoptera une certaine conduite et à s'engager conditionnellement, dans le cas contraire, à verser un certain dédommagement. Un aval est un engagement par lequel une personne (le «donneur d'aval») s'oblige à payer un effet de commerce en cas de défaillance du débiteur principal. Avaliser, c'est donc cautionner par un aval (condition sur le contenu propositionnel).

12. Accepter

Accepter, dans l'un de ses multiples sens, c'est répondre favorablement à une offre, une invitation, une demande, etc., en s'engageant par là d'une certaine manière. On peut accepter de se soumettre à une certaine épreuve (accepter le combat, la discussion, etc.). On peut aussi accepter un cadeau, un don ou un pot-de-vin. Enfin, on peut accepter que l'allocutaire fasse quelque chose. Dans ce dernier cas, on s'engage à tolérer cette action. De façon générale, accepter P, c'est donc s'engager à faire l'action représentée par P en présupposant (condition préparatoire) que l'allocutaire ou quelqu'un d'autre a demandé que l'on fasse cette action lors d'un acte de discours antérieur. Dans le cas où P représente une action future de l'allocutaire, accepter P, c'est s'engager à laisser l'allocutaire faire cette action en présupposant (condition préparatoire) que celui-ci a offert de le faire.

13. Consentir

Consentir à faire quelque chose, c'est accepter de le faire en présupposant (condition préparatoire) qu'on a des raisons de ne pas le faire et, donc, qu'on ne l'aurait pas fait si on ne nous l'avait pas demandé.

14. Refuser

Un refus est la dénégation illocutoire d'une acceptation ou d'un consentement. Refuser, c'est ne pas accepter ce qui est offert, c'est décliner, rejeter ou repousser une invitation, un pourboire, un cadeau, etc.

Accepter, consentir et refuser, comme maintenir, démentir et contredire, sont des actes de discours qui sont logiquement liés à d'autres à l'intérieur des conversations du fait que leur accomplissement sans défaut dans un contexte d'énonciation est toujours une suite, une réplique ou une réponse à un acte illocutoire précédent.

15. Renoncer

Renoncer est un verbe hybride, on peut renoncer à quelque chose simplement en cessant d'y prétendre volontairement et d'agir pour l'obtenir, ou en abandonnant volontairement ce que l'on a sans proférer un seul mot. Annoncer qu'on renonce à faire quelque chose (du moins dans certains contextes), c'est s'engager à ne plus accomplir certaines actions, à éviter certaines activités (renoncer à l'alcool, à Satan et à ses œuvres, etc.). En ce sens, une renonciation est un engagement négatif (condition sur le contenu propositionnel).

16. Gager

« Gager » a quelquefois le sens de « garantir par un gage » (par exemple : gager un emprunt). En général, gager, c'est s'engager à verser une certaine somme d'argent (ou à donner un bien quelconque) à l'allocutaire, selon qu'un certain événement se produit ou non. Gager (une somme, un bien quelconque) que P, c'est s'engager à donner (cette somme, ce bien) si la proposition P est fausse.

17. Offrir / 18. Faire une contre-offre

Une offre est une promesse conditionnelle à son acceptation par l'allocutaire. Faire une offre, c'est proposer une chose à quelqu'un en la mettant à sa disposition. Offrir est donc un acte de discours conditionnel : offrir P, c'est promettre P à la condition Q que l'allocutaire accepte P (au sens défini plus haut). Souvent, une offre n'est valable que pendant un certain délai. A l'expiration de ce délai, si elle n'a pas été acceptée, le locuteur n'est plus lié par son offre. L'allocutaire peut répondre à une offre dans une conversation en l'acceptant, en la refusant ou en faisant une contre-offre. Faire une contre-offre, c'est faire une nouvelle offre en modifiant les termes d'une offre antérieure de l'allocutaire (condition préparatoire).

19. Enchérir / 20. Renchérir

Faire une enchère, c'est offrir une certaine somme d'argent pour un bien destiné à être vendu au plus offrant dans une vente par adjudication. Littéralement, renchérir, c'est rendre encore plus cher. Celui qui renchérit offre davantage que ce qui a été offert pour un bien dans la dernière enchère. De tels actes de discours sont donc des offres ayant des conditions sur le contenu propositionnel et des conditions préparatoires liées à un jeu de langage assez particulier. Lorsqu'une enchère est acceptée par un commissaire-priseur, celui-ci fait une déclaration d'adjudication. (Voir plus loin le verbe «adjuger».)

21. Parier

Le pari se distingue de la gageure par le fait qu'un pari ne devient effectif que s'il est accepté par l'allocutaire et qu'on peut parier autre chose que de donner des biens ou de l'argent. On peut, par exemple, parier d'accomplir une action sensationnelle. Un pari concernant l'occurrence d'un certain événement comme, par exemple, «Je vous parie dix dollars que les Canadiens vont gagner» est un acte de discours collectif complexe de la forme : «Si les Canadiens perdent, je promets de vous donner dix dollars, et en retour, si les Canadiens gagnent, vous êtes tenus de me donner la même somme».

22. Contracter

Contracter, c'est s'engager par un contrat ou une convention à satisfaire une obligation ou à respecter certaines clauses. Comme dans le cas du pari, un contrat est une action collective qui implique les engagements mutuels de deux parties qui s'engagent formellement à faire en retour quelque chose l'une pour l'autre. A la différence de la plupart des autres actes illocutoires, parier et contracter sont des actes de discours qui doivent être accomplis collectivement par le locuteur et l'allocutaire et qui sont irréductibles à une simple conjonction de deux actes illocutoires individuels simultanés du locuteur et de l'allocutaire. Ils exigent pour être accomplis ce que Jacques appelle une *interlocution*[2].

23. Souscrire

Anciennement, souscrire, c'était s'engager à payer une certaine somme en signant un document (mode d'accomplissement). Dans le sens courant actuel, souscrire, c'est plus simplement s'engager à fournir une certaine somme pour sa part, comme lorsqu'on souscrit à une publication ou à une campagne de financement. Ainsi, une souscription est un engagement avec un contenu propositionnel satisfaisant une condition particulière. La plupart du temps, il semble que «souscrire» conserve une part de son sens ancien, car souscrire requiert souvent du locuteur qu'il appose sa signature à un document (comme, par exemple, à la fiche d'abonnement à une revue).

24. Répondre de / 25. Se porter garant

Répondre d'une personne, c'est s'engager en sa faveur envers un tiers, en engageant sa responsabilité relativement à la conduite future de cette personne. Se porter garant, c'est répondre de la conduite d'autrui (ou de ses dettes, etc.), en donnant une garantie.

26. Convenir

Convenir avec quelqu'un de quelque chose, c'est accepter réciproquement cette chose ou s'entendre en vue de quelque chose. Convenir d'un moment et d'un lieu de rendez-vous, par exemple, c'est s'engager mutuellement à être présent au lieu et au moment prévus.

Le tableau sémantique 2 visualise les rapports de force que mes analyses sémantiques prédisent pour certaines forces illocutoires engageantes.

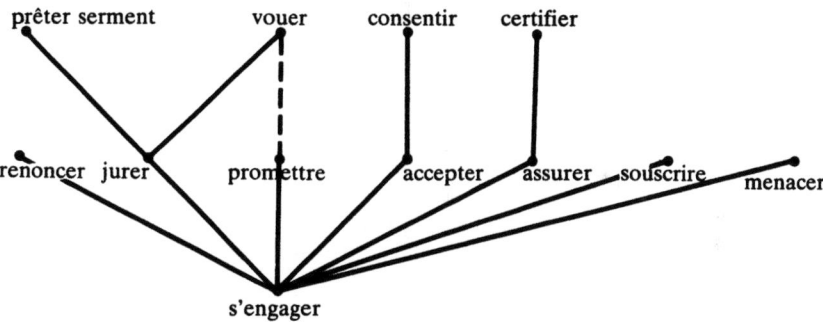

Fig. 2. – Tableau sémantique pour les verbes de type engageant.

3. VERBES FRANÇAIS DE TYPE DIRECTIF

Je discuterai des verbes de type directif suivants : demander, requérir, poser une question, questionner, interroger, presser, solliciter, prier, inviter, convier, convoquer, conjurer, supplier, implorer, quémander, mendier, insister, suggérer, conseiller, déconseiller, recommander, avertir, aviser, alerter, dire, exiger, ordonner, commander, adjurer, enjoindre, défendre, interdire, proscrire, permettre, consentir, prescrire, réclamer et revendiquer.

Il n'existe pas de verbe performatif qui nomme en français la force illocutoire directive primitive. Tous les verbes directifs nomment des forces illocutoires directives avec des conditions spéciales. En général ces forces ont un mode spécial d'accomplissement qui consiste ou bien à donner une option de refus à l'allocutaire ou bien à enlever péremptoirement une telle option. Dans le premier cas (demandes, supplications et prières), on dit de tels actes illocutoires directifs, qu'ils sont *accordés* ou *refusés* lorsqu'on évalue leur satisfaction. Dans le deuxième cas (ordres, commandements et interdictions), on dit qu'ils sont *obéis* ou *désobéis*.

1. Demander

Le verbe «demander» est, en français, le verbe directif par excellence. Il a deux sens principaux : on peut demander à quelqu'un de faire quelque chose ou «demander une réponse à une question» («demander si...», «demander pourquoi...», etc.). Dans le premier sens, demander, c'est faire une tentative linguistique pour que l'allocutaire fasse quelque chose en lui laissant l'option de refuser (mode spécial d'accomplissement). Dans le deuxième sens, demander, c'est poser une question.

2. Faire une requête

Requérir, au sens de faire une requête, c'est demander à quelqu'un de faire quelque chose d'une façon relativement formelle. En droit, une requête a un caractère très formel; c'est une demande écrite présentée sous certaines formes juridiques. («Requérir» a aussi un autre sens plus péremptoire, en français, où l'on ne donne pas l'option de refus. En ce sens requérir, c'est réclamer ou exiger.)

3. Poser une question / 4. Questionner / 5. Interroger

Poser une question, c'est demander à l'allocutaire qu'il accomplisse un acte de discours futur d'une certaine forme déterminée par le contenu propositionnel de la question. Ainsi, par exemple, un locuteur qui pose la question «Est-ce qu'il neige?» demande à l'allocutaire de répondre à cette question en lui affirmant si oui ou non il neige au moment de l'énonciation. La réponse à une question n'est pas nécessairement assertive. L'allocutaire peut, par exemple, répondre à la question «Promettez-nous de venir?» en faisant l'énonciation performative «Je le promets».

D'un point de vue logique, poser une question diffère donc de demander (au premier sens) par l'ajout d'une condition sur le contenu propositionnel : l'action demandée doit être un acte de discours futur adressé au locuteur initial qui soit une réponse à sa question. Les verbes «questionner» et «interroger» nomment également la force illocutoire de question. Cependant, leur signification est différente, parce que questionner ou interroger quelqu'un, c'est poser une question dans une conversation où on lui pose des questions d'une manière suivie (comme, par exemple, à un examen ou lors d'une enquête).

6. Presser

Presser quelqu'un de faire quelque chose, c'est lui demander de le faire avec insistance (mode d'accomplissement) tout en présupposant (condition préparatoire) qu'il a des bonnes raisons de le faire (en général, cela presse). Ce mode d'accomplissement augmente le degré de puissance.

7. Solliciter

Solliciter, c'est faire une requête en respectant les formes, l'étiquette, comme le veut l'usage lorsqu'on s'adresse à une autorité ou à quelqu'un d'influent (mode d'accomplissement).

8. Prier

Dans son premier sens, prier, c'est s'adresser à Dieu (ou à un être surnaturel) pour lui demander très humblement d'exaucer un vœu, un souhait ou quelque chose qu'il n'est pas en notre pouvoir d'obtenir. Dans le sens courant, une prière est une requête, faite avec déférence ou humilité (mode d'accomplissement), tout en exprimant un fort désir pour la chose demandée (degré de puissance).

9. Inviter / 10. Convier / 11. Convoquer

Inviter, c'est prier quelqu'un de se rendre quelque part ou d'assister à quelque chose (condition sur le contenu propositionnel); de plus, en invitant, on présuppose généralement (condition préparatoire) que ce à quoi l'on invite l'allocutaire est bon pour lui. Convier, c'est inviter quelqu'un à un repas, une soirée ou une réunion (condition sur le contenu propositionnel). Ainsi, un convive est une personne invitée à un repas. En général, lorsqu'une personne est conviée à quelque chose, c'est à une activité agréable et divertissante. Convoquer, c'est inviter de façon assez formelle (mode d'accomplissement) à une réunion ou à une assemblée (condition sur le contenu propositionnel).

12. Conjurer

Conjurer, c'est adresser une prière instante et pressante. Quand on conjure, on prie quelqu'un de faire quelque chose d'une manière vive et pressante (mode d'accomplissement). («Conjurer» a aussi un autre sens, en français, quand on dit, par exemple, conjurer le sort, les mauvais esprits ou une menace. En cet autre sens, conjurer, c'est écarter ou dissiper un danger par des prières, des incantations ou des pratiques magiques.)

13. Supplier

Supplier, c'est conjurer (au premier sens) en demandant quelque chose comme une grâce, avec une insistance humble et soumise (mode d'accomplissement). En suppliant, on présuppose de plus (condition préparatoire) que ce que l'on demande n'est pas en notre pouvoir et que l'allocutaire peut au contraire en disposer à sa guise.

14. Implorer / 15. Quémander / 16. Mendier

Implorer, c'est supplier d'une manière humble, insistante et touchante (mode d'accomplissement). Quémander, c'est supplier humblement et avec insistance (mode d'accomplissement) de l'argent, du secours ou une faveur (condition sur le contenu propositionnel). Enfin, mendier, c'est quémander en demandant l'aumône, la charité (condition sur le contenu propositionnel), d'une manière servile et humiliante (mode d'accomplissement).

17. Insister

Insister, dans le sens directif, c'est tenter de faire faire quelque chose à l'allocutaire avec persévérance et persistance. Ce mode spécial d'accomplissement augmente le degré de puissance.

18. Suggérer

Suggérer à l'allocutaire de faire quelque chose, c'est faire une faible tentative pour qu'il le fasse. De même qu'«insister», «suggérer» a également un sens assertif.

19. Conseiller / 20. Déconseiller

Conseiller, c'est suggérer à un allocutaire de faire quelque chose, en présupposant (condition préparatoire) que cela est bon pour lui et qu'on a de bonnes raisons de croire que l'action envisagée est appropriée dans le contexte. Par contre, déconseiller à quelqu'un de faire quelque chose, c'est lui conseiller de ne pas le faire.

21. Recommander

Recommander, c'est conseiller en présupposant (condition préparatoire) que ce qui est recommandé est bon en général et pas seulement pour l'allocutaire.

22. Avertir / 23. Aviser / 24. Alerter

Avertir quelqu'un est un acte complexe, à la fois assertif et directif, qui consiste à informer quelqu'un de quelque chose, afin que son attention soit appelée sur elle et qu'il y prenne garde. Avertir, c'est donc donner une information, en présupposant que l'état de choses représenté est mauvais pour l'allocutaire, dans le but de suggérer que l'allocutaire y réagisse d'une façon appropriée. Aviser, c'est avertir par un avis explicite (mode d'accomplissement). Alerter, c'est avertir d'un danger, pour que des mesures soient prises. En général, lorsqu'on alerte quelqu'un, c'est en présupposant que le danger ou la difficulté est imminente (condition préparatoire).

25. Dire (de)

Dire à quelqu'un de faire quelque chose, c'est faire une tentative linguistique assez forte pour qu'il fasse cette chose, sans lui laisser aucune option de refus. Un tel acte illocutoire directif est plus péremptoire et moins poli qu'une demande. Quand on dit à quelqu'un de faire quelque chose, on entend lui dicter sa conduite. Par contre, quand on fait une demande, on laisse à l'allocutaire l'option de refuser. Cette option de refus est également écartée dans toutes les forces illocutoires directives suivantes.

26. Exiger

Exiger, c'est dire impérativement à quelqu'un de faire quelque chose, en prétendant avoir le droit, l'autorité ou la force de l'obtenir. Ce mode d'accomplissement augmente le degré de puissance.

27. Ordonner / 28. Commander

« Ordonner » et « commander » diffèrent de « dicter » (ou « dire de ») par un degré de puissance plus élevé, qui vient de ce que le locuteur, en donnant un ordre ou un commandement, fait valoir une position de force ou d'autorité (mode d'accomplissement). Quand on ordonne, on exige en invoquant une position de force ou d'autorité ; quand on commande, par contre, on peut seulement invoquer une position d'autorité institutionnellement reconnue. Un ordre donné seulement en recourant à la force (en brandissant une arme à feu, par exemple) n'est pas un acte de commandement.

29. Adjurer

Adjurer, c'est demander ou commander à quelqu'un, au nom de Dieu, de faire quelque chose en faisant appel à ses sentiments religieux. Ce mode d'accomplissement augmente le degré de puissance. En théologie, une adjuration est toujours un commandement qui écarte toute option de refus, comme lorsqu'un exorciste adjure le démon de laisser une âme en paix.

30. Enjoindre

Enjoindre, c'est ordonner expressément à quelqu'un de faire quelque chose. Une injonction est un ordre exprès et explicite. Enjoindre se distingue donc d'ordonner par l'ajout d'un mode d'accomplissement : l'ordre doit être donné expressément.

31. Défendre

Défendre, c'est ordonner à quelqu'un de ne pas faire quelque chose.

32. Interdire

Interdire, c'est défendre quelque chose à quelqu'un, en général pour une période de temps assez longue (condition sur le contenu propositionnel). Une interdiction, contrairement à une simple défense, qui peut être ponctuelle, reste en général valable beaucoup plus longtemps. Interdire peut aussi avoir un sens déclaratif (« frapper quelqu'un d'interdiction »).

33. Proscrire

«Proscrire» a deux usages. L'un est déclaratif: il consiste à «mettre hors la loi», à «frapper» quelqu'un d'une proscription, le bannir, l'exiler. L'autre est directif, et consiste à interdire formellement et expressément une chose que l'on condamne. Dans ce cas, proscrire, c'est ordonner expressément et avec précision (mode d'accomplissement) de ne pas faire quelque chose, en présupposant (condition préparatoire) que l'action ou l'activité proscrite est mauvaise, tout en exprimant de la désapprobation (condition de sincérité).

34. Permettre

Une permission est la dénégation illocutoire d'une défense. Permettre à quelqu'un de faire quelque chose, c'est faire un acte qui consiste à ne pas lui défendre de le faire, en présupposant (condition préparatoire) qu'on a l'autorité de le lui défendre.

35. Consentir

Dans l'un de ses nombreux sens, consentir, c'est permettre à l'allocutaire de faire quelque chose, en présupposant (condition préparatoire) que l'on a des raisons de ne pas le permettre et qu'il aurait été mauvais de le faire sans permission.

36. Prescrire

«Prescrire» sert principalement à ordonner expressément et avec précision ce que l'on exige de quelqu'un. Dans certains contextes, celui qui prescrit n'a pas l'autorité d'imposer une sanction en cas de refus. Un médecin, par exemple, ne punira pas un patient qui refuse de suivre une prescription; tout au plus le patient aura-t-il à essuyer une remontrance si la maladie ne l'a pas déjà puni. Mais, en général, une prescription est une injonction explicite et précise (mode d'accomplissement).

37. Réclamer

Réclamer quelque chose à quelqu'un, c'est exiger avec insistance qu'il donne cette chose (mode d'accomplissement), en présupposant (condition préparatoire) qu'elle nous est due ou qu'elle est indispensable.

38. Revendiquer

Revendiquer, c'est réclamer une chose en présupposant qu'on y a droit (condition préparatoire), ce qui augmente le degré de puissance.

La figure 3 rend visibles les relations d'implication illocutoires qui sont prédites par les analyses sémantiques de forces illocutoires directives faites dans cette section.

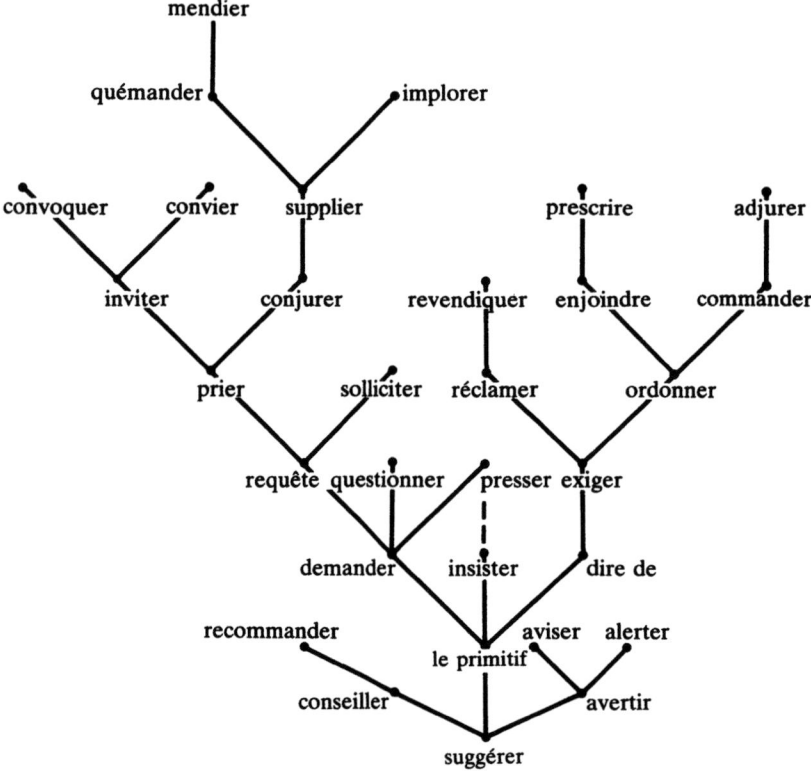

Fig. 3. – Tableau sémantique pour les verbes de type directif.

4. LES VERBES DE TYPE DECLARATIF

Les principaux verbes de type déclaratif de la langue française sont : déclarer, renoncer, (se) démettre, démissionner, résigner, répudier, adjurer, abdiquer, capituler, renier, approuver, confirmer, sanctionner, entériner, homologuer, ratifier, bénir, consacrer, maudire, condamner, damner, commuer, gracier, innocenter, disculper, excommunier, absoudre, ouvrir, ajourner, suspendre, désavouer, se rétracter, annuler, casser, abolir, abroger, adjuger, nommer, démettre, licencier, destituer, léguer, déshériter, endosser, appeler, baptiser, définir et abréger.

La plupart des verbes illocutoires déclaratifs nomment des déclarations qui exigent une position d'autorité du locuteur dans une *institution extra-linguistique*. En général, le mode d'accomplissement de telles déclarations consiste à invoquer cette position institutionnelle et détermine la condition préparatoire que le locuteur occupe effectivement une telle position. Ainsi, par exemple, pour qu'un locuteur puisse faire une adjudication, il faut qu'il y ait des institutions et des pratiques, comme les ventes aux enchères, et des rôles spéciaux permettant à certaines personnes, comme les commissaires-priseurs, d'attribuer par déclaration au plus offrant certaines choses mises en vente. Comme Austin l'avait remarqué, un grand nombre de verbes performatifs déclaratifs sont plus particulièrement liés à des *pratiques* et *institutions juridiques* («innocenter», «léguer», «commuer»).

Certaines déclarations exigent seulement la compétence linguistique, comme abréger et appeler. D'autres exigent des pouvoirs surnaturels comme bénir et damner. Ce qu'il y a de particulier dans ce dernier cas, c'est qu'on est en général incapable de déterminer effectivement si ces déclarations sont ou non réussies. On peut seulement croire qu'elles le sont sur la base d'un acte de foi.

1. Déclarer

C'est le verbe «déclarer» qui nomme, en français, la force de déclaration.

Dans son sens déclaratif, déclarer, c'est accomplir une action qui rend existant un état de choses par le seul fait de l'énonciation en affirmant qu'on accomplit cette action.

La plupart des verbes illocutoires déclaratifs nomment des forces illocutoires qu'on obtient en ajoutant à la force primitive de déclaration des conditions spéciales sur le contenu propositionnel qui déterminent des modes d'accomplissement spéciaux et des conditions préparatoires. En général, quand un locuteur déclare qu'il accomplit l'action nommée par un verbe performatif déclaratif, il invoque une position d'autorité lui permettant d'accomplir cette action et présuppose qu'il a effectivement cette autorité.

2. Renoncer

Dans le sens déclaratif, renoncer, c'est déclarer (avec la condition sur le contenu propositionnel) que l'on abandonne, au moment de l'énonciation, la propriété d'un objet ou un droit quelconque. Cette condition sur le contenu propositionnel détermine la condition préparatoire que le locuteur a effectivement la propriété de l'objet ou le droit auquel il renonce.

3. Se démettre / 4. Démissionner

Se démettre, c'est renoncer par déclaration à un poste ou des fonctions. On a donc ici une condition additionnelle sur le contenu propositionnel : ce que le locuteur abandonne, au moment de l'énonciation, c'est un poste qu'il occupait ou une fonction qu'il remplissait jusque-là. «Démissionner» a à peu près le même sens que «se démettre de ses fonctions» en français.

5. Résigner

Résigner, c'est encore renoncer à un poste ou à un bénéfice, mais cette fois-ci en faveur de quelqu'un. Cette condition sur le contenu propositionnel supplémentaire détermine un mode d'accomplissement spécial. En français, on appelle «résignataire», celui ou celle en faveur de qui l'on a résigné un office ou un bénéfice.

6. Répudier

Dans les civilisations anciennes, répudier sa femme, c'est rompre son mariage en la renvoyant selon des formes fixées par la coutume. En droit moderne, répudier, c'est renoncer formellement à un droit ou à un privilège (succession, nationalité, etc.). En ce dernier sens, répudier, c'est renoncer avec un mode d'accomplissement assez formel et la condition sur le contenu propositionnel que ce que le locuteur abandonne au moment de l'énonciation est un droit qu'il possédait jusque-là.

7. Renier

«Renier» a divers sens assertifs; ainsi, renier Dieu, c'est affirmer qu'on ne croit plus en lui, et renier quelqu'un, c'est affirmer faussement qu'on ne le connaît pas. Dans le sens déclaratif, renier, c'est renoncer par déclaration à quelque chose à quoi on aurait dû rester fidèle (renier sa foi, renier son état (en parlant d'un prêtre), renier ses opinions, ses engagements, ses promesses, ses idées. En ce sens, renier, c'est donc renoncer, en présupposant (condition préparatoire) que cela viole un engagement antérieur.

8. Abjurer

Dans le sens classique, abjurer c'est renier solennellement par serment quelque chose (mode spécial d'accomplissement). En un sens plus précis, abjurer, c'est renier solennellement la religion que l'on professait (condition sur le contenu propositionnel). En histoire, par exemple, on parle de l'abjuration de Henri IV.

9. Abdiquer

Abdiquer, au sens le plus large, c'est simplement renoncer. Mais, le plus souvent, «abdiquer» se dit du souverain qui renonce par déclaration à la couronne ou au pouvoir suprême. En ce sens, abdiquer, c'est renoncer publiquement et solennellement (mode d'accomplissement), avec la condition sur le contenu propositionnel qu'on abandonne le pouvoir suprême que l'on détenait en droit jusque-là.

10. Capituler

Capituler, c'est déclarer que l'on renonce à l'état de belligérant et qu'on se reconnaît vaincu (condition sur le contenu propositionnel).

11. Approuver

Au sens déclaratif, approuver, c'est reconnaître qu'un état de choses est bon ou valide (condition sur le contenu propositionnel), en exprimant son approbation (condition de sincérité).

12. Confirmer

Confirmer, c'est approuver en présupposant (condition préparatoire) qu'une déclaration avec le même contenu a déjà été faite (en général par un inférieur en grade). Ainsi, par exemple, dans la religion catholique, le sacrement de confirmation est administré par un ecclésiastique d'un haut niveau (un prélat ou évêque) et confirme le chrétien dans l'état de grâce instauré par le baptême initial.

13. Sanctionner

En un sens premier, sanctionner, c'est confirmer par une sanction, c'est-à-dire légalement ou officiellement (mode d'accomplissement).

14. Entériner

Entériner, c'est rendre définitivement valide, en approuvant juridiquement. Entériner, c'est donc confirmer la validité d'un acte accompli antérieurement.

15. Homologuer

On dit d'un record (ou d'une performance sportive exceptionnelle) qu'il a été homologué lorsqu'il a été officiellement confirmé après vérification. Mais en droit, homologuer, c'est approuver juridiquement un acte (émanant en général de simples particuliers) par une mesure lui donnant force exécutoire. En ce sens, on peut homologuer, par exemple, une sentence arbitrale.

16. Ratifier

Ratifier, c'est confirmer dans la forme requise un acte (le plus souvent un traité, une entente ou un pacte) de façon à le rendre exécutoire. Ainsi, ratifier diffère de sanctionner par l'ajout d'une condition préparatoire (un certain document est soumis pour approbation à une personne autorisée) et d'une condition sur le contenu propositionnel ; le locuteur, au moment de l'énonciation, rend exécutoires les dispositions contenues dans le même document.

17. Bénir

Bénir (au sens religieux), c'est déclarer que l'on accomplit un acte religieux qui appelle la protection de Dieu sur quelqu'un ou quelque chose (condition sur le contenu propositionnel). Une personne bénie est mise dans un état de grâce. Seule une personne autorisée (prêtre, père de famille, etc.) peut accomplir cet acte. Un prêtre peut aussi bénir des objets ; dans ce cas, « bénir » a un sens proche de « consacrer ».

18. Consacrer

Consacrer, c'est rendre sacré en dédiant à Dieu. Quand on consacre une chose, on la bénit en déclarant qu'elle doit désormais être considérée comme sainte ou sacrée (condition sur le contenu propositionnel).

« Consacrer » a encore un autre usage, déclaratif lui aussi, suivant lequel consacrer, c'est rendre durable, entériner ou confirmer.

19. Maudire

Maudire, au sens déclaratif, c'est déclarer qu'on appelle sur quelqu'un la colère divine (condition sur le contenu propositionnel). Celui qui est maudit est mis dans un état de malédiction.

20. Condamner

Condamner, c'est déclarer qu'on inflige une certaine peine à une personne reconnue coupable (condition sur le contenu propositionnel).

21. Damner

Damner, c'est maudire en condamnant aux peines de l'enfer (condition sur le contenu propositionnel).

22. Commuer

Commuer une peine, c'est la changer en une peine moindre. Quand on commue une peine, on déclare qu'une peine infligée à une personne condamnée est amoindrie au moment de l'énonciation (condition sur le contenu propositionnel). Il y a aussi une condition préparatoire : la personne doit avoir été condamnée préalablement, et être en train de purger sa peine.

23. Gracier

Gracier, c'est déclarer que l'on fait grâce à un condamné (condition sur le contenu propositionnel). Celui qui gracie présuppose la condition préparatoire que la personne graciée a été reconnue coupable et condamnée.

24. Innocenter / 25. Disculper

Innocenter, c'est déclarer qu'une personne est reconnue innocente ou non coupable (condition sur le contenu propositionnel). Il y a une condition préparatoire : la personne innocentée doit avoir été accusée ou à tout le moins soupçonnée d'avoir commis un délit. «Disculper» a un sens apparenté à «innocenter» en français.

26. Excommunier

Excommunier quelqu'un, c'est le rejeter hors de la communauté de l'Eglise, par déclaration (condition sur le contenu propositionnel). Cet acte ne peut être accompli avec succès que si l'on occupe une position extrêmement élevée dans la hiérarchie ecclésiastique.

27. Absoudre

Absoudre, c'est donner l'absolution au fidèle venu se confesser. En donnant l'absolution, le confesseur déclare à l'allocutaire que ses péchés lui sont pardonnés (condition sur le contenu propositionnel). En un sens juridique, absoudre quelqu'un, c'est le déclarer innocent.

28. Ouvrir (une séance, une réunion)

Dans l'un de ses nombreux sens, le verbe «ouvrir» a un usage déclaratif, comme lorsque le président de l'assemblée déclare «La séance est ouverte». Ouvrir (les débats, la séance, la réunion, etc.), c'est déclarer, qu'à partir du moment de l'énonciation, une certaine activité peut commencer (condition sur le contenu propositionnel).

29. Clore une séance, terminer une réunion

Quand un locuteur utilise performativement les verbes «terminer» et «clore» en disant par exemple, «La réunion est terminée», il déclare qu'il met un terme à une certaine activité (qu'en général, il présidait).

30. Ajourner

Ajourner, c'est déclarer qu'on renvoie à plus tard (en général à un autre jour) une réunion, une séance ou une assemblée que l'on préside. Comme conséquence d'un ajournement, la réunion en cours est terminée. Cet acte requiert évidemment que le locuteur occupe une position appropriée dans cette réunion (condition préparatoire).

31. Suspendre

Au sens temporel, suspendre, c'est déclarer qu'on interrompt pour un temps une réunion ou une activité (condition sur le contenu propositionnel). Parfois le contenu propositionnel spécifie la durée de temps pendant laquelle l'activité est interrompue.

32. Désavouer

Désavouer, c'est déclarer qu'on est en désaccord avec quelque chose ou quelqu'un. Ainsi, par exemple, désavouer la paternité d'un enfant, c'est déclarer qu'on ne se reconnaît pas comme son père; désavouer la conduite de quelqu'un, c'est déclarer qu'on n'approuve pas cette conduite. On peut aussi désavouer une opinion, un projet que l'on avait déjà soutenu. De façon générale, la condition sur le contenu propositionnel est que le locuteur déclare ne pas ou ne plus être en accord avec quelque chose.

33. Se rétracter

Se rétracter, c'est désavouer en général assez formellement une opinion qu'on avait émise auparavant. Lorsqu'un locuteur se rétracte, il déclare (condition sur le contenu propositionnel) qu'il reconnaît à présent la fausseté d'une opinion qu'il avait exprimée auparavant (condition préparatoire). On peut aussi en français rétracter une promesse ou un engagement antérieur. Dans ce cas, rétracter c'est annuler.

34. Annuler

Annuler, c'est déclarer nul et sans effet un acte accompli ou une disposition adoptée antérieurement. La condition préparatoire est qu'un acte a été accompli (ou une disposition adoptée) dans le passé; et la condition sur le contenu propositionnel est que le locuteur, au moment de l'énonciation, rend nul et sans effet cet acte ou cette disposition légale. On peut annuler des actes de discours antérieurs de n'importe quel type (des hypothèses, des offres, des ordres, des déclarations).

35. Casser

Faire un acte de cassation, c'est annuler un jugement ou un acte antérieur (condition sur le contenu propositionnel). En particulier, casser quelqu'un (un officier par exemple), c'est le rétrograder en annulant un promotion antérieure. La condition préparatoire d'un acte de cassation est qu'un jugement a déjà été rendu, ou une promotion accordée, avant le moment de l'énonciation. La condition sur le contenu propositionnel est que le locuteur rend nul et sans effet à partir de ce moment ce jugement rendu ou cet acte posé antérieurement.

36. Abolir

En droit, abolir, c'est annuler une loi ou une peine (condition spéciale sur le contenu propositionnel).

37. Abroger

Abroger, c'est plus particulièrement abolir une loi.

38. Adjuger

Adjuger, c'est déclarer qu'on attribue quelque chose à quelqu'un (condition sur le contenu propositionnel). Lors d'une vente aux enchères, par exemple, lorsque le commissaire-priseur prononce les paroles : « Une fois, deux fois, trois fois, adjugé ! », il déclare en acceptant la dernière enchère que l'objet mis aux enchères revient au plus offrant. On peut aussi attribuer l'accomplissement de travaux publics par adjudication. De façon générale, on adjuge quelque chose à quelqu'un par une décision autorisée et légale (mode d'accomplissement) avec la condition préparatoire que la personne en question (l'adjudicataire) a fait la meilleure offre.

39. Nommer

« Nommer » a différents sens : désigner quelque chose ou quelqu'un par un nom (donner un nom par déclaration) ou encore déclarer qu'une personne occupera désormais une fonction, une charge ou un emploi en l'élevant, par exemple, à une dignité particulière (de chevalier, de baron, de président). En ce dernier sens, nommer, c'est déclarer en usant de son autorité qu'une personne occupe dorénavant une fonction, une charge ou un emploi dans une certaine institution (condition sur le contenu propositionnel).

40. Démettre

Démettre quelqu'un de ses fonctions, d'un poste ou d'un emploi, c'est déclarer (condition sur le contenu propositionnel) qu'on enlève à cette personne l'exercice de ces fonctions, de ce poste ou de cet emploi, etc., à partir d'un certain moment (qui est en général le moment de l'énonciation). En droit, démettre, c'est débouter, c'est-à-dire, rejeter un appel en déclarant qu'il est irrecevable.

41. Licencier / 42. Congédier

Licencier ou congédier quelqu'un, c'est le démettre d'un poste ou d'un emploi, en présupposant (condition préparatoire) qu'il est de rang plus faible. En général, quand on licencie ou congédie, on renvoie chez elle la personne congédiée.

43. Destituer

Destituer quelqu'un, c'est le démettre de certaines fonctions en présupposant (condition préparatoire) qu'elles sont de haut rang. On peut licencier les troupes ou les salariés. Par contre, on peut seulement destituer le roi ou l'empereur.

44. Léguer

Léguer, c'est donner ou céder par déclaration ses biens à des personnes en faisant des dispositions testamentaires. Faire un legs universel, par exemple, c'est déclarer formellement par testament que tous les biens nous appartenant sont cédés à notre mort à une certaine personne (le légataire universel). Cette condition sur le contenu propositionnel détermine un mode d'accomplissement formel par dispositions testamentaires.

45. Déshériter

Déshériter quelqu'un, c'est le priver par déclaration de l'héritage sur lequel il pouvait compter. Un locuteur qui déshérite quelqu'un déclare formellement, en invoquant le droit qu'il a de disposer de ses biens après sa mort, que l'un de ses héritiers légitimes est dorénavant privé de tout droit à la succession de ses biens.

46. Endosser

Endosser un chèque ou un billet, c'est déclarer, généralement en apposant sa signature à l'endos du document, que son statut en est altéré d'une certaine manière (condition sur le contenu propositionnel).

47. Appeler

Dans le sens déclaratif, appeler, c'est déclarer qu'on donne un certain nom à quelqu'un ou quelque chose (condition sur le contenu propositionnel). Le verbe apparaît aussi dans certains contextes où un locuteur fait une définition («J'appelle 'X' tout ce qui est à la fois F, G, et H»). Un acte d'appellation ne présuppose en général aucune position particulière dans une institution. Il exige seulement la compétence linguistique.

48. Baptiser

Baptiser, dans le sens d'administrer le sacrement du baptême, c'est déclarer solennellement, en ayant l'autorité de le faire, qu'une personne portera désormais un certain nom en le libérant du péché originel et en le faisant entrer dans la communauté des chrétiens (condition sur le contenu propositionnel). En un sens plus large, baptiser c'est simplement donner un nom (à un bateau, à une place publique) d'une façon cérémoniale (mode d'accomplissement). Contrairement à une simple appellation, un baptême exige une certaine autorité extra-linguistique et le choix du nom de baptême n'est pas laissé à la discrétion de celui qui baptise.

49. Définir

Définir, en science ou en droit, c'est déclarer qu'à partir du moment de l'énonciation une expression sera utilisée selon une certaine signification (condition sur le contenu propositionnel). Une définition peut aussi bien fixer le sens que la dénotation d'une expression dans le cadre d'un texte, ou d'une conversation. En droit, les définitions servent en général à fixer la dénotation de façon à déterminer clairement les cas d'application de la loi. En science, par contre, elles servent aussi à fixer le sens de façon à analyser théoriquement certaines notions.

50. Abréger

Abréger une expression, c'est déclarer qu'à partir d'un certain moment et pour la suite d'un texte (ou d'une conversation), une expression plus courte sera utilisée dans le même sens de préférence à cette expression (condition sur le contenu propositionnel). Une abréviation est un cas particulier de définition verbale.

Les relations d'implication illocutoire qui découlent des analyses sémantiques de verbes déclaratifs faites dans cette section sont rendues visibles dans la figure 4 suivante :

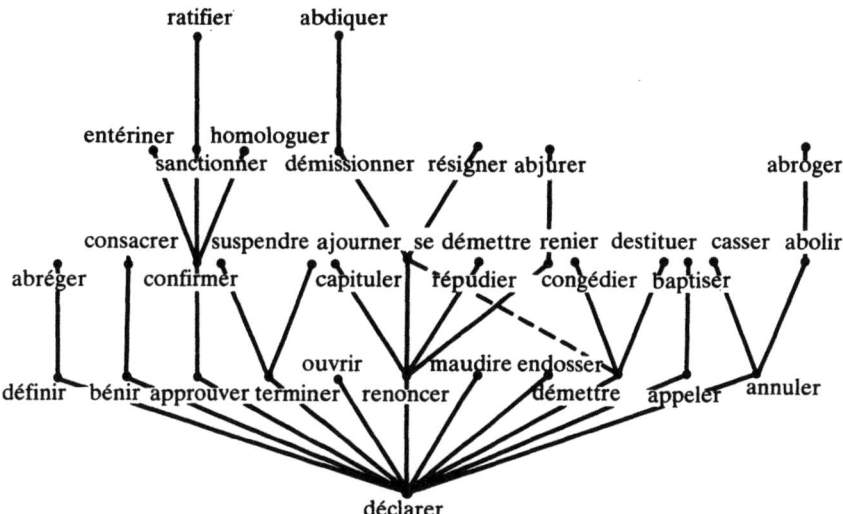

Fig. 4. – Tableau sémantique pour les verbes de type déclaratif.

5. VERBES DE TYPE EXPRESSIF

Ma liste de verbes expressifs est la suivante : remercier, s'excuser, féliciter, complimenter, condoloir, se plaindre, déplorer, se lamenter, récriminer, approuver, vanter, se vanter, désapprouver, huer et saluer.

Les verbes illocutoires de type expressif nomment des forces dont le but est d'exprimer (c'est-à-dire de rendre sensibles, de manifester) des états mentaux du locuteur comme la joie, l'approbation ou le mécontentement, dont les modes sont importants dans le fonctionnement des sociétés humaines. Les êtres humains peuvent exprimer leurs états mentaux par un comportement non verbal. Ils peuvent, par exemple, exprimer leur tristesse en pleurant et leur joie en souriant et en riant. Quand ils accomplissent des actes de discours expressifs, c'est par la parole qu'ils expriment leurs états mentaux. La plupart des états mentaux, qui sont exprimés dans des actes de parole expressifs, sont de la forme m(P), où m est un mode psychologique particulier, qui détermine la direction d'ajustement entre l'esprit et le monde qui leur est propre, et P est un contenu propositionnel, qui représente l'état de choses vers lequel ils sont dirigés. Ainsi, par exemple, un regret, une espérance, une intention et une tristesse sont des états mentaux pourvus de modes différents. Comme tout état mental particulier a un mode caractéristique, toute force illocutoire expressive d'une énonciation a nécessairement des conditions de sincérité spéciales. Ainsi la force illocutoire expressive primitive est-elle une entité théorique, un cas limite de force illocutoire. On ne peut accomplir d'acte de discours expressif qui ait simplement la force expressive primitive. C'est pourquoi il n'y a pas de verbe performatif ou de marqueur qui nomme ou exprime seulement cette force. Cependant, le verbe « exprimer » suivi d'une expression nommant un état mental du locuteur comme « mes regrets », « ma gratitude » peut tout naturellement être utilisé performativement dans des énoncés comme « Je vous exprime mes regrets à ce propos », « Je vous exprime toute ma gratitude », etc. De tels énoncés performatifs servent à accomplir par déclaration des actes illocutoires expressifs ayant la condition de sincérité spéciale correspondant au mode de l'état mental nommé par leur verbe performatif complexe.

Les forces illocutoires expressives sont lexicalisées dans les verbes performatifs suivants en français :

1. Remercier

Remercier quelqu'un, c'est lui exprimer de la reconnaissance (condition de sincérité) à propos de l'état de choses représenté par le contenu propositionnel en présupposant que l'allocutaire en est responsable (condition préparatoire). La façon caractéristique de remercier, en français, est de dire « Merci ! ». « Remercier », tout comme « saluer », est un verbe « délocutif »[4].

2. S'excuser

S'excuser, c'est exprimer ses regrets à un allocutaire (condition de sincérité) à propos de l'état de choses représenté par le contenu propositionnel en présupposant (condition préparatoire) que l'on est responsable de cet état de choses et qu'il est mauvais pour cet allocutaire.

3. Féciliter

Féliciter quelqu'un, c'est lui exprimer la part de joie que l'on prend à son bonheur ou à son succès. Une félicitation a la condition de sincérité que le locuteur se réjouit de l'état de choses représenté par le contenu propositionnel et la condition préparatoire que cet état de choses est bon ou profitable pour l'allocutaire. Contrairement à un remerciement, l'allocutaire ne doit pas forcément être responsable de ce pour quoi il est félicité. Il peut s'agir, par exemple, d'un état de choses dû à un hasard heureux.

4. Complimenter

Complimenter quelqu'un, c'est le féliciter de quelque chose, en présupposant (condition préparatoire) qu'il en est responsable tout en exprimant son approbation (condition de sincérité), en général de façon assez formelle.

5. Condoloir (ancien français)

Exprimer ses condoléances à quelqu'un, c'est lui exprimer la part de douleur que l'on prend à son malheur. La condition de sincérité est que le locuteur est malheureux de l'état de choses représenté, et la condition préparatoire est que cet état de choses est mauvais (en général très mauvais) pour l'allocutaire.

6. Se plaindre

«Se plaindre» a un double usage assertif et expressif. En un sens expressif, se plaindre c'est simplement exprimer du mécontentement (condition de sincérité) à propos de l'état de choses représenté en présupposant (condition préparatoire) que cet état de choses est mauvais. Il n'y a pas de condition préparatoire à l'effet que l'allocutaire est responsable de cet état de choses. On peut se plaindre d'événements fortuits comme le mauvais temps.

7. Déplorer

Etymologiquement, déplorer, c'est pleurer sur quelqu'un. Celui qui déplore se plaint en exprimant du regret (condition de sincérité supplémentaire).

8. Se lamenter

Se lamenter, c'est déplorer quelque chose en exprimant de la tristesse (condition de sincérité) en général d'une façon assez bruyante et prolongée (mode d'accomplissement).

9. Désapprouver

Désapprouver, dans le sens expressif, c'est exprimer de la désapprobation pour un état de choses (condition de sincérité) en présupposant que cet état de choses est mauvais (condition préparatoire).

10. Protester

Emettre une protestation à propos d'un état de choses, c'est exprimer d'une façon formelle (mode d'accomplissement) sa désapprobation en présupposant que l'allocutaire est responsable de cet état de choses au moins dans le sens qu'il aurait pu le changer et ne l'a pas fait jusqu'à présent (condition préparatoire).

11. Récriminer

Récriminer, c'est protester en exprimant de l'amertume (condition de sincérité) et avec âpreté (mode d'accomplissement).

12. Approuver

Approuver, au sens expressif, c'est exprimer de l'approbation pour un état de choses (condition de sincérité) en présupposant que cet état de choses est bon (condition préparatoire).

13. Louer

Louer une personne, c'est approuver un état de choses en présupposant que cette personne en est (au moins en partie) responsable (condition préparatoire).

13. Vanter / 14. Se vanter

Vanter, c'est louer publiquement (parfois avec excès) quelqu'un (mode d'accomplissement), en parler d'une façon très favorable. Se vanter, c'est vanter ses propres mérites (condition sur le contenu propositionnel) en exprimant en général de la fierté (condition de sincérité).

14. Huer

Huer quelqu'un ou un groupe de personnes, c'est exprimer collectivement et par des cris (mode d'accomplissement), de la dérision, de l'hostilité ou de la réprobation (conditions de sincérité).

15. Saluer

Saluer quelqu'un, c'est lui exprimer une marque extérieure de reconnaissance avec civilité. Saluer n'est qu'un acte illocutoire marginal, puisqu'il n'a pas de contenu propositionnel. « Saluer » en français, est un verbe délocutif. On salue en français en disant « Salut ! ». Saluer est un acte de discours essentiellement orienté vers l'allocutaire.

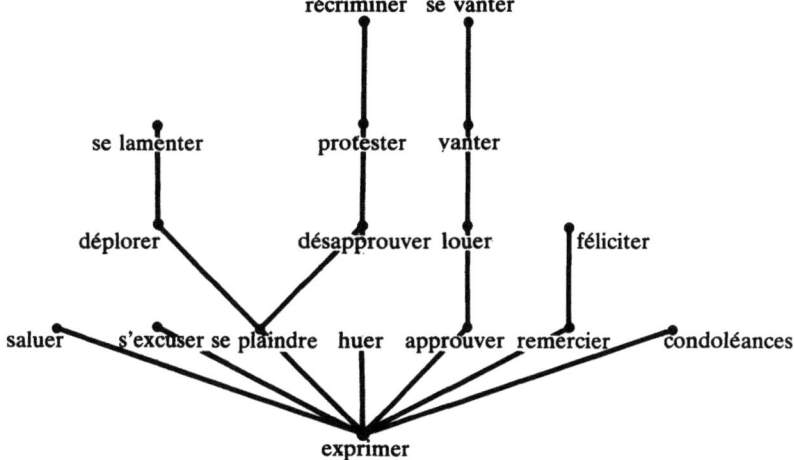

Fig. 5. – Tableau sémantique pour les verbes de type expressif.

NOTES

[1] Voir le dernier chapitre de *Foundations of illocutionary logic, op. cit.*
[2] Une relation très importante pour l'étude des conversations est la relation d'*interlocution* qui existe entre les protagonistes de l'énonciation, le locuteur et les allocutaires, lors de l'accomplissement d'actes de discours. Voir à ce propos F. JACQUES, *Dialogiques*, P.U.F., 1979, et *L'Espace logique de l'Interlocution*, P.U.F., 1985.
[3] Voir le chap. III de F. DE SAUSSURE, *Cours de linguistique générale*, Payot, 1966.
[4] Voir E. BENVENISTE, *Problèmes de linguistique générale*, Gallimard, 1966.

Conclusions

Toute utilisation sensée du langage est une tentative d'accomplissement d'actes de discours qui peut réussir ou échouer. Quand une utilisation du langage est réussie, le locuteur respecte certaines règles déterminées par la structure logique du langage. Dans ce livre, j'ai énoncé une série de lois transcendantes fondamentales qui régissent l'usage et la compréhension des langues naturelles. Ces lois concernent des traits linguistiques universels comme la signification, les conditions de succès et de satisfaction des énonciations, leur direction d'ajustement et les différents types d'implication, d'analyticité et de cohérence qui sont inhérents à la structure de la langue. En construisant la logique de ces traits universels, j'ai montré que la signification des énoncés dans la langue est systématiquement liée à leur usage et que la compétence linguistique est inséparable de la performance. Ainsi, contrairement à ce que pensait Saussure, la parole est dans la langue. Les langues naturelles comme le français et l'anglais ont un riche vocabulaire de mots et de traits syntaxiques pour spécifier les forces illocutoires des énonciations. Qui plus est, il ressort que la forme logique de ces expressions est exactement celle qui convient à leurs fonctions. Elles permettent aux locuteurs d'exprimer et de communiquer leurs pensées.

On peut distinguer différentes sortes de lois transcendantes dans l'usage et la compréhension des langues naturelles. Les lois du langage les plus fondamentales concernent les directions possibles d'ajustement des énonciations. Elles déterminent les conditions qui doivent être remplies pour que les locuteurs puissent faire des énonciations avec l'intention qu'une certaine correspondance soit établie entre le langage et le monde. Comme on l'a vu, les énonciations pourvues d'un contenu propositionnel sont dirigées vers des états de choses du monde et elles ont des conditions de satisfaction. Un locuteur ne peut accomplir avec succès un acte illocutoire sans avoir à l'esprit ses conditions de satisfaction. D'un point de vue sémantique, pour qu'un acte illocutoire de la forme F(P) soit satisfait, il ne suffit pas que son contenu propositionnel corresponde à un état de choses existant dans le monde. Il faut, en outre, que la correspondance entre ce contenu propositionnel et le monde soit établie en suivant la direction d'ajustement de sa force illocutoire. Ainsi, par exemple, un ordre est obéi si et seulement si l'allocutaire fait ce qu'on lui a ordonné de faire en vue d'obéir à cet ordre. La relation de correspondance entre le langage et le monde est symétrique : si le contenu propositionnel d'une énonciation correspond au monde, alors le monde correspond à ce contenu propositionnel. Cependant, comme Searle et moi l'avons découvert, il est nécessaire en logique illocutoire de distinguer les différentes directions d'ajustement possibles pour les énonciations parce que le but illocutoire du locuteur est tel que la correspondance entre le langage et le monde doit être établie différemment dans chaque cas possible. Ainsi, par exemple, quand une énonciation a la direction d'ajustement des mots aux choses, l'acte illocutoire est satisfait si et seulement si son contenu propositionnel représente un état de choses existant dans le monde. Dans ce premier cas, les mots doivent représenter correctement les choses telles qu'elles sont. Par contre, si une énonciation a la direction d'ajustement des choses aux mots, l'acte illocutoire est satisfait si et seulement si l'un des protagonistes de l'énonciation transforme le monde pour qu'il en vienne à correspondre au contenu propositionnel. Dans ce second cas, les choses doivent être changées pour correspondre aux mots.

D'un point de vue transcendental, les lois gouvernant la direction d'ajustement des énonciations fixent des limites aux actes de discours qu'il est possible d'accomplir en utilisant le langage pour relier en pensée un contenu propositionnel au monde. Ainsi, par exemple, un locuteur qui entend faire une énonciation ayant la direction d'ajustement des choses aux mots doit nécessairement exprimer un contenu propositionnel qui représente une action future de lui-même ou de son allocutaire. En outre, il doit présupposer que cette action est possible. Etant donné la nature des directions d'ajustement possibles entre le langage et le monde, il y a ainsi des types d'actes illocutoires qui ne peuvent jamais être accomplis ou que seuls certains locuteurs peuvent accomplir dans certains contextes. Seulement moi, Daniel Vanderveken, peut, par exemple, promettre que *je* ferai quelque chose demain. Qui plus est, je ne serai plus en position de faire la même promesse après-demain. De telles limitations imposées à l'usage du langage par la direction d'ajustement des énonciations reflètent des traits essentiels de l'intentionalité linguistique qui sont intériorisés dans l'esprit des locuteurs.

En plus d'imposer des limitations, les directions possibles d'ajustement des énonciations ordonnent également les différentes façons possibles d'utiliser le langage pour relier des propositions au monde. Ainsi, les déclarations, qui ont la double direction d'ajustement, sont pour cette raison les actes illocutoires les plus forts dans l'usage du langage et l'exercice de la pensée. Les déclarations réussies sont *ipso facto* satisfaites, sincères et sans défaut. C'est pourquoi tout acte illocutoire peut être accompli par le fait de l'accomplissement d'une déclaration alors qu'aucun autre type d'acte illocutoire n'engage à une déclaration. Ce qui se reflète linguistiquement dans le fait que les énoncés performatifs, qui servent à accomplir des déclarations, sont aussi les énoncés les plus forts d'un point de vue sémantique. Ils impliquent illocutoirement des énoncés de tous les autres types.

Un des principes les plus importants de la sémantique générale, qui explique de nombreuses lois d'engagement illocutoire, est le principe de la rationalité des locuteurs. Comme je l'ai montré dans ce livre, les locuteurs sont rationnels lors de l'accomplissement d'actes de discours. D'une part, ils sont minimalement cohérents. Ils ne peuvent, par exemple, à la fois commander et interdire à quelqu'un de faire exactement la même chose. D'autre part, leurs énonciations réussies les engagent à accomplir d'autres actes illocutoires dont le contenu propositionnel est impliqué fortement par celui qu'ils expriment. Ils ne peuvent, par exemple, conseiller à quelqu'un de faire la conjonction de deux actions sans lui conseiller également de faire chacune d'entre elles.

De telles lois sont philosophiquement importantes parce qu'elles montrent, comme les philosophes grecs l'avaient entrevu, que la raison et le langage sont inséparables dans la détermination même de la signification. Ainsi, la rationalité des locuteurs n'est pas simplement une maxime conversationnelle qui réglemente le comportement linguistique et qui est utile pour décrire et expliquer la plupart des accomplissements actuels d'actes de discours. Plus exactement, la rationalité des locuteurs est un trait constitutif essentiel de leur capacité de faire et de comprendre des énonciations douées de signification. Non seulement aucun locuteur ne peut-il jamais accomplir d'acte illocutoire par une utilisation du langage qui contredit le principe de rationalité. Mais encore, il ne peut jamais même tenter d'accomplir d'acte illocutoire littéral par une telle utilisation, comme cela se montre linguistiquement dans le fait que les locuteurs qui utilisent des énoncés illocutoirement incohérents ne comprennent pas ce qu'ils disent ou signifient quelque chose d'autre.

Bien entendu, la rationalité linguistique à l'œuvre dans l'accomplissement des actes de discours est beaucoup plus faible que la capacité de raisonner théoriquement d'une façon logiquement parfaite. Des locuteurs compétents peuvent être incohérents, même s'ils ne peuvent pas l'être minimalement. Ils peuvent, par exemple, affirmer simultanément des propositions dont les conditions de vérité sont incompatibles. Cependant, dans de tels cas, ils ne savent pas *a priori* en vertu de leur compétence linguistique que ces propositions sont véri-conditionnellement incompatibles. En outre, les engagements illocutoires des locuteurs sont en général également plus faibles que les engagements logiques de leurs énonciations. Un locuteur qui, par exemple, fait une assertion n'affirme pas pour autant toutes les propositions qui sont strictement impliquées par le contenu propositionnel de son assertion, alors qu'il est logiquement engagé à la vérité de ces propositions. Ainsi de nombreuses lois sémantiques d'incompatibilité véri-conditionnelle et de stricte implication entre les contenus propositionnels des énonciations ne sont pas intériorisées par les locuteurs dans le médium de la compréhension. C'est pourquoi des énoncés véri-conditionnellement incohérents peuvent parfois être illocutoirement cohérents. C'est pourquoi aussi l'implication illocutoire forte est plus restreinte que l'implication stricte.

L'intérêt logique du principe de rationalité est qu'il détermine exactement dans quels cas particuliers des relations logiques existant entre les contenus propositionnels d'énonciations au niveau de leurs conditions de satisfaction sont nécessairement réfléchies dans des relations logiques existant entre les actes de discours au niveau de leurs conditions de succès. Ainsi, par exemple, la loi de la cohérence minimale du locuteur spécifie exactement dans quels cas l'impossibilité de satisfaire des actes de discours avec des propositions contradictoires implique l'impossibilité de les accomplir avec succès. De même, la loi de la compatibilité de l'implication forte relativement au but illocutoire spécifie exactement dans quels cas une inclusion des conditions de satisfaction de deux actes de discours implique une inclusion de leurs conditions de succès.

Telles que je les ai formulées, les lois d'utilisation du langage qui manifestent la rationalité des locuteurs dépendent fortement de la structure logique de l'ensemble des propositions. Ces lois traitent des relations logiques d'engagement et d'incompatibilité illocutoires qui existent entre des actes de discours en vertu de la nature de leur contenu propositionnel et de la direction d'ajustement de leur force illocutoire. La plupart des autres lois fondamentales qui régissent la signification des locuteurs dans l'usage et la compréhension du langage dépendent de la structure logique de l'ensemble des forces illocutoires et de la définition inductive des conditions de succès. Elles traitent des relations d'engagement et d'incompatibilité illocutoires qui existent entre des actes de discours principalement en vertu de la nature de leur force illocutoire. Ainsi, deux forces illocutoires ayant des composantes complémentaires sont, par exemple, relativement incompatibles. En outre, quand une force illocutoire est obtenue à partir d'une autre par l'addition de nouvelles composantes, elle est plus forte que cette autre. Une supplication, par exemple, contient une demande.

Une découverte importante et tout à fait inattendue de la sémantique générale est que la structure logique du langage est beaucoup plus élaborée sur le plan des forces illocutoires et des conditions de succès que sur le plan des contenus propositionnels et des conditions de vérité des énonciations. Plus précisément, les opérations logiques sur les forces illocutoires engendrent beaucoup plus systématiquement des relations d'implication et d'incompatibilité entre les forces illocutoires que les opérations logiques sur les propositions n'engendrent des relations d'implication stricte et d'incompatibilité entre les contenus propositionnels. Ainsi, par exemple, toute force illocutoire obtenue par l'application d'une opération logique à une autre force est soit plus forte soit plus faible que cette force, et quand une force illocutoire est plus forte qu'une autre, elle peut toujours être obtenue à partir de cette autre par un nombre fini d'applications d'opérations logiques. Qui plus est, l'ordre d'application des opérations sur forces illocutoires n'affecte pas les conditions de succès. Il n'existe pas de lois d'implication aussi fortes entre propositions dans la structure logique du langage. Ainsi, il n'est pas vrai que toute proposition obtenue par l'application d'une opération logique à une autre proposition implique strictement ou est strictement impliquée par elle. De même, il n'est pas vrai qu'une proposition qui en implique strictement une autre peut toujours être obtenue à partir de cette autre par l'application d'opérations logiques. Enfin, l'ordre d'application des opérations logiques sur les propositions affecte souvent leurs conditions de vérité.

A bien y réfléchir, le fait que la structure logique soit plus forte sur le plan des forces illocutoires et des conditions de succès ne devrait pas surprendre. Il s'explique philosophiquement par le fait que les actes illocutoires sont des actions humaines fort conventionnelles que les locuteurs ne peuvent accomplir qu'intentionnellement par l'usage du langage et dans le respect de règles constitutives fortement intériorisées. Par contre, la plupart des propositions représentent des états de choses qui peuvent exister dans le monde indépendamment de toute énonciation et en dehors de toute convention humaine linguistique ou non. Elles sont vraies ou fausses en vertu des lois de la nature ou d'effets du hasard sans qu'il soit nécessaire que les êtres humains connaissent jamais leur valeur de vérité.

D'un point de vue logique, les lois d'engagement et d'incompatibilité illocutoires inhérentes à la structure de l'ensemble des forces illocutoires sont dues au fait que les opérations logiques sur les forces illocutoires sont réductibles à un petit nombre d'opérations très simples sur les composantes de ces forces, comme l'ajout de nouvelles composantes ou l'augmentation du degré de puissance. Comme je l'ai indiqué dans ce livre, ces opérations sont d'une nature logique élémentaire. D'une part, les opérations qui consistent à ajouter de nouvelles composantes ou à former des compléments de composantes sont des opérations booléennes classiques, telles que l'union et le complément, dans les algèbres de Boole que constituent les ensembles de ces composantes. D'autre part, l'opération qui consiste à augmenter ou à diminuer le degré de puissance est l'opération abélienne d'addition dans le groupe additif des nombres entiers. De telles opérations booléennes ou abéliennes sur les composantes des forces illocutoires engendrent en vertu de leur forme logique des relations décidables d'implication et d'incompatibilité entre forces illocutoires que les locuteurs sont capables d'appréhender en vertu de leur compétence linguistique. Ainsi, par exemple, tout locuteur capable d'accomplir des ordres, des supplications et des demandes sait *a priori* qu'une supplication contient une demande et qu'elle est incompatible avec un ordre ayant le même contenu propositionnel. En effet, quand une force illocutoire est plus forte qu'une autre, il n'est pas possible pour un locuteur d'appréhender leur forme logique sans pour autant comprendre que la première a plus de composantes ou un degré de puissance plus fort que la seconde. De même, quand deux forces illocutoires sont incompatibles, il n'est pas possible d'appréhender leur forme logique sans comprendre *ipso facto* qu'elles ont des composantes complémentaires déterminant des conditions de succès incompatibles.

Peu d'opérations logiques sur les propositions sont aussi simples que les opérations booléennes et abéliennes sur les forces illocutoires. En outre, le nombre des opérations logiques sur les propositions est beaucoup plus élevé que celui des opérations logiques sur les forces illocutoires. C'est pourquoi l'ordre dans lequel on a appliqué les opérations logiques pour composer une proposition complexe fait en général partie de la forme logique de cette proposition. Ce simple fait que l'ordre d'application des opérations logiques sur les propositions a de l'importance rend les relations entre les conditions de vérité des propositions beaucoup plus difficiles à intérioriser. C'est pourquoi de nombreuses lois logiques d'implication stricte et d'incompatibilité entre propositions ne sont pas réalisées cognitivement par les locuteurs dans le médium de la compréhension. Ainsi, les réseaux sémantiques d'implication de d'incohérence véri-conditionnelles sont-ils beaucoup moins intériorisés que les réseaux illocutoires correspondants. Tout locuteur qui comprend la signification de deux énoncés sait *a priori* si l'un implique illocutoirement l'autre ou s'ils sont incompatibles d'un point de vue illocutoire. Cependant, il ne sait pas toujours si l'un implique véri-conditionnellement l'autre ou s'ils sont incompatibles du point de vue véri-conditionnel.

La sémantique générale contribue à la philosophie du langage et de l'esprit parce que les lois fondamentales d'utilisation du langage reflètent les formes *a priori* de la pensée. Tout état de choses dont un être humain peut faire l'expérience dans le monde est un fait qu'il peut représenter en exerçant sa faculté de penser. De plus, toute pensée qu'un être humain peut posséder à propos d'un fait est en principe exprimable par l'utilisation de son langage lors de l'accomplissement d'un acte illocutoire dont le contenu propositionnel est une représentation de ce fait. Ainsi, les lois nécessaires universelles qui gouvernent l'accomplissement et la satisfaction des actes illocutoires reflètent des formes *a priori* de la pensée et de l'expérience. Ce qui rend ces lois *a priori*, c'est qu'il est impossible de jamais avoir une pensée dont l'expression linguistique dans une énonciation réussie contredirait ces lois. En effet, elles énoncent des conditions de possibilité qui sont propres à la détermination et à la compréhension de la signification du locuteur. Dans cette optique philosophique, la sémantique générale fait plus que de simples assertions empiriques à propos de la signification dans l'usage et la compréhension des langues naturelles. En décrivant la structure logique du langage, la sémantique générale fait des assertions *transcendantales* qui fixent des limites à ce qui peut être pensé et être l'objet d'expérience humaine dans ce monde. Ainsi, la sémantique générale poursuit les buts transcendantaux que Wittgenstein assignait à la logique dans son *Tractatus logico-philosophicus*. Elle fixe indirectement des limites à ce qui peut être pensé en fixant des limites aux expressions linguistiques des pensées, c'est-à-dire en déterminant la totalité des usages possibles du langage pouvant constituer l'accomplissement réussi d'actes illocutoires. Comme Wittgenstein l'avait entrevu, ces limites se révèlent d'elles-mêmes d'une façon précise dans le fait que des énoncés de certaines formes logiques sont illocutoirement incohérents ou ne peuvent être utilisés avec succès dans certains contextes. De telles limites ne peuvent jamais être transgressées par aucun locuteur dans l'usage du langage. En effet, autrement, ce locuteur devrait signifier ce qui *a priori* ne peut être signifié. Ainsi, les énoncés illocutoirement incohérents ne sont pas seulement *dépourvus d'utilité*, en ce sens qu'ils ne peuvent jamais être utilisés avec succès dans un contexte d'énonciation. Leurs énonciations sont en outre *dépourvues de signification littérale*, car aucun locuteur ne peut même jamais avoir l'intention d'accomplir les actes de discours qu'ils expriment littéralement. Quand des locuteurs utilisent des énoncés illocutoirement incohérents, ils ne comprennent pas ce que ces énoncés signifient à moins qu'ils n'aient l'intention d'accomplir des actes de discours non littéraux. Dans un cas comme dans l'autre, ils signifient autre chose que ce qu'ils disent.

Index

Abel, 122, 208-209
abdiquer, 191
abolir, 195
abréger, 196
abroger, 196
absorbant, 114, 116, 118, 121
absoudre, 194
accepter, 158
accessibilité, 85
accuser, 173
acte de discours
 – illocutoire, 7-8, 15, 33-35
  – littéral, 16-19, 49-51, 162-163
  – principal, 49-50, 162-163
  – non littéral, 74-78
 – mental, 61
 – perlocutoire, 72
action, 32, 133-134, 208
adjuger, 196
adjurer, 186
affirmer, 168
ajourner, 194
ambiguïté, 19, 21-22
alerter, 185
allocutaire, 52
analyticité
 – véri-conditionnelle, 54, 156-157
 – illocutoire, 54, 156-157
annuler, 195

appeler, 196-197
approuver, 191, 202
a priori, 10, 62-63, 96, 103, 206-210
arbre, 174-175
Aristote, 41-42
Arnauld A., 42, 80
arrière-fond conversationnel, 75-78, 125
assertif, 29, 109, 167
assertion, 23, 71, 127, 144, 168
assertorique, 168
assurer, 171, 177
attester, 171
attributs, 91-92
Austin J.L., 8, 24-25, 41, 66, 71-72, 139, 189
avaliser, 178
avertir, 185
aviser, 185
avouer, 173
axiomatisation, 11, 66, 67, 141, 163
axiome d'extensionalité, 136-137

Bar-Hillel Y., 69
baptiser, 198
blâmer, 173
bénir, 192
Benvéniste E., 203
Boole G., 101, 114-116, 118-119, 208-209

Boolos G.S., 105
but illocutoire, 113-118, 143-149
 – assertif, 109, 144
 – engageant, 109-112, 138, 159
 – directif, 109-111, 159
 – déclaratif, 109-112, 139, 144
 – expressif, 109-112, 138, 157

Cantor, 97, 105
capituler, 191
Carnap R., 18, 36, 41-42, 92, 104
casser, 195
cautionner, 178
certifier, 171, 177
cerveau, 105
Chomsky N., 19, 78
Church A., 36, 42
clause, 21-22
clore, 194
cognitif
 – aspects cognitifs de la signification, 67-68, 88-90, 96-100, 102-103, 106, 209-210
 – réalisation cognitive, 87, 102-103, 105-106, 146, 209
commander, 186
commuer, 193
compétence linguistique, 18-19, 156, 203, 206, 208
complément, 101, 114, 116, 119, 155
complétude, 11, 68, 141
complimenter, 201
compréhension, 7, 9, 19, 46, 55, 67, 74-75, 84, 90, 209
concept individuel, 92
condamner, 193
conditions
 – d'accomplissement sans défaut, 131-132
 – d'adéquation de la sémantique générale, 64-68
 – de satisfaction, 32-35, 134-136
 – de sincérité, 119-121
 – de succès, 32-35, 131-134
 – de vérité, 83-86, 89-96
composantes de force illocutoire, 107-126, 149-150
condoléances, 201
confesser, 173
confier, 173-174
confirmation empirique de la sémantique, 64-65, 68

confirmer, 191
congédier, 196
cohérence
 – illocutoire, 50, 54-55, 145-146
 – minimale, 145-146, 206
 – véri-conditionnelle, 54-55, 145-146
conjecturer, 169
conjonction, 31, 101, 160
conjurer, 184
consacrer, 192
consentir, 178, 187
conseiller, 185
constituants propositionnels, 90-93
contenu, 90
contexte, 17, 46-48, 51-52
contracter, 180
contredire, 172
contre-offre, 179
convenir, 181
conversation, 7, 15, 125, 166
convier, 183
convoquer, 183-184
correspondance, 34-35, 108-110, 204-205
critiquer, 172
croyance, 61, 120

damner, 193
Davidson D., 47, 69-70, 79, 133, 139
Davis S., 13
déclaration, 26, 128, 144, 158, 168, 189, 205
déclaratif, 29, 109-112, 144, 205
déclarer, 168, 189
déconseiller, 185
déduction
 – naturelle, 102, 160-161, 164
 – transcendantale, 68, 79, 109
défendre, 186
définir, 198
définition
 – récursive par induction, 66-67, 79
 – récursive de l'ensemble des forces illocutoires, 79, 126-130
degré
 – d'un attribut, 92
 – de puissance, 121-123
demander, 182
démentir, 172
démettre, 190, 196
démissionner, 190
dénotation, 36-37

dénoncer, 173
déplorer, 201
désapprouver, 201
désavouer, 194
désir, 61-62, 119
description définie, 118
déshériter, 197
Destutt de Traçy, 42
détachable, 73
destituer, 197
diagrammatique, 45, 78
direction d'ajustements, 109-110, 134-135, 143-148, 204-207
  – des choses aux mots, 109-110
  – des mots aux choses, 109
  – de l'esprit au monde, 62
  – double, 110
  – du monde à l'esprit, 62
  – vide, 110
disculper, 193
divorcer, 30
Dummett M., 42

échec, 32-33
éliminable, 73
enchérir, 179
endosser, 197
engagement illocutoire, 39, 147
engager, 175-176
enjoindre, 186
énonciation, 7, 16-17, 47-48, 50, 52, 62
énoncé
  – conditionnel, 22
  – complexe, 31
  – déclaratif, 22-27
  – élémentaire, 21
  – exclamatif, 22
  – impératif, 22-24
  – interrogatif, 22
  – optatif, 22
  – performatif, 22-27, 158-159
ensemble
  – des forces illocutoires, 126-130
  – des propositions, 100-101
entériner, 192
équivalence stricte, 86
esprit, 59, 70, 87, 96, 99, 102-104, 205
état de choses, 83-86
état mental, 61-62
éthique, 125
excommunier, 193-194

excuser, 200
exiger, 185
expérience, 10, 63, 210
exploitation, 75
expression
  – catégorématique, 89
  – syncatégorématique, 89
extension d'un attribut, 92

Frege G., 7, 15, 36, 41-43, 52, 67, 71-72, 78-82, 88, 98, 100, 104-105, 118, 138
fausseté, 48, 84-85
féliciter, 200
forces illocutoires
  – primitives, 127-129, 150
  – dérivées, 129-130, 151-154
forme logique
  – des actes illocutoires, 21, 30-32
  – des énoncés, 21, 30-32
  – des propositions, 90-96
formes de vie, 30, 125-126

Gallin D., 141
gager, 179
garantir, 177
Gentzen G., 106
Goldman A.I., 133, 139
gracier, 193
grammaire
  – de Montague, voir Montague
  – de Port Royal, 42, 70, 78-80
Gregory J., 42
Grice H.P., 73, 75, 78, 80
Groenendijk J., 142

Hausser R., 142
Heintz J., 13
Hermann P., 42
homologuer, 192
huer, 202
hypothèse
  – fondamentale du livre, 9, 16-19, 98-99
  – performative, 25, 159

identité
  – propositionnelle, 95-96
  – loi d'identité pour les actes illocutoires, 136-137
idéographie, 43
illocutoire
  – acte, voir acte illocutoire

- connecteur, 31
- force, voir force illocutoire
- verbe, 165-167

immanent, 79, 125-126

impératif, voir énoncé impératif

implication, 156-163, 207-209
- faible, 56, 164
- forte, 57, 164
- illocutoire, 56
- illocutoire de la satisfaction, 56
- matérielle, 161
- stricte, 86
- véri-conditionnelle, 56
- véri-conditionnelle du succès, 56

implicitation
- conventionnelle, 73
- conversationnelle, 74

implorer, 184

incohérence, voir cohérence

incompatibilité
- illocutoire, 20
- véri-conditionnelle, 20

incomplétude, voir complétude

individu, 91-92, 98

indexation sémantique, 51

informer, 171

innocenter, 193

insister, 170, 174

instances
- d'action, 49, 133-134
- d'énoncé, 47-48, 79

institution, 30, 189

insuccès, 33

intelligence artificielle, 11

intention, 61, 119

intentionalité, 205

interdire, 186

interlocution, 180, 203

interprétation sémantique, 46

interrogatif, voir énoncé interrogatif

interroger, 183

intonation, 21-23, 121

inviter, 183

ironie, 74

Jacques F., 180, 203
Janta-Polczynski M., 13
Jeffrey R.C., 105
Jespersen O., 42
jeu de langage, voir formes de vie
Johnston D.K., 13

jurer, 171, 176
juridique, 189

Kaplan D., 13, 18, 36, 42, 69, 79-80, 98, 105, 164
Kant E., 79
Kripke S., 98, 105

(se) lamenter, 174, 201
Lancelot C., 42, 80
langage
- artificiel, 44, 142
- faculté de, 67
- idéal, 43-46, 141
- ordinaire, 7, 21-22, 72
- philosophie du, 57-61
- scientifique, 72

langue, 167, 204
Leclerc A., 13
léguer, 197
Lepage F., 13
Lewis D., 25, 42, 96, 104-105
licencier, 196
limitations, 28-30
linguistique, 11, 29, 59-60, 125
littéral
- acte illocutoire littéral, 49
- signification littérale, 16
- postulat de littéralité, 49-50

locuteur, 52
logique
- logique des démonstratifs, 7, 57, 69, 79-80, 88, 164
- logique illocutoire, 38-40, 86
- logique intensionnelle, 36-38, 45, 91, 95
- logique mathématique, 7, 57, 141-143
- logique modale, 84-85, 88
- logique philosophique, 7, 9, 19, 36-40
- structure logique du langage, 10, 44, 46, 58-60, 126, 204-210

lois
- lois d'analyticité, 156-157
- loi de cohérence minimale, 145-146
- loi de compatibilité de l'implication forte par rapport au but illocutoire, 146-148
- loi de fondation, 148
- loi d'introduction et d'élimination de connecteurs, 160-161
- loi d'identité propositionnelle, 95-96

- loi d'identité pour actes illocutoires, 136-137
- lois d'incompatibilité, 155
- lois pour les buts illocutoires, 143-148
- lois pour les forces illocutoires, 149-155
- lois pour les marqueurs, 149-155
- lois pour les types d'énoncés, 144-148, 158-161

louer, 172, 202

maintenir, 170
Martin R., 13
marqueur de force illocutoire, 21-27
Mates B., 13, 41, 105
maudire, 193
maximes conversationnelles, 75-78
menacer, 176
mendier, 184
méta-mathématique, 67, 143, 163
métaphysique, 85
métaphore, 74
mode, 23
- conditionnel, 22
- déclaratif, 19
- impératif, 19
- optatif, 22
- promissif, 28
- psychologique, 119-120

mode d'accomplissement de but illocutoire, 113-115
modèle, 46
modificateur de marqueurs, 23-24
monde
- de l'énonciation, 52
- réel, 84
- possible, 84-88

Moore G.E., 7, 120, 138
Montague R., 11, 18, 36, 41, 42, 47, 69, 79, 98, 104-105, 142-143
Morris C., 68-69, 79

négation
- vérifonctionnelle, 101
- illocutoire, 30

nécessité, 86
neutre, 114, 116, 118, 121
Nicole P., 80
nier, 168
nommer, 196
noms propres, 98-100, 118

notifier, 171
Nuchelmans G., 41

objecter, 172
Occam G., 78
offrir, 179
ontologie, 97
opérations logiques
- sur composantes, 114-122, 151-155
- sur forces illocutoires, 129-130, 151-155, 207-209
- sur propositions, 100-101, 155, 207-209

ordonner, 186
ordre
- *a priori* du monde, 10, 63
- des mots, 21, 23
- *a priori* des pensées, 10, 63, 205-207

ouvrir, 194

Panaccio C., 13
paradoxes
- de Moore, 120
- sémantiques, 146

parier, 180
parole, 167, 204
Parret H., 13
pensée, 10, 19, 61-63, 70-71, 88, 99, 141, 147, 149, 166, 204-206, 209-210
penser, 15, 29, 168, 209-210
performable, 35
performance, 18, 204
performatif, voir énoncés et verbes performatifs
perlocutoire, voir acte perlocutoire
permettre, 187
Peirce C.S., 41, 78
personne, 125
philosophie
- courant logique, 7, 18, 71, 81
- courant du langage ordinaire, 7, 82
- de l'action, 133-134
- de l'esprit, 61-63
- du langage, 57-60

(se) plaindre, 174, 201
Plantinga A., 104
possibilité, 84-86
postulat de littéralité, 49, 50
pragmatique, 68-78
prédication, 84, 90-93
prédire, 169

prescrire, 187
presser, 183
présupposition
  - illocutoire, 118
  - propositionnelle, 118
preuve logique, 68
principes
  - de la sémantique générale, 46-57
  - de raisonnements valides, 64, 156-162
  - de substitutivité, 53-54
prier, 183
proclamer, 174
promettre, 176
prophétiser, 170
propositions
  - atomiques, 90-95
  - complexes, 100
  - élémentaires, 100
  - générales, 98
  - singulières, 98
  - type logique des propositions, 95-96
proscrire, 187
protester, 202
psychologie, 11, 88

quémander, 184
question, 82, 182
questionner, 183
Quine, 79-80

raison, 63, 206
  - pratique, 63, 64
  - théorique, 63, 64
rationalité, 50, 63, 145-147, 205-207
ramification des notions sémantiques, 8, 20, 54-57, 156-157, 161-163
rappeler, 170
ratifier, 192
Récanati F., 79
réclamer, 187
recommander, 185
reconnaître, 173
récursif, 66-67, 79, 126-130
récriminer, 202
référence directe, 98-100
refuser, 178
relater, 170
remercier, 200
renchérir, 179
renier, 190
renoncer, 179, 190

répliquer, 166
répondre, 181
réprimander, 173
répudier, 190
requérir, 182
requête, 182
résigner, 190
(se) rétracter, 195
revendiquer, 188
Ross J.R., 42, 164
Russell B., 7, 67, 80, 98, 105

satisfaction, voir conditions de satisfaction
satisfaisable, 35
saluer, 202
sanctionner, 191
Sanctius, 78
Saussure F (de), 167, 203-204
Searle J.R., 7, 13, 17, 25-26, 41-42, 44, 52, 75, 79-80, 82, 98, 104-105, 122, 139, 164-165, 204
sémantique
  - générale, 8, 10-11, 16, 18-20, 35, 43-60, 62-69, 82-83, 126, 141-142, 210
  - formelle, 8-9, 18-19, 46-47, 66, 88, 92, 95, 141-143
sémiotique, 68-74
sens, 36-37
serment, 176
signification
  - aspects cognitifs, voir cognitif
  - aspects logiques, 54-57
  - de l'énoncé, 46-47, 49, 52
  - littérale, 49-50
  - non littérale, 74-78
  - des locuteurs, 49-50, 74-78
  - des mots, 15
  - composition des significations, 52, 67
simultanément performables, 39
simultanément satisfaisables, 20
société, 30, 63, 68, 112, 124-126
solliciter, 183
souscrire, 180
soutenir, 170
Stockhof M., 142
Strawson, P.F., 82, 104, 118, 138
substitutivité, 53, 54
  - salva felicitate, 86-88
succès, voir conditions de succès
suggérer, 169-184
supplier, 184

suspendre, 194
synonymie, 53, 156
syntaxe, 68

tableaux sémantiques, 175, 181, 188, 199, 203
Tarski A., 41, 146
tautologie, 106
témoigner, 171
terminer, 194
traduction, 18, 44-46, 60, 65, 79
transcendant, 58, 60, 79, 125
transcendantal, 10, 29, 62, 109-110, 126, 204, 210
Turing A., 97
types
 – d'actes de discours, 21, 30-32
 – d'énoncés, 21, 30-32
 – logiques
   – des actes illocutoires, 136-137
   – des composantes de force illocutoire, voir composantes
   – des forces illocutoires, 137
   – des propositions, 95-96
 – syntaxiques d'énoncés, 21-27, 111-112, 127-128, 138, 143-147

union, 144, 116, 119, 155
universaux sémantiques, 45, 58-60, 203
 – formels, 60
 – matériels, 60
univers du discours, 46

valeurs
 – de succès, voir succès et insuccès
 – de vérité, voir vérité et fausseté
vanter, 174, 202
vaticiner, 170
Vermote H., 13
verbes
 – performatifs, 24-30, 167-203
 – illocutoires, 167-203
   – assertifs, 167-175
   – déclaratifs, 188-199
   – directifs, 181-188
   – engageants, 175-181
   – expressifs, 199-203
vouer, 177

Warnock G.J., 25, 42
Whitehead A.N., 80
Wittgenstein L., 7, 79, 100, 104-105, 125, 139, 210

Zaefferer D., 42, 138-139, 142

Bibliographie

ARISTOTE, *Categoriae et liber de interpretatione*, L. Minio Paluello, Oxford, Clarendon Press, 1979.
ARNAULD A. et LANCELOT C., *Grammaire générale et raisonnée*, H. Brekle, Friedrich Frommann, Stuttgart, 1966.
ARNAULD A. et NICOLE P., *La logique ou l'Art de penser*, Flammarion, Paris, 1981.
AUSTIN J.L., *How to Do Things With Words*, Oxford, Clarendon Press, 1962. Traduction française : *Quand dire c'est faire*, Paris, Editions du Seuil, 1978.
AUSTIN J.L., «Performatif-Constatatif», in *Cahiers de Royaumont*, Philosophie IV, *La Philosophie analytique*, Editions de Minuit, 1962.
AUSTIN J.L., «Performative Utterances», in J.L. AUSTIN, *Philosophical Papers*, Oxford, Clarendon Press, 1961.
BAR-HILLEL Y., «Indexical Expressions», *Mind*, n° 63, 1954.
BENVENISTE E., *Problèmes de linguistique générale*, Gallimard, 1966.
BOOLE G., *The Mathematical Analysis of Logic*, Oxford, Basil Blackwel, 1965 (édit. orig., 1847).
BOOLOS G.S. et JEFFREY R.C., *Computability and Logic*, Cambridge University Press, 1974.
CARNAP R., *Meaning and Necessity*, Chicago, University of Chicago Press, 1956.
CHOMSKY N., *Aspects of the Theory of Syntax*, Cambridge, Mass., MIT Press, 1965. Traduction française, *Aspects de la théorie syntaxique*, (traduit par J.C. Milner), Paris, Editions du Seuil, 1971.
CHOMSKY N., *Cartesian Linguistics*, New York, Harper and Rown 1966. Traduction française, *La Linguistique cartésienne* (traduit par N. Delanoe et D. Sperber), Editions du Seuil, 1970.
CHURCH A., «A Formulation of the Logic of Sense and Denotation», in P. HENLE et al., *Structure, Method and Meaning*, New York, 1951.
DAVIDSON D., *Inquiries into Truth and Interpretation*, Oxford, Clarendon Press, 1984.
DAVIDSON D., *Essays on Actions and Events*, Oxford University Press, 1984.
DESTUTT de TRACY, *Elements d'Idéologie*, Paris, Vrin, 1974.

DUMMETT D., «Truth» in M. DUMMETT, *Truth and Other Enigmas*, Cambridge, Mass., Harvard University Press, 1978.
FREGE G., *Les Fondements de l'arithmétique*, traduit de l'allemand par Claude Imbert, Paris, Editions du Seuil, 1969.
FREGE G., *Ecrits logiques et philosophiques*, traduit par Claude Imbert, Paris, Editions du Seuil, 1971.
FREGE G., *Begriffschrift* in J. VAN HEIJENOORT, *From Frege to G. Gödel*, Cambridge Mass., Harvard University Press, 1967.
FREGE G., *The Basic Laws of Arithmetic*, Los Angeles et Berkeley, University of California Press, 1967.
FREGE G., «Gedankengefüge», *Beiträge zur Philosophie des Deutschen Idealismus*, 3, 1923-1926.
GALLIN D., *Intensional and Higher order Modal Logic*, North Holland, 1975.
GENTZEN G., «Untersuchungen uber das Logische Schliessen», *Mathematische Zeitschrift*, 39, 1934. Traduction française, *Recherches sur la déduction logique*, (traduit par R. Feys et J. Ladrière), Paris, P.U.F., 1955.
GOLDMAN A.I., *A Theory of Human Action*, Princeton, Princeton University Press, 1970.
GREGORY J., «Theory of the Moods of Verbs», *Transactions of the Royal Society of Edimburgh*, 1790.
GRICE H.P., «Logic in Conversation» in P. COLE et J.L. MORGAN, *Syntax and Semantics*, vol. III, *Speech Acts*, Academic Press, 1975.
GROENENDIJK et STOCKHOF M., «On the Semantics of Questions and the Pragmatics of Answers», in LANDMAN F. et F. VELDMAN, *Varieties of formal Semantics*, Foris, 1984.
HAUSSER R., «Surface Compositionality and the Semantics of Mood», in SEARLE J.R. et al., *Speech Act Theory and Pragmatics*, op. cit.
HERMANN P., *Principles of the History of Language*, McGrath Publishing Company, 1970.
JACQUES F., *Dialogiques*, Paris, P.U.F., 1979.
JESPERSEN O., *The Philosophy of Grammar*, Londres, Allen et Unwin, 1924.
KANT E., *Critique de la raison pure*, P.U.F., 1965.
KAPLAN D., «On the Logic of Demonstratives», *Journal of Philosophical Logic*, vol. VIII, n° 1, 1979.
KAPLAN D., «How to Russell a Frege-Church», *Journal of Philosophy*, n° 72, 1975.
KRIPKE S., «Naming and Necessity», in D. DAVIDSON et G. HARMAN, *Semantics of Natural Language*, Dordrecht, Reidel, 1972.
LEWIS D., «General Semantics», in D. DAVIDSON et G. HARMAN, *Semantics for Natural Language*, Dordrecht, Reidel, 1972.
MATES B., *Stoïc Logic*, University of California, Berkeley, 1953.
MONTAGUE R., *Formal Philosophy*, New Haven, Yale University Press, 1974.
MONTAGUE R., «Universal Grammar», *Theoria*, n° 36, 1970.
MOORE G.E., *Principia Ethica*, Cambridge, Cambridge University Press, 1903.
MORGAN C., *Syntax and Semantics*, vol. III, *Speech Acts*, Academic Press, 1975.
MORRIS C., *Foundations of the Theory of Signs, International Encyclopedia of Unified Science*, vol. I, n° 1, University of Chicago Press, 1938.
NUCHELMANS G., *Theories of Proposition, Ancient and Medieval Conceptions of the bearers of Truth and Falsity*, North-Holland, Amsterdam, 1973.
PLANTINGA A., *The Nature of Necessity*, Oxford University Press, 1974.
PEIRCE C.S., *Collected Papers*, Harvard University Press, 1931-1935.

QUINE W.V., *Philosophy of Logic*, Prentice-Hall, 1970. Traduction française, *Philosophie de la logique*, (traduit par J. Largeault), Paris, Aubier Montaigue, 1971.
QUINE W.V., *Word and Object*, Cambridge, MIT Press, 1960.
RECANATI F., *Les Enoncés performatifs*, Paris, éditions de Minuit, 1981.
ROSS J.R., «On declarative sentences», in R.A. JACOBS et P.S. ROSENBAUM, *Readings in English Transformational Grammar*, Walthan, Mass, Ginn et G., 1970.
RUSSELL B., «On Denoting», *Mind*, 1905.
SANCTIUS, *Minerve ou les causes de la langue latine*, Presses universitaires de Lille, 1982.
SAUSSURE (de) F., *Cours de linguistique générale*, Paris, Payot, 1966.
SEARLE J.R., *Minds, Brains and Science*, Harvard University Press, 1984.
SEARLE J.R., *Intentionality*, Cambridge University Press, 1983. Traduction française, *L'Intentionalité*, (traduit par C. Pichevin), Paris, éditions de Minuit, 1983.
SEARLE J.R., *Expression and Meaning*, Cambridge University Press, 1979. Traduction française, *Sens et Expression*, Paris, éditions de Minuit, 1981.
SEARLE J.R., «A Taxonomy of Illocutionary Acts», in *Language, Mind and Knowledge, Minnesota Studies in the Philosophy of Science*, vol. 7, Minneapolis, University of Minnesota Press, 1975.
SEARLE J.R., *Speech Acts*, Cambridge University Press, 1969. Traduction française, *Les Actes de Langage*, Paris, Hermann, 1972.
SEARLE J.R., «Proper names», *Mind*, n° 266, 1958.
SEARLE J.R., «How do Performatives Work», inédit.
SEARLE J.R. et VANDERVEKEN D., *Foundations of Illocutionary Logic*, Cambridge University Press, 1985.
STRAWSON P.F., *Logico-Linguistic Papers*, Londres, Methuen, 1971.
STRAWSON P.F., «On Referring», dans *Mind*, LIX, n° 235, 1950.
STRAWSON P.F., *Individuals*, Londres, Methuen, 1959.
TARSKI A., *Logic, Semantics and Meta-mathematics*, Oxford, Clarendon Press, 1956. Traduction française, *Logique, Sémantique et Méta-mathématique*, tome 1, Paris, A. Colin, 1970.
VANDERVEKEN D., *Meaning and Speech Acts*, à paraître chez Cambridge University Press.
VANDERVEKEN D., «On the Unification of Speech Act Theory and Formal Semantics», dans P. COHEN, M. POLLACK et J. MORGAN, *Intentions and Plans in Communication and Discourse*, Cambridge, Mass., MIT Press, 1988.
VANDERVEKEN D., «Non Literal Speech Acts and Conversational Implicatures», in E. LEPORE and R. VAN GULIK, *John R. Searle and his Critics*, Blackwell, 1988.
VANDERVEKEN D., «Illokution, Illocutionary Force. Force illocutoire» dans M. DASCAL, D. GERHARDUS, K. LORENZ et G. MEGGLE, *Sprachphilosophie, Philosophy of Language. La Philosophie du Langage*, W. de GRUYTER, Berlin, 1989.
VANDERVEKEN D., «What is an Illocutionary Force?» in M. DASCAL, *Dialogue and Interdisciplinary Study*, Amsterdam : Benjamins, 1985.
VANDERVEKEN D., A Model-theoretical Semantics for Illocutionary Force», *Logique et analyse*, 103-104, 1983.
VANDERVEKEN D., «Illocutionary Logic and Self-Defeating Speech Acts» dans J.R. SEARLE, F. KIEFER et W. BIERWISCH, *Speech act Theory and Pragmatics*, Dordrecht, Reidel, 1980.
VAN HEIJENOORT J., *From Frege to Gödel*, Cambridge, Mass., Harvard University Press, 1967.
WARNOCK G.J., «Some Types of Performative Utterances», in I. BERLIN, *Essays on J.L. Austin*, Oxford, Clarendon Press, 1973.

WHITEHEAD A.N. et RUSSELL B., *Principia Mathematica*, Cambridge University Press, 1910.
WITTGENSTEIN L., *Tractatus Logico-Philosophicus*, Routledge et Kegan Paul, 1961.
WITTGENSTEIN L., *Philosophical Investigations*, Oxford, Blackwell, 1968.
ZAEFFERER D., «The Semantics of Sentence Mood in Typologically Differing Languages» in Shiro HATTORI et al., *Proceedings of the XIIIth International Congress of Linguists*, Tokyo, 1983.
ZAEFFERER D., «On a Formal Treatment of Illocutionary Force Indicators», in H. PARRET et al., *Possibilities and Limitations of Pragmatics*, Benjamins, 1982.

Table des matières

Liste des symboles 6

Préface 7

Remerciements 13

Chapitre I. **Actes de discours et signification** 15
   1. Les unités premières de signification 15
   2. Types d'énoncés illocutoirement significatifs 21
   3. Logique illocutoire et logique intensionnelle 32

Chapitre II. **Une sémantique générale des conditions de succès et de satisfaction** . 43
   1. Principes de la sémantique générale 43
   2. Intérêt philosophique 57
   3. Critères d'adéquation 64
   4. La place de la sémantique générale en sémiotique 68

Chapitre III. **La forme logique des propositions** 81
   1. Historique 81
   2. Propositions, énoncés et valeurs de vérité 83
   3. Propositions et actes de discours 86
   4. Critères d'identité propositionnelle 89
   5. Opérations logiques sur les propositions 100

Chapitre IV. **La forme logique des actes illocutoires** 107
   1. Analyse de la notion de force illocutoire 107
   2. Définition récursive de l'ensemble de toutes les forces illocutoires . . . 126
   3. Analyse des notions de succès et de satisfaction 130

Chapitre V. **Lois fondamentales de la sémantique générale** 141
   1. Lois pour les buts illocutoires et les types d'énoncés 143
   2. Lois pour les forces illocutoires et les marqueurs 149
   3. Lois d'implication 156

Chapitre VI. **Analyse des verbes performatifs français** 165
   1. Verbes de type assertif 167
   2. Verbes de type engageant 175
   3. Verbes de type directif 181
   4. Verbes de type déclaratif 188
   5. Verbes de type expressif 199

Conclusions 205

Index 213

Bibliographie 221

PHILOSOPHIE ET LANGAGE
Collection publiée sous la direction de MICHEL MEYER

Ouvrages déjà parus dans la même collection :

ANSCOMBRE / DUCROT : L'argumentation dans la langue.
MAINGUENEAU : Genèses du discours.
CASEBEER : Hermann Hesse.
DOMINICY : La naissance de la grammaire moderne.
BORILLO : Informatique pour les Sciences de l'homme.
ISER : L'acte de lecture.
HEYNDELS : La pensée fragmentée.
SHERIDAN : Discours, sexualité et pouvoir (Michel Foucault).
MEYER : De la problématologie.
PARRET : Les passions.
VERNANT : Introduction à la philosophie de la logique.
COMETTI : Musil.
MARTIN : Langage et croyance.
KREMER-MARIETTI : Les racines philosophiques de la science moderne.
GELVEN : Etre et temps de Heidegger.
LAUDAN : Dynamique de la science.
LATRAVERSE : La pragmatique.
HAARSCHER : La raison du plus fort.
STUART MILL : Système de logique.
VANDERVEKEN : Les actes de discours.

A paraître :

LARUELLE : Philosophie et non-philosophie.
MAYALI : Normes et consensus.
PARRET et al. : La communauté en parole.
MEYER/PLANTIN : Argumentation et signification.
MOUREY : Borges, vérité et univers fictionnels.
HINTIKKA : La pensée de Wittgenstein.